JINGGUAN RENCAI JIAOYU JIAOXUE
YANJIU YU GAIGE

杨冰 ◎ 主编

经管人才教育教学
研究与改革

知识产权出版社
全国百佳图书出版单位

图书在版编目（CIP）数据

经管人才教育教学研究与改革/杨冰主编. —北京：知识产权出版社，2017.1

ISBN 978-7-5130-4644-2

Ⅰ.①经… Ⅱ.①杨… Ⅲ.①经济管理—人才培养—研究—高等学校 Ⅳ.①F2-4

中国版本图书馆 CIP 数据核字（2016）第 289752 号

内容提要

本书对应用型本科经济管理人才教育教学研究与改革进行深入探索，为应用型本科经管类管理者与教师的教育教学研究与改革提供理论指导，对提升应用型本科高校的教书育人能力具有重要意义。

责任编辑：张筱茶　　　　　　　　　　责任校对：谷　洋

装帧设计：刘伟　　　　　　　　　　　责任出版：孙婷婷

经管人才教育教学研究与改革

杨冰　主编

出版发行：知识产权出版社有限责任公司　　网　址：http://www.ipph.cn

社　址：北京市海淀区西外太平庄 55 号　　邮　编：100081

责编电话：010-82000860 转 8180　　　　责编邮箱：baina319@163.com

发行电话：010-82000860 转 8101/8102　　发行传真：010-82000893/82005070/82000270

印　刷：北京中献拓方科技发展有限公司　　经　销：各大网上书店、新华书店及相关专业书店

开　本：720mm×1000mm　1/16　　　　　印　张：17.5

版　次：2017 年 1 月第 1 版　　　　　　印　次：2017 年 1 月第 1 次印刷

字　数：280 千字　　　　　　　　　　　定　价：68.00 元

ISBN 978-7-5130-4644-2

序　言

2016 年全国高校毕业生总数达到 756 万人，高校毕业生人数创历史新高，再加上目前经济下行压力仍然较大，被称为"最难就业季"。

教育部关于做好 2016 届全国普通高等学校毕业生就业创业工作的通知，强调加快推进创新创业教育改革。各地各高校要把提高教育质量作为创新创业教育改革的出发点和落脚点，根据人才培养定位和创新创业教育目标要求，促进专业教育与创新创业教育有机融合。进一步优化高等教育结构。围绕国家和区域经济社会发展需求，优化院校布局、学科专业布局和人才培养机制，提高教育教学质量。切实提高毕业生就业创业能力。把深化高校创新创业教育改革作为推进高等教育综合改革的突破口，推进人才培养与社会需求间的协同，探索建立需求导向的学科专业结构和就业创业导向的人才培养类型结构调整新机制。"互联网+"时代的到来将互联网与传统行业相结合。新的时代呼唤新的产业变革，"互联网+"的时代也呼唤教育理念、人才培养模式、教学方法及评价方式的蜕变。为此，应用型高校应不断进行教育教学研究与改革，贯彻教育教学品质提升计划，持续推进人才培养模式改革。

本书精选以北京联合大学教师为代表的应用型本科经济管理人才教育教学研究与改革学者在当前环境下，在人才培养、课程改革、教学方法改革与教学环境改善、学生管理与教师队伍建设等方面取得的最新研究成果，对提升应用型本科高校教书育人能力具有重要意义。

目　　录

第三部分 教学方法改革与教学环境改善

第四部分 学生管理与教师队伍建设

第一部分

人才培养

北京地区部分高校大学生创业原因及相应困难影响因素分析

——以北京地区 121 名大学生为样本

◉ 杨　冰

一、引　言

21 世纪是"创业时代"，大学生是最具有创新创业潜力的群体之一，创业已经逐渐成为解决大学生就业的新途径。但是同率先迈入驱动创新的发达国家相比，我国大学生在创新创业方面还存在大量问题，如创业观念淡薄、创业意愿不强、创业成功率低等。基于此，有效梳理大学生创业意愿和创业困难，研究分析相关影响因素，进而有针对性地为学生开展创新创业活动提供更好的支持服务，已成为目前高等学校重点关注并迫切需要解决的问题。

二、文献研究综述

目前国内关于大学生创业情况分析的研究成果很多，多数侧重于从某一个角度对大学生创业意愿、态度、倾向、意识以及创业环境等进行研究和分析。有学者从大学生人格特质和其所处环境的角度分析大学生创业意愿；有学者从创业准备、创业能力和创业品质的角度研究大学生创业意愿；有学者从时间、强度和坚持性等角度构建创业意愿的维度并进行分析；有学者从性别、成长环境分析大学生创业态度和倾向；有学者从制度的角度分析大学生创业政策的困境；有学者利用 TPB 模型分析大学生创业意愿影响因素等。但是综合大学生创业原因、创业困难、创业形式、创业领域多种因素分析大学生创业情况的研究并不是很多。本研究以北京地区部分高校的大学生为对象，采用问卷调查的方式并利用 SPSS 对大学生创业原因、创业困难、创业形式、创业领域等情况进行调查，从不同角度对大学生创业原因和创业困难的影响因素进行分析，并提出相应的建议。

三、研究设计

（一）数据的基本情况

本次调查主要围绕"大学生创业意愿及现状"展开，选取北京地区 20 所高校的在校学生作为样本来源，其中涵盖中国地质大学、中国农业大学等部属"211"大学，也包括北京工商大学、北京联合大学等市属高校，采取线下调查的方式依托各校学生社团开展，共计发放问卷 200 份，回收 152 份，有效问卷 121 份。其中，男生占 60.3%，女生占 39.7%；来自重点大学的学生占 50.4%，一般市属高校的学生占 26.4%，职业院校的学生占 23.1%；人文社科类专业学生占 22.3%，经管类专业学生占 19.0%，农医类专业学生占 2.5%；艺术体育类专业学生占 4.1%；大学一年级学生占 47.9%，二年级学生占 34.7%，三年级学生占 12.4%，四年级学生占 4.1%，研究生占 0.8%。

（二）数据处理过程

1. 缺失值和异常值处理

在数据处理之前，首先对所收集的数据进行缺失值和异常值判断。经过缺失值分析，本次数据样本没有缺失值（见表 1）。

表 1　缺失值情况

单变量统计			
	N	缺失	
		计数	百分比
获得成长和发展	121	0	0
实现自我价值	121	0	0
提高社会地位	121	0	0
创造个人财富	121	0	0
满足挑战欲望	121	0	0
锻炼能力	121	0	0
就业压力大	121	0	0
不想工作	121	0	0
家庭和学校的支持	121	0	0
有资金或项目	121	0	0
创业形式	121	0	0

续表

单变量统计			
	N	缺失	
		计数	百分比
创业领域	121	0	0
没有好的创业项目	121	0	0
缺乏人才和技术	121	0	0
资金不足	121	0	0
管理经验不够	121	0	0
开拓市场困难	121	0	0
创业团队缺乏合作	121	0	0
缺乏社会关系	121	0	0
税务登记程序复杂	121	0	0
家庭反对	121	0	0
承受风险能力不足	121	0	0
性别	121	0	0
年级	121	0	0
专业	121	0	0
学校性质	121	0	0

由于本次样本数据全部是分类变量，涉及异常值也比较少，因此采用直接删除的方法处理异常值。

2. 对大学生创业原因进行因子分析

根据调查问卷，考虑到大学生创业原因是属于多选题目，涉及的因素较多，因此为了方便后续的数据处理，需要对创业原因涉及的 10 个变量进行因子分析浓缩原有变量。按照因子分析的基本步骤进行如下操作。

（1）因子分析的前提条件。

首先对创业原因各测量变量进行 KMO 测度和巴特利特（Bartlett）球体检验，查看样本是否适合做因子分析。表 2 是数据分析的结果。

表2 KMO 和巴特利特检验

KMO 取样适切性量数		0.663
巴特利特球形度检验	上次读取的卡方	145.021
	自由度	45
	显著性	0.000

从表2看，巴特利特检验 Sig. =0<0.05，说明拒绝原假设，变量之间存在相关关系。同时，KMO=0.663，根据 Kaiser 给出的度量标准可知原有变量虽然不是非常适合做因子分析，但是仍然可以尝试。

（2）提取因子。

根据原有变量相关系数矩阵，采用主成分分析法提取因子并选取特征根值大于1的特征根，分析结果如下（见表3、表4）。

表3 公因子方差

	初始值	提取
获得成长和发展	1.000	0.466
实现自我价值	1.000	0.430
提高社会地位	1.000	0.323
创造个人财富	1.000	0.597
满足挑战欲望	1.000	0.377
锻炼能力	1.000	0.417
就业压力大	1.000	0.702
不想工作	1.000	0.548
家庭和学校的支持	1.000	0.703
有资金或项目	1.000	0.704

提取方法：主成分分析。

表4 总方差解释

组件	初始特征值			提取载荷平方和			旋转载荷平方和		
	总计	方差百分比	累积%	总计	方差百分比	累积%	总计	方差百分比	累积%
1	2.371	23.707	23.707	2.371	23.707	23.707	2.053	20.530	20.530
2	1.676	16.762	40.468	1.676	16.762	40.468	1.746	17.462	37.993
3	1.221	12.212	52.680	1.221	12.212	52.680	1.469	14.688	52.680
4	0.995	9.954	62.634						
5	0.824	8.241	70.875						
6	0.703	7.026	77.901						
7	0.657	6.571	84.472						
8	0.611	6.111	90.583						
9	0.508	5.081	95.664						
10	0.434	4.336	100.000						

提取方法：主成分分析。

从表3公因子方差可以看出，创造个人财富、就业压力大、不想工作、家庭和学校支持、有资金或项目等变量信息大部分可以被因子解释。相比之下，其他变量的信息可能丢失得有点多，特别是提高社会地位、满足挑战欲望、实现自我价值和锻炼能力、获得成长和发展这5个变量的信息丢失比较严重。因此，总的来说本次因子提取的总体效果不够理想。但可以尝试进行下一步处理。

根据表4总方差解释结果可以看出，特征根大于1的公因子有3个，即可以提取3个公因子，能够解释原有变量总方差的52%。鉴于这些数据是对于人的主观性这样本身精度较低的变量测度，因此可以认为基本能够描述大学生创业原因的影响因素。同时，根据表5成分矩阵可以看出提取出来的3个因子的实际含义比较模糊，需要对因子载荷矩阵实施正交选择以使因子具有命名解释性。

表5 成分矩阵*

	组 件		
	1	2	3
获得成长和发展	0.569	−0.374	0.048
实现自我价值	0.427	−0.497	−0.039
提高社会地位	0.380	−0.411	0.094
创造个人财富	0.381	−0.103	0.664
满足挑战欲望	0.525	−0.280	−0.153
锻炼能力	0.625	−0.155	0.045
就业压力大	0.505	0.510	−0.433
不想工作	0.531	0.251	−0.451
家庭和学校的支持	0.561	0.609	0.130
有资金或项目	0.236	0.560	0.578

提取方法：主成分分析。

* 已提取3个成分。

（3）因子的命名解释。

采用"最大方差法"进行正交旋转，得出旋转后的成分矩阵，见表6。

表6 旋转后的成分矩阵*

	组 件		
	1	2	3
获得成长和发展	0.674	0.080	0.073
实现自我价值	0.647	−0.021	−0.107
提高社会地位	0.562	−0.076	0.024
创造个人财富	0.386	−0.230	0.629
满足挑战欲望	0.568	0.226	−0.063
锻炼能力	0.568	0.240	0.191
就业压力大	0.007	0.835	0.068
不想工作	0.199	0.711	−0.057

续表

	组 件		
	1	2	3
家庭和学校的支持	0.011	0.596	0.590
有资金或项目	−0.172	0.120	0.812

提取方法：主成分分析。

旋转方法：Kaiser 标准化最大方差法。

* 旋转在 5 次迭代后已收敛。

从旋转后的成分矩阵可以看出，获得成长和发展、实现自我价值、提高社会地位、满足挑战欲望和锻炼能力等 5 个变量在第 1 个因子上有较高的载荷，第 1 个因子可以命名为自身素质提升；就业压力大、家庭和学校支持、不想工作等 3 个变量在第 2 个因子上有较高载荷，第 2 个因子可以命名为主客观环境因素；创造个人财富、有资金或项目等 2 个变量在第 3 个因子上有较高载荷，第 3 个因子可以命名为获得更多财富。

（4）计算因子得分。

本研究采用回归估计法估计因子得分系数（见表 7），并输出因子得分系数。

表 7 成分得分系数矩阵

	组 件		
	1	2	3
获得成长和发展	0.329	−0.015	0.016
实现自我价值	0.330	−0.050	−0.098
提高社会地位	0.288	−0.096	0.007
创造个人财富	0.189	−0.262	0.471
满足挑战欲望	0.269	0.102	−0.098
锻炼能力	0.259	0.075	0.083
就业压力大	−0.066	0.504	−0.069
不想工作	0.045	0.430	−0.149
家庭和学校的支持	−0.064	0.282	0.340

续表

	组　件		
	1	2	3
有资金或项目	−0.126	−0.027	0.574

提取方法：主成分分析。

旋转方法：Kaiser 标准化最大方差法。

组件评分。

3. 对大学生创业困难进行因子分析

鉴于大学生创业困难涉及的变量比较多，按照上述因子分析的步骤对大学生创业困难进行因子分析浓缩原有变量。

根据 KMO 测度和巴特利特球体检验（见表 8），说明变量之间具有相关性，KMO＝0.636，可以尝试进行因子分析。

表 8　KMO 和巴特利特检验

KMO 取样适切性量数		0.636
巴特利特球形度检验	上次读取的卡方	103.741
	自由度	45
	显著性	0.000

从公因子方差（见表 9）可以看出，资金不足、管理经验不够、开拓市场困难、创业团队缺乏合作、缺乏社会关系、税务登记程序复杂、家庭反对、承受风险能力不足等变量大部分信息能够被因子解释。没有好的创业项目、缺乏人才和技术等变量的信息可能丢失得有点多。总的来说，这次因子提取的总体效果也不够理想。但考虑到现有数据的状态，可以尝试进行下一步工作。

表 9　公因子方差

	初始值	提取
没有好的创业项目	1.000	0.376
缺乏人才和技术	1.000	0.380
资金不足	1.000	0.677
管理经验不够	1.000	0.782
开拓市场困难	1.000	0.605

续表

	初始值	提取
创业团队缺乏合作	1.000	0.525
缺乏社会关系	1.000	0.666
税务登记程序复杂	1.000	0.560
家庭反对	1.000	0.698
承受风险能力不足	1.000	0.561

提取方法：主成分分析。

从总方差解释（见表10）的结果看，本次可提取 4 个因子，能够解释原有变量总方差的 58% 左右。考虑到反映大学生创业困难的变量也与人的主观性因素密切相关，精度不可能太高，如前所述认为基本能够描述大学生创业困难涉及的原始变量。

表 10　总方差解释

组件	初始特征值			提取载荷平方和			旋转载荷平方和		
	总计	方差百分比	累积%	总计	方差百分比	累积%	总计	方差百分比	累积%
1	2.248	22.482	22.482	2.248	22.482	22.482	1.734	17.337	17.337
2	1.337	13.371	35.853	1.337	13.371	35.853	1.486	14.862	32.199
3	1.179	11.794	47.647	1.179	11.794	47.647	1.393	13.925	46.124
4	1.066	10.664	58.311	1.066	10.664	58.311	1.219	12.187	58.311
5	0.952	9.515	67.827						
6	0.831	8.310	76.136						
7	0.700	6.999	83.136						
8	0.616	6.157	89.293						
9	0.564	5.638	94.931						
10	0.507	5.069	100.000						

提取方法：主成分分析。

同时，根据成分矩阵（见表11）可以看出 4 个因子含义相对模糊，使用"最大方差法"进行正交旋转，得出旋转后的成分矩阵。根据旋转后的成分矩

· 11 ·

阵可以看出，创业团队缺乏合作、税务登记程序复杂和承受风险能力不足等3个变量在第1个因子上有较高的载荷，可以命名为自我准备不足；缺乏人才和技术、管理经验不够等2个变量在第2个因子上载荷较高，可以命名为专业实力不足；缺乏社会关系、家庭反对等2个变量在第3个因子上载荷较高，可以命名为人际关系不好；资金不足、开拓市场困难、没有好的创业项目等3个变量在第4个因子上有较高载荷，可以命名为资金和市场缺乏。此外，从旋转成分矩阵（见表12）看，所提取的4个公因子都不能很好地解释"没有好的创业项目"这个变量。剔除这个变量，对剩余9个变量重新进行一次因子分析后发现，虽然总方差的解释能力提高了（62%），但是不能很好地进行因子命名解释。基于这种情况，维持第一次处理结果。

表 11　成分矩阵*

	组　件			
	1	2	3	4
没有好的创业项目	0.506	−0.075	0.177	0.289
缺乏人才和技术	0.473	−0.348	0.134	0.131
资金不足	0.089	0.278	0.738	0.219
管理经验不够	0.416	−0.505	−0.200	0.561
开拓市场困难	0.291	−0.170	0.671	−0.202
创业团队缺乏合作	0.640	0.298	−0.119	0.111
缺乏社会关系	0.445	−0.495	−0.057	−0.468
税务登记程序复杂	0.351	0.656	−0.072	0.036
家庭反对	0.603	0.107	−0.058	−0.566
承受风险能力不足	0.640	0.270	−0.264	0.099

提取方法：主成分分析。

* 已提取4个成分。

表 12　旋转后的成分矩阵*

	组　件			
	1	2	3	4
没有好的创业项目	0.268	0.484	0.047	0.260
缺乏人才和技术	0.051	0.529	0.261	0.171

	组 件			
	1	2	3	4
资金不足	0.105	0.000	−0.252	0.776
管理经验不够	0.014	0.866	−0.034	−0.178
开拓市场困难	−0.095	0.108	0.350	0.679
创业团队缺乏合作	0.673	0.236	0.117	0.045
缺乏社会关系	−0.076	0.235	0.776	−0.050
税务登记程序复杂	0.715	−0.172	−0.106	0.086
家庭反对	0.445	−0.093	0.699	0.060
承受风险能力不足	0.685	0.249	0.140	−0.100

提取方法：主成分分析。

旋转方法：Kaiser 标准化最大方差法。

* 旋转在 5 次迭代后已收敛。

最后，根据成分得分系数矩阵（见表 13），计算因子得分。

表 13 成分得分系数矩阵

	组 件			
	1	2	3	4
没有好的创业项目	0.099	0.315	−0.083	0.185
缺乏人才和技术	−0.059	0.335	0.105	0.115
资金不足	0.047	0.010	−0.236	0.648
管理经验不够	−0.060	0.647	−0.170	−0.174
开拓市场困难	−0.149	0.009	0.247	0.556
创业团队缺乏合作	0.379	0.088	−0.024	−0.013
缺乏社会关系	−0.153	0.050	0.584	−0.070
税务登记程序复杂	0.466	−0.180	−0.137	0.038
家庭反对	0.203	−0.232	0.517	0.003
承受风险能力不足	0.391	0.096	−0.005	−0.136

提取方法：主成分分析。

旋转方法：Kaiser 标准化最大方差法。

组件评分。

综上所述，通过对创业原因和创业困难进行因子分析后，形成因子变量。创业原因的因子变量有 3 个：自身素质的提升、主客观环境因素和获得更多财富；创业困难的因子变量有 4 个：自我准备不足、专业实力不足、人际关系不好、资金和市场缺乏。下一步研究就可以用因子变量替代原有变量进行数据分析。

（三）大学生创业情况的影响因素分析

利用方差进行学校、年级、性别、专业等因素与大学生创业原因相关性分析，创业形式和领域与大学生创业困难的相关性分析。学生创业原因包括：自我素质提升、主客观环境因素、获得更多财富；创业困难包括：自我准备不足、专业实力不强、人际关系不好、资金和市场缺乏。

1. 学校、年级、性别、专业对学生创业原因的影响

（1）经研究发现，在现有样本范围内不同学校类型、不同年级对学生"是否因自我素质提升而选择创业"有显著影响。

在学校层面，职业院校的学生更认可选择创业是为了自我素质提升；对于年级而言，处于大二、大三的学生更认可选择创业是为了自我素质提升。但是这些规律在 0.05 显著性水平下不适合总体（这个规律不能推广至更大的范围）。具体分析结果见表 14－表 17。

表 14　描述性（不同学校）

	N	平均值	标准偏差	标准错误	平均值95%置信区间		最小值	最大值
					下限值	上限值		
重点大学	49	-0.088 950 8	0.960 528 77	0.137 218 40	-0.364 846 9	0.186 945 3	-1.914 54	1.733 75
市属大学	32	-0.086 953 5	1.036 190 29	0.183 174 29	-0.460 539 0	0.286 633 0	-1.791 83	1.733 75
职业院校	28	0.255 039 3	1.017 970 83	0.192 378 40	-0.139 688 6	0.649 767 2	-1.787 00	1.611 05
总计	109	0.000 000 0	1.000 000 00	0.095 782 63	-0.189 857 8	0.189 857 8	-1.914 54	1.733 75

表 15　ANOVA（不同学校）

自我素质提升

	平方和	df	均方	F	显著性
组之间	2.451	2	1.225	1.231	0.296
组内	105.549	106	0.996		
总计	108.000	108			

表 16　描述性（不同年级）

自我素质提升

	N	平均值	标准偏差	标准错误	平均值95%置信区间		最小值	最大值
					下限值	上限值		
大一	53	-0.168 495 0	0.897 869 94	0.123 331 92	-0.415 978 6	0.078 988 6	-1.914 54	1.611 05
大二	42	0.150 305 1	1.107 401 23	0.170 875 72	-0.194 785 4	0.495 395 7	-1.791 83	1.733 75
大三	13	0.067 974 0	0.925 552 98	0.256 702 21	-0.491 332 0	0.627 280 1	-1.516 54	1.611 05
大四	1	1.733 754 9	0	0	0	0	1.733 75	1.733 75
总计	109	0.000 000 0	1.000 000 00	0.095 782 63	-0.189 857 8	0.189 857 8	-1.914 54	1.733 75

表 17　ANOVA（不同年级）

自我素质提升

	平方和	df	均方	F	显著性
组之间	5.520	3	1.840	1.885	0.137
组内	102.480	105	0.976		
总计	108.000	108			

（2）研究发现在现有样本范围内不同性别、专业对"学生是否因主客观环境因素而选择创业"有显著影响。

在性别上，女性学生更认可选择创业因为就业压力大、不想工作、有家庭和学校支持等主客观环境因素的存在；在专业层面，人文社科和经管类专业更认可选择创业是因为就业压力大、不想工作、有家庭和学校支持等主客观环境因素；在年级层面，大三学生更认可选择创业是因为就业压力大、不想工作、有家庭和学校支持等主客观环境因素。但是这些规律同样在 0.05 显著性水平下不适合总体（这个规律不能推广至更大的范围）。具体结果见表18－表21。

表 18　描述性

主客观环境因素

	N	平均值	标准偏差	标准错误	平均值95%置信区间		最小值	最大值
					下限值	上限值		
男	64	−0. 150 858 7	0. 865 060 09	0. 108 132 51	−0. 366 944 3	0. 065 226 9	−1. 044 24	2. 773 19
女	45	0. 214 554 6	1. 141 442 72	0. 170 156 23	−0. 128 372 7	0. 557 482 0	−1. 106 13	3. 597 27
总计	109	0. 000 000 0	1. 000 000 00	0. 095 782 63	−0. 189 857 8	0. 189 857 8	−1. 106 13	3. 597 27

表 19　ANOVA（不同性别）

主客观环境因素

	平方和	df	均方	F	显著性
组之间	3. 528	1	3. 528	3. 613	0. 060
组内	104. 472	107	0. 976		
总计	108. 000	108			

表 20　描述性（不同专业）

主客观环境因素

	N	平均值	标准偏差	标准错误	平均值95%置信区间		最小值	最大值
					下限值	上限值		
人文社科	27	0. 251 184 1	1. 107 933 68	0. 213 221 94	−0. 187 099 9	0. 689 468 1	−0. 840 36	2. 803 64
经管	23	0. 266 528 4	1. 260 484 56	0. 262 829 20	−0. 278 546 0	0. 811 602 8	−1. 106 13	3. 597 27
理工	56	−0. 200 160 2	0. 787 078 67	0. 105 177 81	−0. 410 941 3	0. 010 620 8	−1. 044 24	2. 773 19
农医	2	−0. 858 661 8	0. 051 057 44	0. 036 103 06	−1. 317 394 6	−0. 399 928 9	−0. 894 76	−0. 822 56
艺术体育	1	0. 014 173 0					0. 014 17	0. 014 17
总计	109	0. 000 000 0	1. 000 000 00	0. 095 782 63	−0. 189 857 8	0. 189 857 8	−1. 106 13	3. 597 27

表 21 ANOVA（不同专业）

主客观环境因素

	平方和	df	均方	F	显著性
组之间	7.056	4	1.764	1.817	0.131
组内	100.944	104	0.971		
总计	108.000	108			

（3）研究发在现有样本范围内不同学校对"学生因获得更多财富而选择创业"有显著影响。

职业院校的学生更认可选择创业是为了获得更多财富。同样，这个规律在 0.05 显著性水平下不适合总体（这个规律不能推广至更大的范围）。具体结果见表 22—表 23。

表 22 描述性

获得更多财富

	N	平均值	标准偏差	标准错误	平均值95%置信区间		最小值	最大值
					下限值	上限值		
重点大学	49	-0.170 348 8	1.002 105 94	0.143 157 99	-0.458 187 2	0.117 489 6	-1.464 35	3.241 90
市属大学	32	0.094 382 6	0.985 995 47	0.174 301 02	-0.261 106 7	0.449 871 9	-1.254 65	3.560 59
职业院校	28	0.190 244 6	0.998 877 87	0.188 770 17	-0.197 079 8	0.577 569 0	-1.453 14	2.437 03
总计	109	0.000 000 0	1.000 000 00	0.095 782 63	-0.189 857 8	0.189 857 8	-1.464 35	3.560 59

表 23 ANOVA（不同学校）

获得更多财富

	平方和	df	均方	F	显著性
组之间	2.720	2	1.360	1.369	0.259
组内	105.280	106	0.993		
总计	108.000	108			

2. 创业形式和创业领域对学生创业困难的影响

（1）研究发现在现有样本范围内不同创业形式对创业困难中"自我准备

不足""专业实力不足"等有显著影响。

自主创业的学生更认可"自身准备不足"这个困难；选择合伙创业或家族创业形式的学生，更认可"专业实力不足"这个困难。当然，这些规律在0.05显著性水平下不适合总体（这个规律不能推广至更大的范围）。具体结果见表24－表27。

表24　描述性

自身准备不足

	N	平均值	标准偏差	标准错误	平均值95%置信区间		最小值	最大值
					下限值	上限值		
合伙创业	52	−0.130 546 0	1.025 107 07	0.142 156 77	−0.415 937 7	0.154 845 6	−1.091 16	2.898 69
家族创业	16	−0.208 361 8	0.906 129 34	0.226 532 33	−0.691 204 1	0.274 480 4	−1.091 16	2.678 98
自主创业	40	0.237 349 0	0.985 302 18	0.155 789 95	−0.077 766 0	0.552 463 9	−1.191 16	2.573 05
其他	1	0.628 224 3					0.628 22	0.628 22
总计	109	0.000 000 0	1.000 000 00	0.095 782 63	−0.189 857 8	0.189 857 8	−1.191 16	2.898 69

表25　ANOVA

自身准备不足

	平方和	df	均方	F	显著性
组之间	4.229	3	1.410	1.426	0.239
组内	103.771	105	0.988		
总计	108.000	108			

表26　描述性

专业实力不够

	N	平均值	标准偏差	标准错误	平均值95%置信区间		最小值	最大值
					下限值	上限值		
合伙创业	52	0.111 272 6	1.039 909 07	0.144 209 44	−0.178 239 9	0.400 785 1	−1.438 03	1.779 58

续表

	N	平均值	标准偏差	标准错误	平均值95%置信区间		最小值	最大值
					下限值	上限值		
家族创业	16	0.165 744 5	0.980 392 25	0.245 098 06	-0.356 669 6	0.688 158 7	-1.400 55	1.303 58
自主创业	40	-0.185 378 5	0.946 330 34	0.149 627 96	-0.488 029 7	0.117 272 6	-1.896 71	1.303 58
其他	1	-1.022 945 5					-1.022 95	-1.022 95
总计	109	0.000 000 0	1.000 000 00	0.095 782 63	-0.189 857 8	0.189 857 8	-1.896 71	1.779 58

表 27 ANOVA

专业实力不够

	平方和	df	均方	F	显著性
组之间	3.504	3	1.168	1.174	0.323
组内	104.496	105	0.995		
总计	108.000	108			

（2）研究发现不同创业形式对创业困难中"人际关系不好"有显著影响。

选择自主创业的学生更认可"人际关系不好"这个困难，其次是选择家族创业的学生。这个规律在 0.05 显著性水平下适合总体。具体结果见表 28－表 29。

表 28 描述性

人际关系不好

	N	平均值	标准偏差	标准错误	平均值95%置信区间		最小值	最大值
					下限值	上限值		
合伙创业	52	-0.285 326 3	0.821 531 33	0.113 925 90	-0.514 042 0	-0.056 610 5	-1.674 82	1.676 38
家族创业	16	0.142 666 6	1.298 473 51	0.324 618 38	-0.549 241 1	0.834 574 3	-1.529 70	2.579 96
自主创业	40	0.261 394 4	0.968 649 19	0.153 156 88	-0.048 394 7	0.571 183 4	-1.954 09	1.876 96
其他	1	2.098 526 3					2.098 53	2.098 53
总计	109	0.000 000 0	1.000 000 00	0.095 782 63	-0.189 857 8	0.189 857 8	-1.954 09	2.579 96

表 29 ANOVA

人际关系不好

	平方和	df	均方	F	显著性
组之间	11.696	3	3.899	4.251	0.007
组内	96.304	105	0.917		
总计	108.000	108			

(3) 研究发现在现有样本范围内，不同创业领域对创业困难中"人际关系不好""专业实力不足"和"自身准备不足"有显著影响。

选择"自己感兴趣"创业领域的学生更认可"人际关系不好"这个困难；选择"与专业结合"创业领域的学生更认可"专业实力不足"这个困难；选择"启动资金少、风险低易开业"领域的学生更认可"自身准备不足"这个困难。但是这些规律在 0.05 显著性水平下不适合总体（这个规律不能推广至更大的范围）。具体结果见表 30—表 35。

表 30 描述性

人际关系不好

	N	平均值	标准偏差	标准错误	平均值95%置信区间		最小值	最大值
					下限值	上限值		
与专业相结合	18	-0.150 857 4	1.043 400 98	0.245 931 97	-0.669 728 5	0.368 013 7	-1.660 71	2.579 96
自己感兴趣	52	0.178 574 4	0.977 111 17	0.135 500 94	-0.093 455 1	0.450 603 8	-1.954 09	2.413 56
热门方向	18	-0.192 803 6	0.932 912 95	0.219 889 69	-0.656 730 3	0.271 123 1	-1.639 05	1.773 17
启动资金少，风险低易开业	19	-0.265 032 1	1.052 923 31	0.241 557 17	-0.772 524 9	0.242 460 7	-1.674 82	2.098 53
其他	2	0.967 820 5	0.322 723 57	0.228 200 03	-1.931 735 8	3.867 376 7	0.739 62	1.196 02
总计	109	0.000 000 0	1.000 000 00	0.095 782 63	-0.189 857 8	0.189 857 8	-1.954 09	2.579 96

表 31 ANOVA

人际关系不好

	平方和	df	均方	F	显著性
组之间	5.945	4	1.486	1.515	0.203
组内	102.055	104	0.981		
总计	108.000	108			

表 32 描述性

专业实力不够

	N	平均值	标准偏差	标准错误	平均值95%置信区间		最小值	最大值
					下限值	上限值		
与专业相结合	18	0.120 089 3	0.844 267 71	0.198 995 81	−0.299 755 2	0.539 933 7	−1.400 55	1.222 56
自己感兴趣	52	0.077 333 2	1.010 686 88	0.140 157 05	−0.204 043 8	0.358 710 3	−1.896 71	1.779 58
热门方向	18	−0.350 184 5	1.073 705 28	0.253 074 76	−0.884 125 6	0.183 756 6	−1.670 19	1.510 44
启动资金少，风险低易开业	19	−0.103 549 4	1.024 489 27	0.235 033 96	−0.597 337 4	0.390 238 6	−1.548 57	1.510 44
其他	2	1.043 912 7	0.367 218 37	0.259 662 60	−2.255 413 4	4.343 238 9	0.784 25	1.303 58
总计	109	0.000 000 0	1.000 000 00	0.095 782 63	−0.189 857 8	0.189 857 8	−1.896 71	1.779 58

表 33 ANOVA

专业实力不够

	平方和	df	均方	F	显著性
组之间	5.161	4	1.290	1.305	0.273
组内	102.839	104	0.989		
总计	108.000	108			

表 34　描述性

自身准备不足

	N	平均值	标准偏差	标准错误	平均值95%置信区间		最小值	最大值
					下限值	上限值		
与专业相结合	18	−0.146 395 3	0.960 544 77	0.226 402 57	−0.624 062 9	0.331 272 4	−1.072 21	2.573 05
自己感兴趣	52	−0.129 380 9	0.879 042 93	0.121 901 32	−0.374 108 0	0.115 346 2	−1.169 83	2.573 05
热门方向	18	−0.028 255 5	0.757 925 86	0.178 644 84	−0.405 163 2	0.348 652 1	−0.761 30	1.942 10
启动资金少，风险低易开业	19	0.441 559 3	1.298 599 25	0.297 919 10	−0.184 345 5	1.067 464 1	−1.191 16	2.898 69
其他	2	0.740 947 8	2.590 985 03	1.832 103 08	−22.538 129 1	24.020 024 7	−1.091 16	2.573 05
总计	109	0.000 000 0	1.000 000 00	0.095 782 63	−0.189 857 8	0.189 857 8	−1.191 16	2.898 69

表 35　ANOVA

自身准备不足

	平方和	df	均方	F	显著性
组之间	6.073	4	1.518	1.549	0.194
组内	101.927	104	0.980		
总计	108.000	108			

四、结论与建议

通过研究在现有样本范围内可以得出如下结论。

（1）不同学校、性别、年级和专业的学生对创业原因的选择有显著差异。相对本科院校的学生而言，职业院校的学生可能对自身状态缺乏自信，因此选择创业的出发点更多是立足于如何提高自身素质或者想获得更多财富证明自己；大二、大三的学生由于已经基本适应大学生活，对自己的现状和未来发展能够形成理性认识，更能意识到利用多种方式来提升自身素质的重要性，因而更认可提升自身素质是创业的主要原因。

对创业是因主客观环境因素影响的问题分析上看，在现有样本范围内女生、人文和经管类专业学生以及大三学生更多受"就业压力大、不想工作或有家庭和学校支持"等主客观环境因素的影响。这个结果说明，女生在创业激情和意识方面相比男生会弱一点；人文和经管类专业学生以及大三的学生选择创业会受到主客观环境影响多一些。原因可能有两个：一方面，他们更能感受到就业形势的紧迫性；另一方面，他们的头脑或者思维可能更加灵活，比较善于抓住机会和资源。

（2）从创业形式和领域与学生创业困难之间的相关性分析看，在现有样本范围内，选择自主创业形式的学生由于创业中所有事情可能都要从零开始，所以他们更认为自身准备是否充分、人际关系不好是创业的主要困难；选择合伙创业或家族创业形式的学生，由于有团队或者有家族企业的基础，创业所做的准备相对自主创业的学生而言必然会更充分一些，所以他们更认为专业实力不足是创业的主要困难。同时，由于家族企业内部关系比合伙创业的内部关系更错综复杂，所有选择家族企业创业的学生也比较关注人际关系的问题。

从创业领域与创业困难之间关系的分析看，在现有样本范围内选择"自己感兴趣"创业领域的学生由于对相应的创业领域有研究，可能在专业实力和自身准备方面有一定基础，因而更关注人际关系的问题；选择"与专业结合"创业领域的学生，更需要运用大量的专业知识解决实际问题，所以更认可专业能力不足这个困难；选择"启动资金少、风险低易开业"领域的学生，由于这样的领域技术含量相对较低、人际关系不会复杂，因而更认可"自身准备不足"这个困难。

综上所述，本研究通过对北京地区 20 所高校学生创业情况的问卷调查，采用因子分析、方差分析探讨了学校和学生个人层面的因素对创业意愿的影响、创业形式对学生创业困难的影响。虽然在数据收集过程中可能存在随意性导致数据处理结果不够理想，绝大多数研究结论仅在现有样本范围内适用，但是也能够为高校开展创新创业教育提供一定借鉴。

第一，各高校应加强创新创业教育的分类指导。在充分了解不同类型学校学生基本特征的基础上，根据年级、专业以及不同性别的学生特点分类制订相关辅导措施，从而对学生开展创新创业活动进行有针对性的引导。

第二，根据学生的实际情况并结合不同的创业形式，制订多元化的创业培训方案，包括开设系列创新创业教育课程、引入行业企业专家进校园传授创业活动经验、开展各类相关政策以及工作流程培训等，以帮助学生做好创业准备，提高自身创新创业能力。

第三，深化校企合作，完善大学科技园或校园孵化器建设，为学生开展创新创业提供更多的资源，包括项目、资金、人力以及技术支持。

 **参考文献**

[1] 李俊.大学生创业意愿的调查分析——以上海 1256 名大学生为样本 [J].现代大学教育，2012（6）.

[2] 李永强，白璇，毛雨，曾峥.基于 TPB 模型的学生创业意愿影响因素分析 [J].中国软科学，2008（5）.

[3] 向春，雷家骕.大学生创业态度和倾向的关系及影响因素——以清华大学学生为研究对象 [J].清华大学教育研究，32（5）.

[4] 赵丹，凌峰.安徽省大学生创业意愿实证研究 [J].江淮论坛，2014（5）.

电子商务专业人才培养方案的制订

——北京联合大学电子商务专业

●薛万欣　任广文　李丹丹

摘要： 随着电子商务的迅猛发展，尤其是移动互联网、网络新技术的发展，社会急需"跨界"融合的电子商务人才。基于时代和社会需求，制订一套科学、合理的电子商务人才培养方案显得越发重要。北京联合大学电子商务专业的教师基于社会、高校、企业调研，制订了新版电子商务人才培养方案，旨在为其他高校电子商务专业人才培养提供一些参考和借鉴。

关键词： 电子商务　跨界　培养方案

社会对电子商务专业人才的需求日益迫切，电子商务人才如何培养也一直是电子商务教师在思考的问题。电子商务发展太快，新的技术、新的内容让人们的生活已经离不开电子商务，探求电子商务人才培养中存在的问题，继而制订科学合理的人才培养方案，可以使高校培养出时代需要的电子商务人才。

一、电子商务人才培养中存在的问题

经过调研发现，目前，中国电子商务人才培养中存在一些问题，其中核心矛盾主要有以下三个方面。

（一）行业快速发展与人才供应不足的矛盾

电子商务行业每年以数倍 GDP 的增速快步发展，大量传统企业转型电子商务引起人才方面的争夺。

电子商务属新型产业，人才存量不足，再加上高校人才培养输出无法满

足企业需求，此一矛盾形成电子商务领域巨大的人才真空。

（二）电子商务企业微薄的利润与高额的人力资源成本的矛盾

电子商务企业此起彼伏的价格战、流量争夺战使企业利润不断下降。

人才稀缺，薪酬成本高企，频繁的招聘和新员工培训、过高的流失率，造成人才资源成本过高，此一矛盾形成电子商务企业巨大的成本压力。

（三）电子商务行业快速更新的知识结构与传统人才培训模式的矛盾

电子商务产业每 6 个月就发生一次巨变，知识的有效期变得非常短。

传统的教育培训模式在电子商务人才培养中碰到很大问题。其具体表现为：理论体系、教材和教学案例的生成具有滞后性；高校教师的知识结构无法跟上行业的变迁；传统教育体制电商教学与企业实践脱节严重。

在电子商务新的发展形势下，"跨界"人才将成为电子商务行业的最爱。"跨界"人才中包括电商运营人才、电商视觉设计人才、商务数据分析人才等。一个好的电商运营人才必须既精通互联网，又精通营销推广；一个好的电商视觉设计必须既精通设计美学，又精通视觉营销；一个好的商务数据分析人才必须既精通技术，又精通数据。企业需要电子商务人才应具备三种能力，第一能力：专业知识学习和消化能力；第二能力：职业道德与契约精神；第三能力：团队协同合作能力。

二、电子商务专业未来发展形势

2015 年 12 月 16 日，中国网络空间研究院在乌镇发布《中国互联网 20 年发展报告》显示，20 年来，中国网民数量从 1997 年 10 月的 62 万增加到 2015 年 7 月的 6.68 亿人，网民规模达到全球第一，网站总数达 413.7 万余个，域名总数超过 2 230 个，CN 域名数量约 1 225 个，在全球国家顶级域名中排名第二。

习近平总书记指出"互通互联、共享共治——构建网络空间命运共同体"，李克强总理提出"互联网+"，在互联网+下传统的行业、企业将被赋予新的生命力。互联网+金融、互联网+农业、互联网+旅游、互联网+医疗、互联网+交通、互联网+商务分析……凡此种种为电子商务的发展构建了很好的发展空间，也显示未来移动电子商务的发展空间会更加广阔。伴随着全球电子商务日趋活跃，业务模式的不断创新，我国的电子商务大环境及其成果运用发生了巨大的变化，电子商务已逐步渗透到经济和社会的各个层面。

社会需要的电子商务人才需要跨界、融合并具有创新创业素质和能力。"互联网+"下的创新创业型人才、"互联网+"下的客户管理人才、"互联网+"下的商务运作人才、"互联网+"下的网站建设与维护人员、"互联网+"下的客户分析人才、"互联网+"下的产品推广人才等都是这个时代急需的，高等学校电子商务专业担负着在互联网+下如何培养满足互联网时代下电子商务人才的使命。

三、电子商务专业建设目标、发展规划及设计理念

通过调研走访与分析，北京联合大学电子商务专业在 2015 版人才培养方案中确定了两个专业发展方向，即专业方向 1 "商务运营与管理"和专业方向 2 "商务数据分析"。

（一）建设目标

这是一个大数据的时代，一个移动互联网、"互联网+"的时代，电子商务专业力争在国内高等院校中，在移动互联领域和商务数据分析领域能够占有一席之地。

（二）未来规划

依托北京市校内示范性创新人才培养基地，健全课程体系；进一步完善"新生研讨课"；集成创新资源；加强国（境）际交流；加强实践创新基地建设；培养"跨界"电子商务人才；进一步强化"产业+企业+专业"校企共建专业模式。

（三）设计理念

采用"二三四"模式，即"两个并行""三个不断线""四大课程模块"，构建注重知识、能力、素质协调发展，学习、实践和职业教育能力相结合的复合应用性人才培养模式。"两个并行"即理论教学与实践教学并行；"三个不断线"即综合素质教育不断线，外语教学、计算机应用教学不断线，商务与管理知识教学不断线；"四大课程模块"即公共课程模块、专业基础课程模块、专业课程模块、实践课程模块。

四、电子商务专业人才培养建设方案

（一）培养目标

电子商务专业培养术德兼修、手脑并用、知行合一，基础知识扎实、实践能力强、工作作风实，具有较强的社会责任感、创新创业精神和可持续发

展能力的掌握经济、贸易与管理、信息管理的相关知识，具备计算机相关应用技术及网络运用技能的且能够在国家各级行政机关、企事业单位等部门从事商务运作与管理、电子商务网站建设以及商务数据分析与预测的高素质应用型人才。

(二) 毕业要求

电子商务专业要求学生在毕业时，能够具有以下素质和能力。

(1) 具有较好的人文社会科学素养、较强的社会责任感和良好的职业道德；

(2) 具有运用从事金融学专业相关工作所需的数学等自然科学知识、经济管理知识的能力；

(3) 具备较为扎实的学科基础知识及本专业基本理论知识，了解本专业前沿发展现状和趋势；

(4) 具有综合运用所学科学理论和技术手段分析并解决本专业相关问题的基本能力；

(5) 掌握本专业的基本技能和专业核心应用能力，具有一定的创新意识和创业思维；

(6) 了解与本专业相关的职业和行业的方针、政策和法律、法规；

(7) 掌握文献检索、资料查询及运用现代信息技术获取相关信息的基本方法；

(8) 具有一定的组织管理能力、较强的表达能力和人际交往能力以及在团队中发挥作用的能力；

(9) 具有适应发展的能力以及终身学习能力；

(10) 具有一定的国际视野和跨文化交流及合作能力。

(三) 电子商务专业知识结构和能力结构

电子商务专业知识范围广泛，既有学科基础知识，也包含信息技术、数据分析工具和方法，也有经营和管理，更注重文化素质和修养的培养。设计中注重知识结构和能力的养成。电子商务专业知识结构与能力结构图如图1所示。

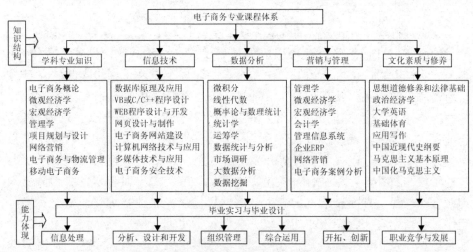

图1 电子商务专业知识结构与能力结构

（四）应用型的电子商务人才培养体系

改善当前的人才培养体系，通过校企合作，共建应用型电子商务人才培养体系。利用高校优秀的教学资源结合企业优秀的实践经验，打造人才培养体系。其主要通过如下四种方式：①嵌入式课程；②共建电商实验室；③共建校外实训基地；④推荐就业。并基于岗位将电子商务人才分为运营类、营销类、技术类、外贸类和职能类五种。基于岗位或工作把电子商务初级人才的类型、典型岗位名称、标杆岗位、岗位通则和经典案例也梳理出来。然后，从职业生涯发展的视角，把电子商务专业的初、中、高级人才职业发展路径勾勒出来。

（五）实施措施

通过"走出去""请进来"，深入地与高校、企业合作交流，从科研、教学、学术研讨、课程建设、企业实习等方面全面展开合作。通过构建移动电子商务实验室、创新创业工坊、名牌赛事、课程联动，培养学生的创新创业意识和能力。

"走出去"：鼓励年轻教师攻读博士后；鼓励教师到企业实习；构建科研团队，组织科研研讨；鼓励教师积极带学生参加各类专业大赛；鼓励教师积极参与社会服务。

"请进来"：邀请企业和高校人员进校开展论坛和讲座；邀请知名教授担任客座教授。

（六）教学方式、方法改革

大胆进行教学方式方法的改革。教学模式中实行"三个结合、多维整合"的教学改革模式；教学方法中引入倡导启发式、讨论式、问题式、案例式、参与式、探究式、项目驱动等方法；教学手段多半是基于网络学堂建立自主学习资源，核心课程及必修课程、部分选修课程都已基于 BBS 网络教学平台建立网络学堂；考核方式多元化，采用上机、作品、实习报告、调研报告、企业评定、证书置换、口试答辩等多种方式。考核过程多元化，教师评价与学生评价相结合、过程考核与结果考核相结合、个人考核与团队考核相结合、校内考核与校外考核相结合；强化实践教学环节，一方面聘请企业人员进入课堂授课，另一方面让学生走进企业培训机构接受企业培训。在教学管理过程中，一直建有课程建设小组，统一备课；不定期开展课程研讨；完善教学质量监控体系。教研部教师相互听课，课程群负责人员听课 8 次，普通教师听课 2 次，形成较为完整的教学质量保证体系和一定的监督机制，保证学校教学水平的稳步提高，教研部全体教师评测质量都在优良以上；提高平时成绩比例，达到 60%～70%。鼓励核心课程制订课程标准、考核标准等；鼓励、引导教师增加教学性投入的政策与措施，给予资金支持；鼓励教师积极参加教师基本功大赛和各类教学比赛，作为期末考评和评优的一个重要参考指标；引导、支持学生增加学习性投入的政策与措施，实行"双"导师制，给学生配备双导师；鼓励支持学生积极参加全国电子商务"创意、创新、创业"大赛、"e 路通杯"电子商务大赛、中国服务外包创新应用大赛等专业竞赛；动员学生积极参与专业教师负责的科研项目；组织引导学生申报学校组织的科技立项项目；创新训练在整个本科生的教学和管理工作中贯彻和实施。

五、电子商务专业建设的特色与亮点

电子商务专业历经 15 年的发展，已经初步形成"双导师"制、以赛促学、创新创业的专业发展特色。实行"双导师制"，毕业论文真题率达到 15%，提高 3 个百分点。以赛促学，以赛促练，学生团队硕果累累；累计几十支团队参加各类大赛，取得全国特等奖、一等奖、北京市特等奖、北京市一等奖、北京市季军、北京市三等奖多项佳绩。以"创新创业"为基础，连接政府和企业，在创新创业理论、实务以及技术方面开展深入的学术研究，并进一步反哺教学，提升创新创业人才培养质量。

北京联合大学电子商务专业依托北京市校内示范性创新人才培养基地，校企合作，项目驱动，跨界-融合，创新创业成亮点。先后完成与台北科技大学进行课程对接；学生社团"青年社"暑期深入云南、贵州等地与当地农民

合作，构建"大合拍"务农平台，并开始创业，注册金涛拍岸科技有限公司；四麦社团注册了北京四麦文化有限公司。

基于互联网+，在新技术的引领下，电子商务专业有望有更好的发展。

 **参考文献**

[1] 李宏胜，陈桂. 应用型本科人才培养方案制定过程的思考 [J]. 中国现代教育装备，2011（21）：108-110.

[2] 张超. 试析现阶段我国高校的电气工程与自动化专业的实践教学问题 [J]. 东方文化周刊，2014（9）：48-50.

影视制片管理类专业人才需求、
定位及培养现状调查分析

◉陈 琳 龚秀敏 胡艳君

摘要： 随着文化产业的蓬勃发展，影视业已经成为国家的战略性新兴产业，加上全球文化产业的大发展和互联网经济的繁荣，对影视制片管理类人才的需求日益激增。影视制片管理类人才供给远远满足不了需求，同时其他行业人才供给却远远大于需求，人员严重过剩。本文重点调查分析行业对影视制片管理类人才需求的特点，以及现有该类人才培养模式及其存在的问题，提出该类人才培养的有效模式是校企融合共同培养模式，并对该模式所面临的困难进行初步分析，为未来该类人才的培养提供参考。

关键词： 影视制片管理 专业 人才培养模式

一、影视制片管理类专业人才需求状况及未来的就业前景

经过大量调研，结果显示影视行业急需管理类专业人才。

（1）业界懂管理的人才奇缺。一般来说，管理人员占企业总人数的比例为 10%~20%，我国目前 5000 多家新闻媒体的从业人员达 55 万人，但懂得媒体经营管理的人才不到 1%，远远低于其他行业的一般水平。管理人才稀缺导致业内高级管理人才高薪难求。据业内人士透露，影视传媒行业年薪 10 万元就能够聘请到高素质的从业人员，但要聘请到真正既谙熟新闻行业和传媒市场运作，又懂媒体管理和经营的高级复合型媒体管理人才，即使花 50 万元年薪，也未必能够聘到。

（2）制播分离带来的激烈竞争。以前影视业是制播不分离，制作后基本上肯定能播出，现在不再合二为一，这就带来各种影视公司之间激烈的市场竞争，使得各家机构不得不引进有市场经验的高级管理人才。

（3）网络的普及催生人才需求激增。随着第四媒体即网络媒体的日益强

大，未来网络对传媒管理类人才的需求呈爆炸式增长，而目前此类人才缺口较大，未来将会出现越来越严重的供不应求。

（4）国际传媒"大鳄"的"落地需求"加剧了人才的稀缺现状。近年来，时代华纳-美国在线（OAL）、新闻集团、迪斯尼和 Tom. Com 各路跨国传媒争相向中国进行渗透并取得"落地权"，急需大量既熟悉内地媒体市场，又具有国际化运作经验的本土高级媒体人才来扩大市场份额，这也加剧了高级复合型经营、管理人才极端稀缺的状况。

（5）影视产业链的拓展——影视产业链正在向海外市场以及音像和新媒体等各个领域纵横延伸，基于互联网的全球一体化及产业的跨界融合，未来几年影视从业人员需求总数将以较大幅度增加，特别是对那些了解影视特点、懂市场、会经营的国际化管理人才的需求。

总之，影视文化产业急需大量具有行业知识和背景的集"行业技术"和"管理技能"于一身的复合型专业人才。

二、影视制片管理类专业定位

（一）国内外高校对该专业方向的定位

在国内，教育部专业目录里尚没有"影视制片管理"这一专业，影视制片管理类专业泛指培养影视文化产业管理人才的专业方向群，主要有影视制片管理、电影（电视）管理、影视制片、影视媒体产业管理等专业方向，而它们基本上是作为"文化产业管理"专业下的一个方向，如中国传媒大学、北京电影学院、中央戏剧学院、浙江传媒学院、南京艺术学院等学校都是在文化产业管理专业之下设置的影视制片（管理）等方向；在国外，根据已有的资料，国外高校的制片专业（film & Television Production）较多，而对影视制片管理专业的人才培养较少。与影视制片管理专业相关的专业有以下几个：艺术管理（Arts Management），文化产业（娱乐业）管理（Entertainment Industry Management），体育、文化（娱乐）产业管理（Sport and Entertainment Management），艺术、娱乐和媒体管理（Arts, Entertainment, and Media Management），剧场（戏剧）管理（Theater Management），戏剧（舞台）管理（Stage Management）等。综观国内外该类专业的定位，虽然名称不尽相同，但对所培养人才的基本要求是大同小异的，共同的要求是具有艺术背景，懂影视制作技术，通晓影视文化产业运营规律并具有管理该产业（企业或活动）投资、创意和设计、生产运营、发行和推广等方面能力的高素质、复合型专业管理人才。

（二）业界对该类人才的定位

为更准确地定位该专业方向，通过问卷调查、典型案例分析及重点访谈等得出行业对影视制片管理类人才具备的素质和能力的具体要求。

1. 毕业生素质要求

关于素质要求，企业把认真负责、团队合作和吃苦耐劳作为排在前三位的最重要的素质（见表1）。

表1　毕业生素质要求

素质	第一素质比例（%）	第二素质比例（%）	第三素质比例（%）
吃苦耐劳	11.9	9.5	28.6
认真负责	42.9	40.5	4.8
创新能力	4.8	—	7.1
团队合作	33.3	26.2	28.6
公关能力	—	—	11.9
熟悉业务	2.4	11.9	11.9
后续学习	4.8	11.9	7.1

2. 毕业生学历要求

66.7%的被调查企业需要本科及以上学历的毕业生（见表2）。

表2　毕业生学历要求

学历	研究生或以上	本科生	大专生	高中生	其他
比例（%）	2.4	66.7	14.3	2.4	4.8

3. 毕业生专业要求

与纯艺术类和纯管理类专业的毕业生相比，81%的被调查企业需要有影视文化行业背景既懂影视专业技术又懂企业管理的影视制片管理类专业的毕业生（见表3）。

表3　毕业生专业要求

专业需求	影视制片	艺术类	管理类	所有专业
比例（%）	81	31	14.3	11.9

4. 企业关注的毕业生所具备的条件

对于企业在招聘人才时，"关注人才的哪些方面的因素"问题的回答，沟通能力、实践经验、工作态度和管理能力排在前四位（见表4）。

表4　企业关注的毕业生的条件

关注要素	比例（%）
沟通能力	88.1
实践经验	85.7
工作态度	85.7
管理能力	71.4
创新能力	35.7
艺术修养	33.3
学习成绩	28.6
外语能力	21.4
学历	16.7
性别	14.3
年龄	11.9
外表	7.1
其他	2.4

5. 毕业生能力要求

关于影视制片管理类人才应具备哪些素质和能力，行业知识背景与素质、制片管理专业技能和影视制作技术排在前三位（见表5）。

表5　毕业生能力要求

能力	第一能力（%）	第二能力（%）	第三能力（%）
通用管理能力与素质	3.8	19.0	11.9
行业知识背景与素质	35.7	26.2	9.5
影视艺术修养	4.8	23.8	26.2
影视制作技术	7.1	14.3	21.4
制片管理专业技能	26.2	11.9	16.7

6. 企业对毕业生外语能力要求

对于英语能力，64.3%的企业认为证书并不重要，实际的语言能力更重要（见表6）。

表6　企业对毕业生外语能力要求

英语能力	英语专业八级	英语专业四级	英语六级	英语四级	不看重考级证书，重在语言能力
比例（%）	2.4	7.1	7.1	16.7	64.3

三、现有影视制片管理类人才培养现状、问题及对策

我国现有的影视制片管理类专业人才的培养基本上有三种模式：第一种是高等院校的文化产业管理之下设置的影视制片类专业培养的人才；第二种是企业自己培养的专业人才；第三种是校企联合共同培养的专业人才。就目前业界对该类人才供给现状的反馈，前两种模式存在的问题比较多。

（一）高校培养模式和企业培养模式及存在的问题

1. 高校培养模式

目前国内开设影视制片管理及相关专业的高校多集中于艺术类院校，且该专业更多地被放入文化产业管理或者公共事业管理专业中，成为该专业中的一个方向。如中国传媒大学、北京电影学院、中央戏剧学院、浙江传媒学院、南京艺术学院等院校都设有影视制片管理类专业方向（见表7）。

表7　国内影视制片管理类专业开设情况

学校名称	专业名称	专业方向名称	招生部门	培养目标
中国传媒大学	文化产业管理	影视制片管理方向等	公共管理系	培养具有良好的文化艺术素质，掌握文化产业及其产品的经营特点和运作规律，具备现代管理、经济和文化政策法规的理论基础以及文化产业项目的专业运作技能，能在文化产业、媒体及政府相关部门从事文化艺术管理、文化产业运营、传媒管理、项目策划执行和国际文化传播等工作的高级复合型专门人才
北京电影学院	文化产业管理	电影（电视）管理	管理系	要求学生具备影视艺术创作的基本理论，系统掌握影视管理理论、掌握影视策划、制片管理和发行管理运作方法及操作技巧，成为影视业及文化产业培养事业管理和经营管理方面的专业人才

学校名称	专业名称	专业方向名称	招生部门	培养目标
中央戏剧学院	公共事业管理	影视制片方向	电影电视系	培养能够了解影视行业的制作流程，掌握影视制作的基本工作方法，能够胜任影视行业的项目策划、项目制作、市场推广、项目研发和产品销售工作，以及基本胜任广告文案、出版策划、演出制作等不同文化领域工作的影视制作专门人才
浙江传媒学院	文化产业管理	影视制片	管理学院	培养了解文化产品的特性及市场规律；熟悉文化消费者的消费心理；具有创新与创业精神、实践和竞争能力、自主学习能力；具有"懂经营、会管理、善策划、能核算"的知识结构，能在文化产业领域从事市场策划、组织协调、项目管理、资本运营等工作的复合型高级专门人才
南京艺术学院	文化产业管理	影视媒体产业管理	文化产业学院	该专业重点培养具有良好影视、游戏和动漫项目策划、项目管理和经营能力，具备一定影视、游戏和动漫技术专长的复合型、应用型人才

可以看出，国内高校该类专业基本都作为"文化产业管理"之下的一个专业方向设置，而且绝大部分是艺术类院校。综合业界对该类人才的反馈，高校培养模式主要存在以下两个方面的问题：①该专业毕业的学生动手能力差，普遍需要在企业干1~2年才能真正接手工作，而一旦能独当一面时，企业又面临人才流失的威胁。②该专业的培养过程基本是在校园里完成，缺乏行业真实工作情境下的经验。这类专业的应用性比较强，大部分技能是需要靠"干中学"的模式习得，但由于高校与行业的隔离，以及实习平台和基地的匮乏导致学生基本上是"从书本到书本"，严重缺乏行业背景。

2. 企业培养模式

企业培养模式能在一定程度上弥补上述高校人才培养模式的不足，更贴近实际工作情境和实际工作技能需求等，培养人才的企业忠诚度也比较高，因为企业培养模式基本上是师傅带徒弟模式，师徒感情一般较深。但这种模式也存在以下问题：①培养的规模有限。一是企业导师有限，二是愿意带徒弟的导师更有限。面对影视文化产业的迅猛发展所带来的对人才需求的激增，这种培养模式远远满足不了需求。②企业导师本身知识和眼界的局限。国际影视文化产业的大繁荣，造就了一批国际影视文化企业大亨，如美国好莱坞、梦工厂、20世纪福克斯电影公司等，它们积累了丰富的现代影视文化产业经营管理的经验。业界导师往往忙于日常业务而疏于学习这些先进的经验，同时，由于我国影视文化产业起步较晚，比较落后，业界专家大部分学历不高、专业不对口，限制了他们的有效学习和借鉴，也影响到他们所指导徒弟的能力和眼界。

（二）校企融合共同培养——一种有效的人才培养模式

鉴于上述两种人才培养模式存在的种种不足和局限，影视制片管理类人才的培养应该紧紧与行业结合，从人才培养目标的确定、培养、实习和就业过程等都要依托行业和企业，实现大学人才培养与行业从大一开始就与行业对接，而不是从大三或大四才对接，因为前者是有目标和方向的有效培养，而后者常常是在做无用功。前者最大的优势是毕业生与行业是无缝对接的，无须完成从高校到企业"最后一公里"的过渡，而这个过程通常需要1-2年时间，大大提高了人才培养效率和效果。目前这种模式很少见，北京联合大学管理学院正在尝试这一模式。

而校企联合培养或融合共建专业也会遇到各种困难，如体制对接问题、企业的盈利问题、思想观念问题等，这些问题的解决，需要自上而下从人力、物力、财力、政策等方面给予大力扶持，层层落实到位，方能真正达到校企共赢、共建专业的目的。

地方高校国际化金融人才培养研究

◉ 韩　莉

摘要：本文主要分析国际化金融人才应具备的知识、素质与能力，阐述地方高校国际化金融人才的培养现状，揭示国内地方高校国际化金融人才培养中存在的问题，并提出相应的政策建议。

关键词：国际化　金融人才　地方高校

一、国际化金融人才的需求分析

（一）我国金融业国际化程度的提高增加了对国际化金融人才的需求

金融国际化是经济全球化的重要组成部分。21 世纪以来，我国金融业的国际化程度日益提高。

一方面，各级政府不断优化金融环境，对外资金融机构落户给予优惠，吸引了许多法人外资金融机构进驻我国。以北京为例，截至 2014 年，北京市有外资银行机构 114 个，从业人员 8 230 人，资产总额达到 3 198 亿元。

另一方面，在企业"走出去"和人民币国际化的大环境下，各金融机构积极开展国际业务和设立海外分支机构。以银行业为例，2014 年五大行"走出去"步伐加快，新设机构数量明显增加。据统计，2014 年五大行新设海外机构 4 家，新开业机构 12 家。随着中资银行海外机构数量的增长，其海外资产规模也呈上升态势。截至 2013 年年底，18 家中资银行海外总资产规模超过 1.2 万亿元，相当于 2007 年年底的 4.49 倍。同时，海外业务利润也快速增长。截至 2014 年 6 月末，工行境外机构实现净利润 12.03 亿美元，同比增长 41%，成为重要的利润增长点。

我国金融国际化程度的提高，将迎来国际化金融人才的需求高峰。根据"一行三会"制订的金融人才发展中长期规划，未来 10 年的中国金融从业人员总量将按年均 3.5% 的速度增长，2020 年将达到 515 万人；国际化金融人才占比将从 2015 年的 4.9% 提高到 2020 年的 10%。

（二）国际化金融人才的知识、能力与素质

1. 扎实的经济金融理论功底，复合的知识结构

在掌握经济学理论的基础之上，熟悉传统货币金融理论和掌握现代金融理论的新发展。掌握数学、财务、信息技术等学科知识，具备较好的复合知识结构。

2. 良好的国际交流能力，通晓国际金融制度、规则和惯例

国际化金融人才不但能够应用外语进行国际交流，还能够通晓国际金融制度、规则和惯例，能够在中西方不同的文化平台上自由转换，从而开拓更广阔的生存空间，形成强大的国际竞争力。

3. 较强的创新能力

创新能力是国际化金融人才最重要的能力和本质属性。这类金融人才善于在复杂的竞争环境中利用不确定性获取利润，其创新能力决定了金融机构的竞争力。

4. 全面的应变能力和较强的学习能力

国际化金融人才必须具备全面的应变能力和较强的学习能力，不断更新知识结构，以适应环境的变化，保持持久的创新力和竞争力。

（三）不同层次的国际化金融人才都需要国际化素质，只是侧重点不同

国际化金融人才不一定局限于高层次人才，在经济全球化的今天，不同层次的金融人才都需要国际化素质，只不过侧重点不同和程度不同。如银行国际业务部的人才，在不同层次的岗位上就需要不同的国际化素质，对于国际业务部总经理这种高层次人才来说，需要通晓国内外相关法律法规、监管政策，具有较强的风险管控能力、组织协调能力、创新能力和管理决策能力，具有较强的市场调研和分析能力，很好的英语沟通能力；对于分管某项业务管理工作的中端人才（如融资与结算经理等）来说，除了要求具有相关业务知识和工作经验以外，还要求熟悉 ucp600、isbp98 等国际惯例，具有流利的英语口语沟通和专业写作能力；对于业务型相对低端的人才来说，除了要求具有相关业务知识以外，较好的英语口语沟通能力和专业英语写作能力是必需的。

（四）地方高校国际化金融人才培养的定位层次

面对多层次的国际化金融人才需求，地方本科高校应致力于培养中低端应用型国际化金融人才。它和职业院校所培养的应用型人才定位不同。职业院校主要培养技术操作型应用人才，强调按岗位培养，要求掌握某一岗位所需要的知识和技术。而地方本科高校所培养的应用型人才，则主要是知识应用型人才，面向经济社会中的某一职业群和行业而不是岗位，所以，在对其

知识、能力和素质的要求上，并不过于强调技术的熟练程度以及岗位对应性的操作能力，而是强调其具有宽厚的知识基础、应用性专业知识和技能，具有转化和应用理论知识的实践能力以及一定的创新能力。

二、国内地方高校国际化金融人才的培养状况

（一）国内地方高校国际化金融人才的培养途径

1. 国内国外联合培养国际化金融人才

目前，国内许多地方财经院校与国外高校合作，实行"2+2"或"3+1"的本科双学位人才培养模式、"3+1"或"3+2"本硕连读培养模式等，联合开展国际联合教学项目，培养国际化经济类人才。

2. 组织学生短期海外游学与交流

目前，许多高校利用假期组织学生到海外游学或实习，让学生体验国外高校先进的授课模式，参观国外本土知名企业，了解异国风土人情和文化，从而拓宽学生的国际视野。

3. 开展双语教学或全英教学

双语教学或全英教学是培养国际化人才的重要途径之一。目前，国内地方高校的经管类专业都根据自身师资水平和学生的英语水平开设不同程度的双语课程和全英课程，采用国外原版教材，使学生有更多机会在专业学习中使用外语。

4. 邀请国外专家进校开授课程和举办讲座

近年来，不少地方高校加大"请进来"的力度，邀请外国专家和学者通过讲授课程、举办讲座等多种方式，把学术前沿信息和多元文化带到了校园，使在校大学生在校园就能经常听到外籍教师的讲课，扩大学生国际视野，增强国际交流能力。

5. 组织学生参加国际大赛，提升国际视野

目前，有些地方高校注重组织学生参加相关的国际大赛，通过比赛做到理论联系实际，提升学生的国际视野，也为学生们在学术研究的道路上夯实了基础。

（二）国内地方高校国际化金融人才培养存在的问题

1. 课程体系有待进一步国际化

国外大学金融学专业的课程主要聚焦于资本市场，并且课程具有微观化、数量化趋势。但是国内一些地方高校的金融学专业课程主要聚焦于货币银行，课程偏宏观，并且以定性分析为主。

课程体系中能够彰显国际化的内容主要是国际金融、国际贸易、国际结算、外汇交易等，但有关国际规则方面的知识涉及不多，如国际商法、国际惯例、国际性金融贸易组织运作等；同时，国际交流方面的知识也很匮乏，如主要国家金融业传统、文化传统、国际交往礼仪等。

2. 学生的国际交流能力亟待提高

金融国际化使金融领域的国际交流机会大大增加。我国地方高校金融学专业学生在英语上花费的时间和精力很多，但效果不理想，主要表现在英语口语交流能力差，且金融专业领域的英语应用很少。

3. 金融学与其他学科的交叉融合不够

以财务为例，国外许多高等院校的金融学专业通常设在商学院，课程体系体现出金融与财务学科相融合的特征，金融（finance）主要由金融市场、投资学和公司财务三大领域构成。目前我国地方高校金融学专业教学内容中有关现代公司财务理论方面的内容并未全面融入金融专业教学。

4. 教学方法有待与国际进一步接轨

国际化人才的培养，关键之一是教学方法要与国际接轨。以教师为主体的"知识灌输式"模式，不利于学生自主学习能力和批判性思维的养成。国外大学的课堂以学生为主体，主要运用案例教学、合作学习、项目教学、角色扮演、个人展示、辩论等多种教学方法和组织形式，以激发学生学习的积极性和主动性。

5. 实践教学体系缺少国际化元素

目前，地方高校设立了一套包括实训课程、校外实践基地实践、毕业论文、学生科技活动、学科社团、创业等在内的实践教学体系，但国际化程度较低，主要表现在：实训基地缺少跨国企业、进出口企业、外资企业等，依托国际化合作平台进入国际交流的学生人次仍然有限。

6. 师资队伍国际化程度有待提升

近些年来，由于经费较为充足，地方高校教师有更多机会参加国际学术会议和去海外研修，但进修时间相对较短，半年或一年的比较常见，而且能够出去的教师比例也较低；同时，地方高校由于名气、资助条件、科研环境等条件的限制很难大量吸引和聚集海外高层次人才，以充实师资队伍。

三、地方高校国际化金融人才培养体系的构建

（一）根据区域经济金融业发展的需求确定人才培养层次和类型

地方高校的人才培养要结合区域经济的发展状况，找准各自的定位。以

北京地区为例，金融业已成为北京市的支柱行业之一，金融业生产总值由2000年的425.2亿元增加到2014年的3 310.8亿元，金融业占地区生产总值的比例也从2000年的13.4%上升到2014年的15.4%。同时，北京地区金融机构的数量也迅速增加。截至2014年年底，北京地区银行业金融机构有4 363个，证券公司达到19家，证券营业部330家，法人基金公司、期货公司分别达到23家、20家，保险总公司和分公司达到104家。但是，北京地区金融从业人员数量仅占就业人员约3%，远低于世界金融中心城市10%的平均水平。同时，北京在推进"世界城市"的建设，需要大量能参与全球经济竞争的国际化专门人才。金融国际化是北京国际金融中心建设取得重大突破的关键。

因此，北京地区地方高校应致力于国际化金融人才的培养，为首都金融业发展提供人力资源支持。面对多层次的国际化金融人才需求，应主要致力于培养中低端应用型国际化金融人才。

（二）制订以"应用型、复合型、创新型和国际化"为特征的培养目标

在人才培养方案制订中，地方本科高校应坚持以提升学生的应用能力为导向，适应区域金融业发展的特殊需求；坚持以构建学生的综合素养为导向，强化金融与数学、外语、财务等相关学科的交叉融合；坚持以开拓学生的国际视野为导向，适应经济全球化对金融应用型人才的国际交流能力和素质需求。

（三）创新国际化人才培养模式

探索与推进国际合作办学模式，推进与国外大学"2+2"的本科双学位人才培养模式、"3+1"本升硕及"3+2"本硕连读培养模式、留学交换、短期交流与研修项目等。教务处、国际交流学院等部门可联合相关教学单位，制订国际联合办学的教学计划与管理办法。

（四）构建彰显国际化的课程体系

增加有关国际规则和文化等方面的选修课程，如国际法概论、跨文化交流学、国际交往礼仪等。

注重双语课程或全英课程建设。专业核心课程进行全英语或双语教学，并采用国外原版优秀教材。

构建通用英语课程、学术英语课程相结合的大学英语课程体系，加大英语口语、金融英语等课程的比重，提高学生在专业领域的国际交流能力。

加强金融学与数学、财务、网络技术等相关学科的交叉与融合，使学生具有复合的知识结构。

（五）创新教学方法，培养学生的创新能力

通过国际合作办学，推广案例教学法，开展自主学习和研究性学习，鼓

励学生参加教师学术研究和各类学科竞赛，培养学生的创新能力。

（六）构建国际化的实践教学体系

以国际化院校之间、校企之间的合作交流为切入点，构建国际化的实践教学体系。在校际方面，依托国际化合作办学，增加相同或近似专业教师之间的交流和合作，提升师资队伍的国际化水平。

在校企合作方面，开拓一批跨国企业、进出口企业、外资企业作为实训基地；从中选聘具有国际实务经验的专业人士作为师资，通过理论教学与实务教学，提高学生的实践能力。

（七）打造国际化的师资队伍

通过"千人计划""长江学者奖励计划"等人才项目，利用全职、短期、兼职、客座教授和名誉教授等多种方式，引进和聘请海外大学的优秀师资。

加大校内教师的海外研修力度。设立国际交流专项基金，支持优秀教师赴海外研修和管理干部出国研修。鼓励教师参加国际学术会议。通过多种方式对教师进行外语培训，提升师资队伍在国际合作中的跨文化交际能力。

 **参考文献**

[1] 张万新.国际金融双语教学实践与探索 [J].湖北第二师范学院学报，2011（9）：111-113.

[2] 中国人民银行营业管理部货币政策分析小组.2014年北京市金融运行报告，4-14.

[3] 五大行海外业务利润大增 [N].金融时报，2014-12-08.

创新客户关系管理人才培养的探讨

◉田　玲

摘要：随着网络和移动智能终端设备已经被普遍接受和深入运用，企业均能通过网络平台接触到海量客户数据，使得客户资源和客户管理的竞争加剧。因而，紧随时代发展的创新客户关系管理人才在企业中发挥着越来越重要的作用，成为众多企业的迫切需要。为了满足企业对创新客户关系管理人才的需要，本文以相关精品课程的对比分析和众多企业岗位需求的调研为基础，从人才培养目标、培养思路和内容等几个方面，阐述客户关系管理人才培养上的创新探索，希望具有一定的借鉴意义。

关键词：创新　客户关系管理　人才培养

一、引言

随着社会经济和信息技术的快速发展，网络和智能终端设备已经被人们普遍接受和深入运用，企业均能通过网络平台接触到海量客户数据，使得客户资源和客户管理的竞争加剧。因而，紧随时代发展的创新客户关系管理人才在企业中发挥了越来越重要的作用，成为众多企业的迫切需要。

电子商务专业是北京联合大学应用型本科亮点工程专业和重点建设专业，客户关系管理课程是电子商务专业的专业核心课程，对培养能紧随时代发展的创新客户关系管理人才起着非常关键的作用。为了满足企业对创新客户关系管理人才的需要，本文以相关精品课程的对比分析和众多企业岗位需求的调研为基础，从人才培养目标、培养思路和内容等几个方面，阐述客户关系管理人才培养上的创新探索，希望具有一定的借鉴意义。

二、现有精品课程现状和企业需求分析

（一）现有精品课程分析

"客户关系管理"课程是电子商务等相关专业的专业核心课程，是学习

客户关系管理的理论、方法与策略，掌握客户关系管理的思想与工作技能，熟悉客户关系管理系统操作流程的课程。为探讨该课程的教育现状，笔者调研了有代表性的精品课程，从目标任务、课程内容、教学方法和主要特色等几个方面，进行对比分析（见表1），得出如下结论。

表1　相关精品课程对比分析

学校	级别	目标任务	主要内容	教学方法和主要特色
威海职业学院	首批国家示范性高等职业学校、国家高技能人才培养示范基地	引导学生掌握与客户沟通的能力与技巧，具备客户关系管理的基本能力	潜在客户关系管理、推销客户关系管理、经销客户关系管理、渠道客户关系管理、项目客户关系管理	采取项目管理模式进行教学，依据相关岗位的实际情况，以工作任务为导向，以工作情景模式开展教学
苏州工业园区职业技术学院	全国职业教育师资专业技能培训示范单位	让学生系统理解客户关系管理的理论、方法与策略，掌握其思想与工作技能以适应社会的需要	分析客户、管理客户、挖掘客户的能力以及有效地分配企业资源为客户服务等	基于岗位的调查来设计教学内容，以工作任务为载体设计学习领域，模拟真实的工作环境，锻炼学生的职业素养和学习能力
广东科学技术职业学院	国家级精品课程	使学生能够深刻地理解客户服务管理的内涵、理论体系、课程背景以及前沿性发展成果，掌握其整体运作技能	将客户关系管理与客户经营教学体系分为三大模块：商机管理、服务管理与客户维护	对典型工作任务进行工作过程系统化，设计出适合教学的"学习性工作任务表"，形成课程的教学内容
上海震旦职业学院	精品课程	了解服务客户的基本概念、原理和方法，掌握岗位技能，在实践训练中提升学生的职业素质	客户关系管理重要性认识、客户满意管理技能、客户服务管理技能、客户关系管理平台管理技能等	强化岗位各个环节的技能训练，强调理论教学对实训操作的支持指导地位
东北财经大学	省级精品课程	使学生领会客户关系管理的基本思想和具体的应用方法，深刻理解其如何增强企业核心竞争力、扩大市场规模、加速提升运营效率等	基本理念和基本原理；软硬件集成系统的基本结构、系统组成和系统开发方法；企业在实施过程中的理论与方法；项目实施的系统方法等	注重理论联系实际，融知识传授、能力培养、素质教育于一体；加强课内课外结合的教学方式

　　通过上述对比可以看出：相关精品课程的目标任务定位清晰全面，知识

层次定位高、覆盖面广，还注重各方面能力和综合素质的培养，教学方法以理论联系实际、课内外结合的教学方式为主；在实践环节方面，大多以工作岗位群的技能掌握为主，更注重结合岗位群和工作情景，教学方法以注重学生的专业技能训练和职业素质培养的综合训练为主，注重锻炼学生运用客户关系管理知识和技能的能力，面向实际岗位的针对性方面更突出，以提高创新能力。

（二）企业人才需求分析

为了解客户关系管理相关职业人才的需求现状，以智联招聘网、中华英才网和51job等人才招聘网站为主要调研平台，调研了100多个相关企业和职位，并结合相关企业专家访谈，相关创新职业人才需求非常大，虽要求各有异同和侧重点，但主要围绕在以下三个方面：知识方面，要求掌握客户关系管理的基本理论和内涵，包括客户细分、客户价值和客户生命周期理论等；能力方面，要求具备客户关系管理相关软件应用能力，具有较强的客户信息搜集、整理和分析能力，拥有客户沟通、维系和经营等客户服务能力；素质方面，要求懂得客户资源的挖掘，具备客户需求分析、客户流失管理和客户满意度管理等职业素质，具有较强的沟通能力和团队精神，有较强的创新意识和创新素养等。

三、创新客户关系管理人才培养的探索

（一）创新人才培养目标

通过对现有精品课程的对比分析和企业需求调研，对创新客户关系管理人才的培养目标进行明确的定位，即培养学生了解客户关系管理的最新进展，系统了解客户关系管理的理论、方法与策略，熟悉客户关系管理系统的操作流程，掌握客户关系管理的思想与工作技能，具有再学习、沟通和团队合作等职业素质，具有较强的创新意识和创新素养。

（二）创新人才培养思路和主要内容

依据上述精品课程和企业需求调研结果及其创新人才培养目标，本文创建了将理论知识传授充分融于工作岗位实际的创新培养思路：打破以理论知识为主的普通课程教学模式，以实际项目或工作任务为1条主线，以专业知识模块、职业训练模块和创新培养模块3个内容模块为基石，以综合实践任务和综合提升任务2个综合任务为支撑，以引导案例环节、岗位实操环节、技能实践环节和创新创意环节4个环节为保障，使学生掌握分析客户、管理客户、服务客户、挖掘客户潜力等专业知识，具有客户服务和管理、团队协作精神、自我学习等职业能力，具有较强的创新意识和创新素养（见图1）。

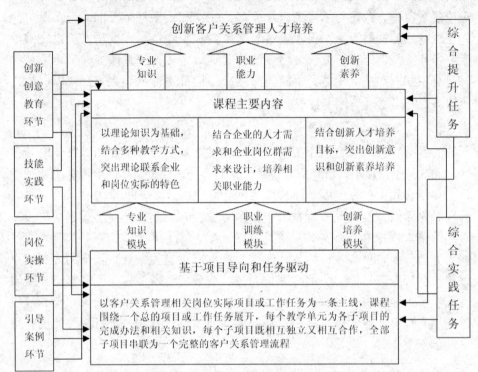

图1　创新客户关系管理人才培养思路和主要内容

　　通过该创新人才培养模式，使学生不仅具有过硬的客户关系管理专业知识，还具有职业化的实践能力；不仅具有胜任企业相关岗位的能力，还具有相关工作岗位必备的职业素质；不仅具有善于沟通和不断学习的能力，还具有合格的职业素养和融入团队的精神，具备紧随互联网发展的创意和创新意识。

四、总结

　　以企业真实需求为依据，以培养集知识、能力和素质于一体的创新人才为目的，以实际工作岗位任务为学习主线，以专业知识、职业能力和创新素质模块为基础，将引导案例环节、岗位实操环节、技能实践环节和创新创意环节等合理地纳入创新人才培养之中，激发学生学习的主动性与积极性，有利于学生的综合素质和职业化培养，对培养适应社会发展和企业需要的创新客户关系管理人才具有一定的现实意义，也为创新客户关系管理人才培养提供一定的参考和借鉴。

 **参考文献**

［1］尹新.《客户关系管理》课程项目教学法研究［J］.中国成人教育，2009（20）.

［2］黄倩."客户服务"课程改革的基本内容及有效的课程模式分析［J］.教育与职业，2014（11）.

［3］许尤佳.高职营销专业的客户关系管理教材建设思考［J］.中国成人教育，2010（15）.

［4］方玲玉.高职经管类专业系列项目课程开发——以高职电子商务专业为例［J］.职教论坛，2010（24）.

［5］东北财经大学"客户关系管理"课程网站：http://course.jingpinke.com/details/introduction? uuid＝f6ff5563－127d－1000－afe0－b7b5f3b2d8d7&courseID＝S0900211&column＝brief.

［6］上海震旦职业学院"客户关系管理"课程网站：http://zhendan.2088088.com/network.asp? id＝2606&classid＝252.

［7］广东科学技术职业学院"客户关系管理与客户运营"课程网站：http://course.jingpinke.com/details/results? uuid＝f053e162－123c－1000－999f－144ee02f1e73&courseID＝D090039&column＝effect.

［8］威海职业学院"客户关系管理"课程网站：http://221.2.159.212:90/xjjpk11/hd/a/1/3/.

［9］苏州工业园区职业技术学院"客户关系管理"课程网站：http://jpkc.sipivt.org/ec2006/C59/kcms－2.htm.

师生共同体全程导学模式的探索与实践

◉ 程　翔

摘要：创新人才的培养始于知识，重在实践，贵在探究。2006 年以来，北京联合大学管理学院以国家级金融学特色专业建设点、管理学院经管专业大类招生试点为依托，在金融学专业教师导学层面进行大胆探索与实践。在建构主义学习理论的指导下，探索构建"师生共同体的全程导学模式"并付诸实践，取得良好效果。

关键词：师生共同体　全程导学　实践

当代大学生在基本掌握广泛信息源和巨大信息量的同时，又面临复杂、浮躁、急功近利的社会环境。金融学专业作为一个应用性、实践性极强的专业，培养应用性创新型金融人才成为经济社会快速发展对高校金融学专业人才培养提出的必然要求。身处这样的时代，面对新时代的大学生，传统的"以教师为主体"的"灌输式"教学模式已经不能适应当前的教育形势和社会对人才的需求。创新人才的培养始于知识，重在实践，贵在探究。2006 年以来，以国家级金融学特色专业建设点、管理学院经管专业大类招生试点为依托，在金融学专业教师导学层面进行大胆探索与实践。在建构主义学习理论的指导下，探索构建"师生共同体的全程导学模式"并付诸实践，取得良好效果。

一、"师生共同体全程导学模式"的简介

传统的高校专业教师与学生沟通交流只停留在上专业课和做毕业论文阶段，将专业导学定义为师生共同体全程导学模式，即结成师生共同体，全程全方位导学，将导学在时间维度上向前递进和向后延伸，在空间维度上向课外、校外拓展。

（一）建构主义学习理论是该模式的理论基础

建构主义的思想来源于认知加工学说，建构主义学习理论是在批判行为主义学习理论的基础上发展起来的。它强调个体的主动性在建构认知结构过程中的关键作用。建构主义提倡在教师指导下以学习者为中心的学习，也就是说，既强调学习者的认知主体作用，又不忽视教师的指导作用，教师是意义建构的帮助者、促进者，而不是知识的传授者与灌输者。学生是信息加工的主体，是意义的主动建构者，而不是外部刺激的被动接受者和被灌输的对象。

（二）"师生共同体"是有利于"教学相长"的教育活动组织

"师生共同体"是具有共同愿景的师生在团体情境中通过有效互动而促进师生共同成长的教育活动组织。按照"以学生为主体"的原则，使师生在互动交流中实现"四导·两促·双赢"。即把原来仅仅属于班主任和辅导员的许多工作落实到每一位专业教师身上，全体教师人人承担育人责任，对学生进行思想引导、学业辅导、心理疏导、生活指导，提供亲情化、全方位的教育服务，在促进全体学生健康成长的同时，通过体验和感悟，促使指导教师不断转变教育观念，提高综合素养，增长教育智慧，实现教师发展与学生进步的双赢（教学相长）。

（三）全程导学模式包括三个维度的"全程"

1. 时间维度上的"全程导学"

金融专业实行"导师制"，从大学一年级新生入学，就安排专业教师担任学生导师，直到大学四年级学生毕业，保持学生在校学习的 4 年时间教师"全程导学"不断线。

2. 空间维度上的"全程导学"

"导学"的空间维度包括课堂、校内和校外广阔的空间范围，具体包括课堂教学、校内活动、校外实习实践，甚至学生接触社会过程中应该注意的事项导师都有责任为学生"全程导学"。

3. 内容维度上的"全程导学"

"导学"的内容维度强调的是"导学"内容和目标不是单纯关注学生的学业和学习成绩，更关注学生的情感、生活、为人处世、待人接物、职业素养等综合素质的"全程导学"，即对学生进行思想引导、学业辅导、心理疏导和生活指导。

（四）创新全程导学方法

理论课教学采用目标导学、自主学习、合作探究、展示交流、精讲点拨的"五环节导学教学法";实践和课外科技活动形成"递进式"探究型的全程导学方法。在理论教学阶段强调知识点的互动式教学,夯实科研基础;在学生课题孵化培育阶段,强调师生共同围绕专业知识领域,提出研究专题,选择研究方法;在成果获取阶段,要求教师指导学生发表论文,形成可行性报告,进行成果的总结应用,并参加挑战杯等比赛。全程导学方法如图1所示。

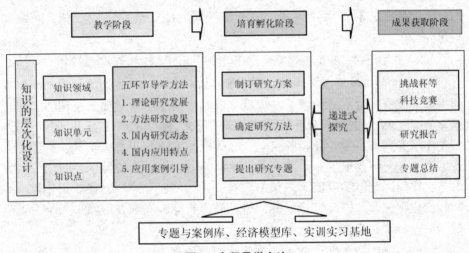

图1　全程导学方法

二、基于师生共同体的全程导学模式的实践

我们以空间维度为主介绍金融学专业基于师生共同体的全程导学模式的具体实践,时间维度和内容维度穿插其中。

(一)理论课教学采用"五环节导学教学法"实施全程导学

1. 目标导学

上课伊始,开门见山向学生展示学习目标,让学生明白每节课要学习的内容和要达到的要求,对学生的学习起到导向作用。学习目标尽量做到简洁明了,而且学生只要认真学习就能够完成。

2. 自主学习

教师要设计和提出针对性、启发性的问题或具体的题目,留出学生自主学习和自主思考的时间,学生可以对自主学习过程中的疑点、难点、重点问题做好记录,为学习小组合作探究打下基础。具体时间由问题的难易程度而定,简单问题课堂解决,复杂问题课下解决。

3. 合作探究

三五个学生组成学习小组，针对自主学习中遇到的疑点、难点和重点问题，小组成员展开讨论和交流，探究解决问题的方法与思路，仍然无法解决的问题提交老师答疑。

4. 展示交流

教师预先把题目和任务分配给每个小组，各小组通过课下合作学习，在课堂上派代表进行成果交流展示，或讲解、或板书、或多媒体等形式。鼓励其他同学提问和质疑。教师汇总学生交流展示中出现的问题，准确把握各小组在合作学习中遇到的疑点、难点和重点问题，为精讲点拨做好准备。

5. 精讲点拨

教师根据学生自主学习、小组合作探究和交流展示中发现的问题，对重点、难点、易错点进行重点讲解，为学生答疑解惑，最后点拨学生思考问题的思路，帮助学生进步和提高。

（二）校内实践、竞赛和科研项目导学

1. 加大学生在实践课程的自主实践比例

除了在银行业务模拟、证券投资分析、外汇交易模拟、保险业务实训等与理论课程配套的实践课程中，通过加大学生自主学习、合作分析和动手操作的训练比例，加深学生对金融业务流程实践操作的认识之外，金融学专业积极深化综合性、设计性、自选性、协作性实践课程的开发与建设，在第 6 学期期末集中安排 2 周的金融投资类综合实践，为学生架构专业知识体系，锻炼学生的主动参与性和创新力，拓展学习的深度与广度。

2. 鼓励并组织学生参加校内科技竞赛

结合金融学专业应用性、实践性极强的特点，坚持"以赛带练、以练促学"的导学模式，积极组织本专业学生报名参加"全国大学生金融投资模拟交易大赛""全国大学生投资争霸赛""挑战杯"全国大学生创业大赛等科技竞赛，专业教师全程指导。通过竞赛激发学生的学习兴趣，积累实战经验，锻炼心理素质，提升投资分析能力。

3. 指导学生参与科研项目

进一步强化科研工作和本科教学的结合，将科研手段转化为本科教学方法，实施专业"导师制"鼓励学生参与教师的科研项目，建立推动本科生参与科研创新实践活动的长效机制，探索灵活多样的课内外、校内外以及各种时间与空间相结合的教学新模式，鼓励师生以项目组的形式参加学校的学生课外科技作品和本科生科学研究计划项目，引导学生进行研究性学习，形成研究成果，发表学术论文。科研项目导学模式如图2所示。

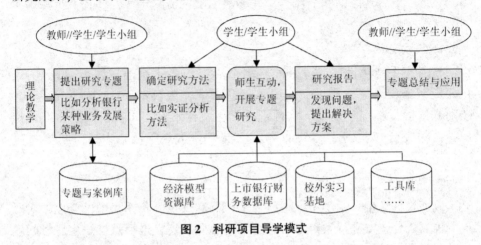

图 2　科研项目导学模式

（三）强化校外实习和社会实践指导

1. 在社会实践中引导学生养成科学的人生观、价值观

本专业在每年寒暑假都安排学生进行认识实践和工作实践，通过形式多样的社会实践，鼓励学生尽早认识社会、了解社会、接触社会，随时与导师保持联系和沟通，针对学生在社会实践中遇到的各种问题，导师及时给予解释、指导和帮助，引导学生养成科学的人生观、价值观，为将来毕业步入社会奠定良好的价值基础。

2. 通过校外实习培养学生职业素养

充分利用本专业现有的 10 多家校外实践基地，安排学生进行工作实习，除了专业教师定期或不定期到实践基地考查学生实习情况外，学校聘请的合作单位的校外实践指导教师，在实习期间对学生进行全程导学，培养学生包括职业道德、职业技能、职业行为、职业作风和职业意识等在内的职业素养，拉近学生与职场的距离，缩短工作适应期。

3. 通过应用性科研增强学生分析、解决实际问题的能力

本专业充分利用良好的产学研合作基础，通过产学研合作的应用性科研项目为综合性、设计性、自选性、协作性实验教学开拓新渠道。应用性科研合作不只能为学生提供实习场地和任务，更为重要的是通过调研工作实习，使学生掌握从问卷设计、实地调查到数据分析和调研报告撰写一整

套科研工作程序，既培养学生的综合实践创新能力，又为合作单位解决实际问题。

（四）制度保障

为了确保师生共同体的全程导学模式顺利运行，本专业制定了相关的政策措施并落实执行。

1. 本专业从大学一年级新生入学实行"导师制"

2. 学生在校期间必须参加以下实践活动

（1）全国性高水平的学科竞赛；

（2）行业资格证书考试；

（3）北京联合大学学生创业计划竞赛；

（4）学术科技竞赛；

（5）专业社团活动；

（6）多种形式的志愿服务和公益劳动；

（7）参与教师的科研课题，建立师生的高峰对话；

（8）举办或参加校内外的创新实践讲座和论坛。

3. 学分替代与奖励方案

以获得全国性专业技能竞赛名次、北京联合大学挑战杯赛获得奖励或专业资格证书作为学分替代和奖励依据，具体如下：

（1）学生取得"特许金融分析师"（CFA）、"证券从业资格证书""银行从业资格证书""国家理财规划师""注册会计师""保险精算师""金融英语"等资格证书者，可视同取得与证书相对应的实践课程 1 个学分。

（2）学生参加"全国高校高水平的学科竞赛"并获得全国前1 000名次的成绩可替代"专业综合实践"课程总学分中 2 个学分。以上各项所替代学分合计最高为 3 学分。

（3）学生参加北京联合大学挑战杯赛、学术科技竞赛并获奖可获得适当奖励。

三、取得的主要成效

教学方式方法和人才培养模式改革与创新是为了提升人才培养质量，师生共同体的全程导学模式在金融学专业经过 5 年的实践，已经取得良好的效果，金融专业学生的综合素质得到有效提升。

（一）学生的精神面貌、学习氛围明显改善

金融专业学生党员人数、入党积极分子人数均超过管理学院平均水平，学生听课率在 75%以上。

（二）学生实践创新和科研能力不断提高

2006 年以来，连续 5 年参加全国大学生金融投资模拟交易大赛，获得团体、个人、最佳指导教师等多项奖励。2010 年参加首届国泰安杯全国大学生投资争霸赛，刘健同学获得"股票组"全国第三名，程翔、田寰宇老师被授予最佳指导教师称号；在第六届"挑战杯"首都大学生课外学术科技竞赛中，获得哲学社会类作品三等奖。2010 年以来，先后有 15 项学生课外作品获得市级及校级学生科技大赛或科研计划立项。通过参与各项比赛，以赛带练、以练促学，切实贯彻应用性本科教育的办学宗旨，增强学生的业务操作能力、投资分析能力和实践创新能力。学生通过参与各层次的学术科研项目，锻炼了科研能力，并有数名学生撰写的学术论文已在公开刊物发表。

（三）学生的就业率、就业质量稳步提升

金融学专业的就业率多年保持在 96%以上，近 40%的毕业生被政府部门、大型金融机构、知名企业等录用。

（四）学生考研录取率取得突破

以刚刚结束的 2016 年全国研究生统一招生为例，本专业金融学实验班共有 11 名同学被中国人民大学、中央财经大学、厦门大学等知名财经院校录取继续深造，金融学普通班共有 12 名同学考入对外经贸大学、东北财经大学、中南财经政法大学研究生院。这说明师生共同体全程导学模式所强调的科研项目导学驱动正在逐渐显露成效。

（五）支持学生创办专业社团与社刊，反响强烈

我们支持本专业学生发起筹建专业社团——金融理财协会，并已成为北京联合大学的知名学生专业社团组织。该协会通过与全国各高校金融社团的学习交流、与金融行业企业的密切合作，为广大社员在专业知识学习、学生科技活动大赛和行业实践实习等方面提供有效的服务。由金融理财协会主办、银河证券赞助的学生财经类刊物《理财新观察》定期发行，普及金融专业知识，报道财经资讯和经济金融热点话题，发布师生投资理财心得，在校内外反响强烈。该社团还通过组织金融投资模拟交易大赛、理财知识讲座、金融市场调研及专业学术作品评奖等活动，建立推动本科生参与科研创新实践活动的长效机制，大大提高了学生参与证券投资分析和科研活动的积极性与创造力。

 **参考文献**

［1］许崇文. 师生共同体的构建与实施［J］. 当代教育科学, 2010 (18):
50-51.

［2］睦平. 基于应用创新性人才培养的创新教育实践［J］. 中国高教研
究, 2013 (8): 89-92.

建立与"应用"相融合的应用型本科创新创业教育的思考与对策

◉吴印玲

摘要： 在"大众创业，万众创新"的背景下，创新创业教育在高等教育中备受关注。本文通过回顾国内外创新创业教育的发展概况，分析了我国创新创业教育发展中存在的问题，从而提出不同类型的高校应构建与其相适应的创新创业培养模式，并针对应用型大学的特点给出了其创新创业教育的改革建议。

关键词： 创新创业教育　应用型本科　培养模式

一、国外高校创新创业教育的发展

创新创业教育在欧美等发达国家起步较早，教育理念相对成熟、先进。早在 20 世纪早期就已经在高等教育中展开。美国哈佛大学早在 1947 年就开设了"新创企业管理"课程，共有 188 名 MBA 学生学习了这门课程。到了 20 世纪 80 年代，创新创业教育在美国高校中的地位不断提高，到了 90 年代进入了蓬勃发展阶段并已日趋成熟，已经形成了一套完整的社会运作系统和教育、教学与研究体系，美国创业教育旨在为社会发展培养多元化人才，提出创业教育不同于就业教育，不是仅仅为了获得一份工作，而是为了每个学生的自由发展，不是以解决人的生存为目的的，而是培养他们的创业意识和创业精神为价值取向。创业教育的内容与形式已经涵盖了从小学、初中、高中、大学直到研究生的教育领域。瑞典的创业教育十分注重其实践性。创业教育体系中，不仅包括了普遍开设创业学课程、设立本科和研究生创业管理专业，还包括建立高校创业中心、创业教育研究会等，并通过创业中心与社会建立广泛的外部联系网络，如各种孵化器和科技园、风险投资机构、创业培训与资质评定机构、创业者校友会等，形成了一个高校、社区、企业良性互动式发展的创业教育生态系统，有效地开发和整合了社会各类创业资源。德国于20世纪50年代在实践教学中将"模拟公司"这种教学模式引入职业院校中，现已成为创新创业实践教学的经典模式。英国则将创业作为一种未来的职业选择，认为学生接受创业教育不仅仅是创建一个企业，更重要的在于培养学生的创业精神，适应知识经济时代的挑战。亚洲的新加坡确立了创业教育要适合经济和工业发展的指导思想，其创业教育起步虽然较晚，但由于高校、企业单位和国家之间的联动合作，实现了跨越式发展。

二、我国创新创业教育的发展

创新创业教育在我国正式提出是在1989年"面向21世纪教育国际研讨会"上，会上提出了"enterprise education"的概念。清华大学在1998年率先开展了"清华大学创业计划大赛"并获得了全球商业计划竞赛联盟的资格，并在管理学院开设了8门创业创新课程，还为本科生开设了"高新技术创业管理"课程。2002年教育部确定了清华大学等9所院校作为开展创业教育的试点院校。自此，创新创业教育在各高校纷纷开展，并得到了较快发展。

近年来，在创新型社会和就业压力的背景下，大学生创新创业教育备受关注，创新创业能力已经成为评价人才社会竞争力的重要指标。党和国家也高度重视大学生创新创业教育，先后启动了"大学生创新创业训练计划""大学生人才培养模式创新试验区"等项目，以促进创新创业和管理高层次人才的培养。随着"大众创业、万众创新"的国家发展战略的实施，对高等学校创新创业教育又提出了更高的要求。国务院办公厅2015年颁发了《关于深化高等学校创新创业教育改革的实施意见》，地方相关部门也纷纷出台了关于创新创业教育的改革实施方案。但现在我国高校的创新创业教育大部分仍停留在表面，对创业精神、创业能力和创业意识的培养重视不足，对创新创业教育的理解也存在一定偏差，认为创新创业教育就是就业、开公司、赚钱，开展形式单一，创新创业教育与专业教育脱节，缺乏对不同层次学生的针对性培养，真正参与学生人数有限，效果与"大众创业，万众创新"的目标还相去甚远。因此，针对不同层次的高等教育人才培养目标，探索与之相适应的创新创业教育模式和改革措施显得尤为必要。

三、应用型大学人才培养特点及其创新创业人才培养目标

社会发展对人才需求的多样性也造就了人才培养层次的多样性。我国大学根据人才培养目标的不同，分为研究型大学、应用型大学和高等职业教育。而应用型大学与研究型大学相比重在"应用"二字，它培养的不是学科型、

学术型、研究型人才，而是培养适应生产、建设、管理、服务第一线需要的高等技术应用型人才。在培养模式上，应用型本科以适应社会需要为目标，以培养技术应用能力为主线，设计学生的知识能力、素质结构和培养方案，以应用为主旨和特征构建课程和教学内容体系，重视学生技术应用能力的培养。而应用型创新人才既要与社会需要相适应，能满足社会运行的需要，又要与社会趋势相吻合，能促进社会发展进程，这种独特性决定了应用型人才的创新创业教育也应与应用型人才的特征相适应，形成与应用型人才培养相适应的创新创业理念和模式。这就要求在应用型人才创新创业教育上既要借鉴国内外先进的创新创业理论及培养模式和方法，又要改革现行创新创业人才培养中没有针对性的弊端，形成以创新精神和创业能力培养为核心，构建与应用型人才培养模式相匹配的创新创业教育培养模式、运行机制、课程体系，将创新创业教育融入人才培养全过程，全面提升应用型高校学生的创新创业能力和人才培养质量。

四、应用型大学创新创业教育改革及建议

（一）构建良好的创新创业文化氛围

综观国内外创新创业教育成功的大学，无一例外均极其重视创新创业文化氛围的建设。通过开设各种创新创业讲座，邀请知名专家学者、创业成功人士、校友进行演讲，举办规模不等、形式多样的研讨会、观摩会、成果展示会，构建创新创业网络，整合创新创业资源，充分利用学生宣传媒体等，加大创新创业教育宣传力度，激发学生参与创新创业热情，形成一种开拓进取、乐观自信、勇于创新、宽容失败、勇于担当的创新创业文化氛围，从而形成对创新创业的正确认识和思维模式。

（二）构建完善的创新创业课程体系

成熟的创新创业教育必须形成完整的课程体系。我国目前应用型大学的创新创业教育大多通过实践形式开展，形式单一，多以创新创业设计大赛及讲座形式为主，忽视创新创业理论学习，没能形成系统的课程体系。创建完善的创新创业课程体系应涵盖创新创业理论，创新创业技能，创新意识和创业精神。在课程中加强创新创业教育通识教育必修课建设，丰富通识类创新创业选修课程和形式，鼓励开设与专业相关的研究方法、学科前沿、创业基础、就业创业指导等方面的选修课。在具备必要的创新创业理论基础的前提下，利用应用型大学技术教育的优势，将创新创业教育引入专业教育中，构建创新创业教育与专业教育深度融合的创新创业课程体系。加强创新创业实践类课程建设，将理论与实践更好地相结合，开展校内校外、课内课外多种

形式的创新创业实践活动，将创新创业教育贯穿于大学教育的始终。

（三）提升学生创新创业实践能力

多渠道拓展和提升学生创新创业实践能力。加强校内外创新创业实践基地建设，建立和完善有利于创新型人才培养的实践教学平台及运行管理机制。加强实验室、学生创业园、创业实践基地、科技园、大学生创业服务基地、创意空间等建设，并发挥这些资源的作用，开展校企合作，并广泛加强与政府、企业、社区、非营利组织、民间团体的联系与合作，以便让学生获得更多种形式的志愿服务机会和实习机会，形成高校、社区、企业良性发展的创业教育生态系统。加大对学生创新创业大赛的支持力度，积极引导组织学生参加学校、行业、地区、全国、国际级的各种创新创业大赛，以此培养学生的创业技能。广泛开展学生科技竞赛活动，学科竞赛应尽可能覆盖到所有学生，使更多学生获得参与锻炼的机会。鼓励师生利用自己的科研在校园周边创办企业，不仅推动就业，也可以带来更多的学生实习机会。改善教学方法和内容，邀请成功企业家和创业者走入课堂，与学生分享创业经验和家训，分析创业过程中出现的问题和解决方法，通过运用案例教学法，对大量案例进行分析、角色扮演和课堂讨论，使学生得到不同的创业挑战和训练。

（四）注重师资队伍建设

我国创新创业教育师资队伍相对缺乏，大部分教师只懂理论而缺乏创业实践知识，校外邀请的企业人士又缺乏理论知识，而美国一些大学承担创业课程的教师都有亲身创业经历，这些教师兼具理论和实践特质，对创业前沿问题、注意事项及社会对创业需求的变化等都具有良好的洞察力，这也是美国大学生创业率达到20%~30%的原因之一。因此，建立一支拥有创新理论、热衷创新教育、教学经验丰富的师资队伍是创新创业教育成功的重要保障。创新创业师资队伍建设可以采取多种形式，结合学校现有师资队伍和创新创业教育教学目标创建符合学校办学定位和人才培养目标的师资队伍。加强"双师型"教师队伍建设，强化创新创业理论和实践能力培训。大力扶持教师的企业实践和挂职锻炼，鼓励教师利用自身科研成果创办企业，积极联系社会资源，聘请有影响力的创业人士、行业企业家、成功校友、校内教师多元组合的导师团队，提高创新创业指导的专业化水平，为学生提供更加科学、个性化的职业发展与创业指导咨询服务，构建"创意思维、创新项目、创业孵化到市场推广"全过程专业化的指导服务体系。

（五）加大创业投入力度

目前我国相对来说对创新创业教育的投入仍然较少，创新创业教育需要政府、社会、学校和大学生共同努力，因此，学校要加大创新创业项目实施经费的投入，另外，也要努力争取政府经费支持，同时有效引进创业企业创业资金，多管齐下，校企联动，来为大学生创新创业实践提供更多场地、人力、物力和资金支持和保障。

 **参考文献**

［1］梅伟惠．美国高校创业教育［M］．杭州：浙江教育出版社，2010．

［2］杨芳，韩雷，尹辉．中南大学扎实推进大学生创新创业训练计划［J］．中国大学教学，2014（10）：33-35．

［3］蔡敬民，魏朱宝．应用型本科人才培养的战略思考［J］．中国高等教育，2008（12）：58-60．

基于云概念的大学生
创新能力培养基地的建设

◉ 周晓璐

摘要：创新能力培养是培养创新型人才的核心内容，是大学生人才培养的重要组成部分。大学生创新能力培养基地是培养学生创新能力的重要场所，为创新人才培养提供了重要保障。本文探讨了基于云概念的学生创新能力培养基地的建设方案：①建设大学生创新能力培养基地的必要性；②学生创新能力培养基地的建设思路；③云概念在学生创新能力培养基地建设中的应用，并详细论述了其中优势，提出了今后的研究方向。

关键词：大学生　创新能力　培养基地　云概念

一、建设大学生创新能力培养基地的必要性

大学生创新能力培养基地是培养学生创新能力的重要场所，为创新人才培养提供了重要保障。创新人才培养是一项复杂的工程。但总体来说，可以大致分为课内、课外两个方面，课内重在通过理论知识学习和最直接、最有效的实践教学等环节，培养学生的创新意识；课外重在支持学生充分发挥想象力，亲自动手变想象为现实，努力锻炼学生的创新实践能力。

（一）促进创新人才培养

创新能力培养基地面向学生开放，学生可以自己提出课题，自行设计、自主操作仪器设备，在实验过程中通过观察、分析、判断、综合、推理、比较得出结论，写出实验报告。这样不仅可以培养学生的实际操作能力、实验组织能力、分析和解决问题的能力，而且能够激发学生进行科学研究、发明创造的兴趣和动力。这个过程也正是学生运用所学知识，巩固、培养创造性思维和创新能力的过程。在实践过程中，学生通过自己动手有可能发现新问

题，从而激发学生运用所学的理论知识或查找相关的理论知识去分析所遇到的问题，久而久之，学生自然养成一种良好的学习习惯，增强解决问题、提出问题的能力，这正是培养高素质创新人才的一个重要环节。

（二）促进学生参加社会实践，不断激发学生的创新意识

近年来"大学生电子商务'创新创意创业'挑战赛""'创青春'首都大学生创业大赛""全国高校企业竞争模拟大赛"等赛事为大学生创新能力培养提供了平台。在大赛中，学生体会所学知识的应用价值，体现学与用的统一，进而提高了学生的综合素质和择业竞争力。创新能力培养基地可以为学生提供良好的学习与研究环境，提供展现新思维、新设计的舞台。

（三）促进课程改革不断深入

扎实的基础知识是培养学生创新能力、开展学生创新科技活动的基础。能力是在掌握了一定知识基础上经过培养和实践锻炼而形成的，丰富的知识可以促进能力的增强，增强的能力可以促进知识的获取。能力主要包括获取知识的能力、运用知识的能力、创新能力，其中创新能力的培养是高等学校的薄弱环节。创新能力的培养不但不能不学习书本知识，还要加强基础课教学，给学生留有今后发展的更大空间；拓宽知识范围，扩大学生视野和知识面，以利于形成他们萌发新知识的生长点。

（四）促进指导教师不断提高自身创新能力

创新科技基地以培养学生创新能力为目标，但同时也对指导教师提出了新的要求。学生创新意识的形成往往需要教师对创新教育有正确的认识，本身富于创新精神，能够构建创新教育的环境及具备运用现代先进教学手段的能力。此外，不同学生的理论知识、兴趣爱好是不一样的，在创新人才的培养过程中，就要求教师因材施教，充分满足教育的个性化要求。

二、学生创新能力培养基地的建设思路

（一）建设创新，深度整合现有资源

利用云概念，通过搭建云平台，充分挖掘现有资源建设学生创新能力培养基地。以现有实验条件为依托，对现有教学、科研类实验室设备进行优选、整合，创新运行模式和机制，激活现有资源，尽可能利用现有教学、科研类实验室对学生开放，最大限度地提高现有资源的利用率。同时吸引社会力量，通过校企合作的方式，为学生提供了解社会的机会，带动学生创新科技活动的开展，促进创新科技基地的建立。

（二）氛围创新，营造课内外相结合的创新氛围

营造良好的科技创新氛围，有助于激发学生的创新热情。在课内，学生学习创新课程，完成创新学分，通过实践教学等方式，验证、强化所学知识。同时，学生在学习过程中接受创新意识培养和创新指导，寻找个人兴趣点，为参加创新科技活动积蓄力量。在课外，学生通过参加大学生科技竞赛、创新思维训练、团队创新训练、知识整合项目训练、科研成果转化训练等各种层次的训练，培养学生创新实践能力。

（三）管理创新，多部门协同合作

成立专门的学生创新能力培养基地建设领导小组，专门负责批准建设内容和建设目标，监督各创新中心建设情况，拨付建设、运行经费，设立创新基金。为保障学生创新能力培养基地的运行，还需要成立相关的组织协调机构，包括教学、科研、实验室、学生等职能部门的人员，并根据本单位实际情况确定运行机制，制定切实可行的管理办法和配套政策，建立健全创新人才培养体系，形成特色鲜明的创新人才培养环境。同时与企业联合，获得企业的支援，充分利用可利用的条件，拓展创新基地的外延和内涵。

（四）主体创新，重视过程教育

在创新科技活动中，学生无论是参加创新科技活动还是学习创新课程都应以学生为主、指导教师为辅。通过创新科技活动，充分挖掘学生的创新潜能，提倡学生自主设计、自主完成、自主管理。创新基地需要有成果产出，但更注重学生进行创新活动的过程，强调学生在这一过程中获得的创新思维和在创新实践方面的收获。

（五）内容创新，突出个性化与统一性的协调发展

各个专业、学科都拥有不同的特点和教科研成果，在建设学生科技创新活动基地时应充分考虑各专业、学科的特点，以各自的教科研成果为基础，打造符合专业、学科特点的创新课程及创新科技活动。同时，分析各学科、专业之间的联系，寻找学科交叉点，开发跨专业创新课程及创新科技活动，完善并丰富学生创新科技平台的内容，在突出各专业个性化的同时兼顾基地的统一性。

三、云概念在学生创新能力培养基地建设中的应用

（一）云概念概述

云作为一种新型的计算方式和一种新型的服务模式，受到了广大学校和企业的欢迎。在云计算模式中，海量的数据存储在"云"中，用户能够以方

便、安全的方式进行访问，获得云中相关的信息或服务。对于用户来说，使用基于云计算的服务就相当于通过互联网使用本地计算机。因此，云计算运用到学生创新科技活动平台中，使得学生的应用程序被广泛分散到网络广大的服务器集群中，学生的数据存储在网络数据中心，而数据中心则是通过云计算的强大计算能力和超大的存储空间，为创新能力培养基地大大减轻了终端设备性能的压力。

（二）基于云概念的学生创新能力培养基地的实现方式

图1为云端学生创新能力培养基地的具体实现方式，概括起来讲，云端学生创新能力培养基地的实现有以下三种主要实现方式。

（1）基础设施即服务（Infrastructure as a Service，IaaS）。即IT设施，包括计算机、网络以及其他相关的设施。学校可以将自己的应用部署到上面后开展业务。如《纽约时报》，它使用成百上千台亚马逊EC2服务器在36小时内处理TB级的文档数据。如果没有EC2，《纽约时报》处理这些数据将要花费数天或者数月的时间。

（2）家庭即课堂。学校建立云端虚拟基地后，学员只需在家庭或者网吧终端按照老师的要求选取实验元器件进行实验即可，把基地真真正正地搬到家庭。

（3）软件即服务（SaS）。SaS是一种以互联网为载体，以浏览器为交互方式，把服务器端的程序软件传给远程用户来提供软件服务的应用模式。在服务器端，SaS提供商为用户搭建信息化所需要的所有网络基础设施及软硬件运作平台，负责所有前期的实施、后期的维护等一系列工作。学校只需根据自己的需要，向SaS提供商租赁软件服务，无需购买软硬件建设机房或招聘IT人员。相对于传统软件而言，SaS模式在软件的升级、服务、数据安全传输等各个方面都有很大的优势。

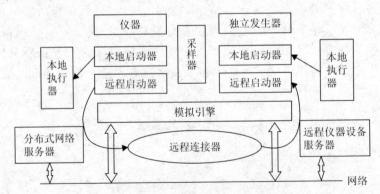

图1　云端学生创新能力培养基地实现方式

（三）基于云技术的学生创新能力培养基地的优势

整体来说基于云技术的学生创新能力培养基地有着很大的实际优势和使用价值，具体有以下几点。

云端管理系统软件整合了基地最常用功能，功能强大。包括：电子实验记录；教师对实验室整体有效的监控与管理；基地内交流共享平台；基地资产化管理。

云端管理系统软件上手非常简单，零培训（半小时以内适应性培训即可熟练使用）。学生能迅速熟练掌握软件的各项功能，将很快得益于新集成的协作和数据管理工具所带来的生产效率的大幅提升。

活动记录方便。让教学试验管理轻松实现记录电子化，通过活动记录的原始录入，建立完善的电子活动记录数据库，方便学生活动数据的管理与检索，基地管理者突破时间与空间的限制，随时随地对活动进程进行把控。

现代化试剂耗材管理。为教学提供了完整的实验试剂耗材订购管理的解决方案，在方便学生掌握各种实验试剂相关信息的同时，还可以提供一站式在线订购平台，从而实现对基地试剂耗材的现代化管理。

仪器管理科学化以及现代化。各类实验仪器相关属性和状态一览于表，按照标准的操作规程管理设备，建立设备的使用、清洁、维护和维修记录方便调阅，形成规范化的仪器使用预约流程，提高仪器设备的使用效率，避免资源的浪费。实验仪器设备内外部环境监控，系统采集实时数据，记录历史曲线图，环境出现异常时系统能够提供多途径（如手机短信、短消息、系统提示）的报警功能。

样品管理透明化。提供样品采集、接收、贮存和处置全过程以及样品的唯一性标识的记录，保证样品信息的有效性完整性和可追溯性。

信息交流更方便。方便快捷的基地内部信息交流共享平台可以让学生迅速在不同地点不同时间交流实验心得，完成活动的学生可以为以后的学生留下宝贵的实践经验。

丰富的知识库。基地通过学生参加不同专业、学科的创新科技活动，收集活动资料，建立具有专业、学科特色的资料库，如学生参加活动的心得体会、发表论文、常用文献等。

个性化个人工具箱定制服务。个人工具箱，包括管理日程、学习笔记、便笺和 RSS 阅读器。日程管理协助用户管理工作学习及生活中各种日程安排，并且有及时周到的贴心提示，学生可将今日日程定制到首页，登录系统，待办事项便一目了然。

四、结束语

基于云概念的学生创新能力培养基地正在建设和探索中，今后我们要在实践过程中不断总结、完善，为学生提供更加良好的创新平台。

 **参考文献**

[1] 钱素予. 基于云计算的电子商务发展研究 [J]. 电脑知识与技术，2011 (7)：34-35.

[2] 蒋国银，王有天，杜毅，马费成. 基于云计算的电子商务解决方案研究 [J]. 数学的实践与认识，2013 (8).

[3] 李凤保，彭安金，古天祥. 基于 Web 的虚拟化教学实验室 [J]. 仪器仪表学报，2012 (5).

案例教学在创新创业人才
培养中的作用研究[1]

◉杜　辉

摘要：在"大众创新、万众创业"的背景下，越来越多的青年大学生开始走向创业的道路。但是相关数据显示，半数创业者 3 年后放弃。另外我国"211"高校毕业生创业率远低于高职毕业生，究其原因，笔者发现在创新创业人才培养过程中，过分注重理论而忽视实践训练，忽视对创业环境的了解是一个重要原因。基于此，本文从教学中的案例教学法角度，阐释了案例教学在创新创业人才培养中的作用，希望引起各方的注意。

关键词：案例教学　创新创业人才　人才培养

在我国颁布实施的《教育规划纲要》中，党和国家将创新人才培养模式、发展学生个性作为新时期深化教育体制改革的突破口。2015 年 3 月，李克强总理在政府工作报告中指出，国家将从多个层面出台政策，为"大众创业、万众创新"扫清障碍。鼓励创业，已成为国家的大政方针。而据麦可思大学毕业生社会需求与培养质量调查显示，我国 2013 届大学毕业生自主创业的比例为 2.3%，高职示范（骨干）校 2011 届、2012 届、2013 届、2014 届毕业生自主创业比例年分别为 2.4%、3.3%、2.8%、3.5%，这些数据远低于发达国家 20%~30% 的比例。

哈佛大学自 1870 年就开始使用案例教学，迄今已经历了 100 多年。从最初哈佛法学院的法庭判决案例教学到哈佛商学院的案例教学，哈佛大学对案例教学的贯彻、执行不仅使得哈佛大学的案例教学在全世界范围内影响深远，也使该校为社会培养了许许多多创新创业人才，比如被人们称为"第二盖茨"的、年仅 32 岁、美国社交网站 Facebook 的创办人马克·艾略特·扎克伯格。像他这样富有创新意识、创新精神、创业动力、创业能力的青年在哈佛还有很多。那么哈佛究竟是如何培养出这样杰出人才的呢？原因可能有很多，本

---

❶ 本论文是北京联合大学校级教改课题（JJ2015Q027）的阶段性研究成果。

文将从哈佛的案例教学对创新创业教育的影响来阐释其中的作用机制。

一、高校毕业生创业现状与国家、社会需求差距较大

根据 2015 年中国大学毕业生就业报告的数据显示，2014 届大学生毕业半年后的就业率（92.1%）比 2013 届（91.4%）略有上升，比 2012 届（90.9%）上升 1.2 个百分点，毕业生就业率稳定增加；2014 届大学毕业生自主创业比例从 2013 届的 2.3% 提升到了 2.9%，比 2012 届提高了 0.9%，毕业生自主创业的比例在持续上升，创新能力持续上升。❶

从创业毕业生的学历来看，2014 届应届本科毕业生创业比例为 2%，比 2013 届提高 0.8%；高职高专毕业生创业比例为 3.8%，比 2013 届提高 0.5%，数据显示虽然应届本科毕业生创业比例低于高职高专毕业生，但上升速度高于后者。总体来看近 3 年中国毕业生的创业比例在不断提高，但是还远低于国外高校毕业生的创业比例。

以上数据显示出，高校创业教育发挥的作用在不断显现，但是距离国家对大学生创新创业的要求，对大学培养创新创业型人才的要求，距离社会对创业大学生的比例需求还存在较大差距。

二、国外大学生创业比例远高于我国

相比我国大学生创业的现状，国外大学生创业比例远高于我国。尤其是美国大学生的创业比例高达 20%~30%。为什么美国大学生或者说国外大学生的创业比例比较高，创业比较普遍呢？

国家支持政策是一方面。美国国会于 1953 年通过《小企业法案》并据此成立了小企业管理局，给予小企业技术、资金以及管理上的多方扶持与帮助。其次在税收方面、在对小企业创新研究的扶持方面都给予了较多的支持，比如微软、英特尔等这些国际知名企业都曾得到过这些项目的支持。另外，创业的经济成本非常低廉。美国创办企业的 6 个环节仅需要 5 天即可。

大学生创业除了可以享受以上政策外，还能得到政府提供的资金援助和定制式辅导服务。高校也制定了很多措施，鼓励大学生创业。麻省理工学院的"五分之一原则"❷ 被其他高校迅速接受并采纳，学校还专门为学生提供

---

❶ 《自主创业持续上升 "重心下沉" 趋势初显——2015 年中国大学毕业生就业报告》，光明日报，2015-07-20. http://www.moe.edu.cn/jyb_ xwfb/s5147/201507/t20150720_ 194510.html. 以下数据不经说明，均出自此处。

❷ 五分之一原则，即教师科研在一周内的任意一天去从事咨询或参与企业活动，既保证教师可以正常从事教学科研工作，又可以将高校中的最新成果应用于实践，然后再反馈到课堂，助推大学的创业教育。

与企业深度交流、去企业实践的机会，鼓励学生积累经验。

由以上事实可知，国外高校，尤其是美国高校的创业教育不仅得到政府的极大支持，而且与高校自身灵活的教育手段是密切相关的。这其中不仅是通过实践活动加强学生的实践参与、丰富实践经验，还有来自于课堂的实践教学，因此就不能不提及由哈佛大学诞生的案例教学。案例教学法是哈佛大学法学院教授兰德尔于1870年率先提出的，哈佛商学院最早开创并运用最成功，20世纪20年代哈佛商学院开始使用案例教学法，到20世纪70年代逐步运用到教育教学领域。1984年，大连理工大学最早将案例教学法引入工商管理学院的教学实践中，并在大连培训中心的厂长、经理进修班教学中试用。案例教学通过让学生自主参与学习，查找相关资料、熟悉案例内容，到充分讨论，体验虚拟企业情境，分析问题并解决问题，极大地提高了学生的参与积极性、分析能力、创新能力，并且也让学生有更多的机会了解企业经营的真实环境、可能遇到的复杂问题，塑造了学生健康的创业观。

三、案例教学在创新创业人才培养中的作用

（一）案例教学在调动学生学习积极性中的作用

陈效兰（2006）从案例教学的必要性出发，论述了案例教学效果的关键及案例教学应该注意的问题。其中案例教学效果的关键包括个人准备、案例选择、课堂讨论、教师讲评和个人总结。而案例教学中应注意的问题包括案例的选择、教师的充分准备和调动学生的积极性。

（二）案例教学在培养个性化专业课程教学中的作用

美国的教育家、心理学家本杰明·布卢姆提出了教育目标分类理论，通过对学生的认知、情感、思想、行为等方面的变化进行分类，作为教学和评价的指南。还提出了"掌握学习"理论，即"只要在提供恰当的材料和进行教学的同时给每个学生提供适度的帮助和充分的时间，几乎所有的学生都能完成学习任务或达到规定的学习目标"。樊军、陈启飞、梁进军（2009）根据该理论，论述了研究生个性化培养的可行性和重要性，以交通规划课程为例，从个性化设置教学目标、学生差异和学生评价出发，结合案例的深度挖掘，论述了个性化专业课程教学的实施。

（三）案例教学在学生自主学习中的作用

在案例教学中，学生可以成为自主学习的主体和解决问题的主导者，教师是案例学习的辅导者和引导者、总结者。在学生分析案例、解决问题的过程中也是学生自我学习、运用知识、提高创新能力的过程，将案例教学由常

态的分析问题、解决问题，变为动态化，教师可以根据学生特质的不同，加工案例，调整学习内容和教学策略，调动学习者的情绪，用各种手段支持学生进入案例情境。

申云凤（2011）提出利用案例设计出有针对性的学习内容对培养学生的创新创业能力很重要。她认为为学生学习提供的一些信息技术支持的工具，按照所提供支持的差异，可分为效能工具、认知工具和交流协作工具三类。效能即"引导学习者思考、分析、组织知识，提高学习者学习效率的工具"，如图表工具、搜索引擎等；认知即"帮助学习者发展各种思维能力的软件系统，如语义网络系统和数据库专家系统"；交流协作工具即"支持师生和学生之间沟通的软件，如邮件和QQ"。

由此可以由替代式教学转化为发起式教学。过去老师为学生制订本门课程的学习目标、预先固定的学习内容、学习方法、学习程序、学习评价、固定的学习进度，基本替学生框好了学习的路径。发起式教学是学生自己制订学习目标，组织学习内容，管理学习计划，决定学习进度并进行自我评价。学生自己发起学习并控制学习行为和过程。具体实施路径如图1所示。

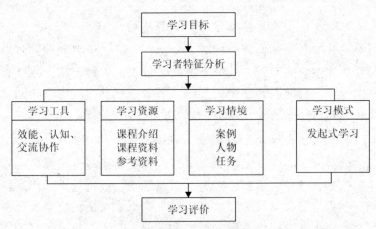

图1　案例学习的实施路径

（四）案例教学在案例库建设和案例课程设计中的作用

蔡雯、罗雪蕾（2012）从海外高校案例库建设和案例课程设计出发，对新闻传播学的案例教学提出了借鉴，如案例库建设方面需要注意案例库的主要内容要有特色，带着问题引导学生思考案例库的使用者、案例的使用、案例库的维护。在案例课程设计方面着重介绍了三类新闻教育模式，分别是美国模式、西欧模式和日本模式。作者认为我国的新闻教育模式承袭了美国模式，即"以实务训练为本位、以社会科学为依托、以人文主义为目的"。西欧模式以英国和德国为代表，有较浓的"学徒制色彩"。日本模式则"以各媒体企业单独对员工进行的内部职业训练为主"。

笔者认为在师资、教案和课程设置等方面，我们还没有做好案例教学的准备。没有充分、有效地运用身边的教学资源，没有将用人单位的实际需求与课堂内容关联起来，没有与我们的兄弟院校进行案例开发的密切合作，所以案例教学在教学手段、教学内容、教学成果等多方面都存在很大的提升空间。目前很多时候老师们会混淆举例和案例教学，简单地将现象讲清楚，或者为了让学生充分理解某理论而举出例子，这并不是案例教学。我们采取案例教学，是希望让学生真切感受案例中人物的角色和困境，分析主要矛盾和问题，寻求解决问题的方案，并充分理解知识在实践中的运用，培养独立判断、分析和解决问题的能力，而不是简单地学习、了解案例中发生的事或做法，重复或避免那样的做法。这是没有创新的工作。

通过对海外高校案例库建设和案例课题设计的思考，笔者提出了未来案例库建设需要解决的问题，统一案例撰写标准、案例库的经营与管理（国外的成熟经验是依靠案例的销售）。但是基于中国目前的网络环境条件尚不完备，尤其是知识产权保护意识不够是一个难点问题；如何将案例应用与课堂教学结合，包括生产出适合课堂使用的案例，掌握案例教学的技巧也是需要进一步深入研究的方面。

 参考文献

［1］蔡雯，罗雪蕾. 新闻传播学案例教学现状调查——对海外高校案例库建设与案例课程设计的观察与思考［J］. 现代传播，2012（9）.

［2］申云凤. 信息技术背景下基于问题解决教学模式的学习环境设计［J］. 职业技术教育，2011（29）.

［3］樊军，陈启飞，梁进军. 研究生专业课"个性化"案例教学尝试［J］. 江苏社会科学，2009（2）.

［4］陈效兰. 以案例教学调动学生学习的积极性［J］. 中国高等教育，2006（1）.

［5］赵树璠. 为什么美国大学生创业率高［N］. 光明日报，2014-08-07. http://epaper.gmw.cn/gmrb/html/2014－08/07/nw.D110000gmrb_ 20140807_ 2-15.htm?div=-1.

［6］自主创业持续上升"重心下沉"趋势初显——2015年中国大学毕业生就业报告［N］. 光明日报，2015－07－20. http：//www.moe.edu.cn/jyb_ xwfb/s5147/201507/t20150720_ 194510.html.

研究生素质水平对其职业发展的影响研究

●朱晓妹　郝龙飞

摘要：研究生综合素质的培养和提高，直接决定着研究生个人的职业成长和事业成功，也直接关系到国家人才的素质和质量，直接影响到社会、经济的和谐、稳定发展。本研究通过问卷调查获取一手数据，并运用回归分析和方差分析的方法深入探讨了研究生能力素质、人文素质、知识素质、人格特征和身体素质等综合素质对其论文发表和就业情况，并据此对研究生素质提升提出有益的建议和对策。

关键词：研究生素质　论文发表　签约

随着科学技术的不断进步，全球化的人才与软实力的竞争日趋激烈。经济发展与社会进步离不开高素质人才的有力支撑。研究生教育作为我国高等教育的重要组成部分，它承担着为社会输送高素质人才的重任。研究生是我国高等教育的精英，也是能为社会进步、经济发展做出杰出贡献的人才。研究生综合素质的培养和提高，直接关系到国家人才的素质和质量，直接影响到社会、经济的和谐、稳定发展。然而，招生规模的扩大，并没为社会带来预期的人才效益。当前，虽然高校培养出的研究生数量在不断增多，但研究生的综合素质质量却参差不齐，研究生就业形势严峻。造成这一现状的原因是多方面的：一方面是社会对人才需要的规格越来越高，另一方面则是研究生综合素养缺失的问题。研究生的综合素质直接关系到研究生毕业之后的择业就业能力，关系到其在步入社会后能否成为真正的精英人才的问题。因此，各高校在研究生培养工作中，必须高度重视研究生综合素质的培养。但目前高校研究生培养中的综合素质培养，特别是研究生的非能力素质、人文素质的培养，常常不受到人们的重视。站在心理学和社会学的角度上看，综合素质，特别是内隐的人文素质等，可以看作一种潜在的职业能力，对研究生各方面的发展进步、对其就业和未来职业发展有着深远的影响。本研究试图通过调查分析，详细阐述研究生各方面素质可能对其职业发展产生的影响，并据此对研究生素质提升提出有益的建议和对策。

一、研究假设

研究生素质是指研究生应当具备的一系列由先天特质与后天学习及实践过程等共同作用下所形成的相对稳定的结构化特征。朱晓妹等（2014）指出，研究生素质结构由能力素质、人文素质、知识素质、人格特征和身体素质5个维度构成。研究生实质上属于科研工作者群体，而作为考查科研工作最为直观的指标之一，论文发表数量的多少可以在某种程度上体现出一名研究生科研工作能力与综合应用素质的水平。已有的研究结果表明，研究生发表论文的数量越多，其未来的职业发展情况将更为成功。因此，本研究把论文发表作为研究生职业发展的一个指征。综上所述，本研究提出如下假设：

假设1 研究生素质对论文发表量有显著正向影响。

毕业生在与职场接轨时，所面临的首要问题就是与用人单位签约。签约标志着一个毕业生职业发展的起点。这一点对于研究生也不例外。而用人单位与毕业生是否签约的依据源于对应聘毕业生整体能力和素质的评价和认可。综上所述，本研究提出第二种假设。

假设2 研究生素质对其是否签约有显著影响。

二、研究方法

（一）研究样本

本研究的调查对象为江西省高校的全日制在校硕士研究生。调查范围涉及经济管理类、土木建筑类、基础科学类、计算机软件类等多个学科，以及不同年级的学术性硕士研究生。研究中采用的是分层整群抽样的问卷调查方法，共发放问卷500份，回收352份，回收率为70.4%。剔除填写有重复项的或者信息不完善的问卷，有效问卷299份，有效率为84.95%。其中，试研一学生占13.9%，研二学生占62.5%，研三学生占23.6%。

（二）变量测量

1. 研究生素质

研究生素质测量采用了朱晓妹等（2014）开发的量表，共有30个题项构成。该量表共由5个维度组成，其中知识素质有6个题项，能力素质有8个题项，身体素质有4个题项，人格特征有6个题项，人文素质有6个题项。各维度相应的Cronbach's α值分别是：知识素质为0.881，能力素质为0.878，身体素质为0.912，人格特征为 0.851，人文素质为 0.889。总体的 Cronbach's α 值为 0.942。

2. 职业发展

职业发展主要采用了论文发表数量和签约成功两个客观的度量指标。在录入签约数据时，以 1.00 代表"未签约"，以 2.00 代表"已签约"。

（三）统计方法

本研究中使用的是 SPSS20.0 统计分析软件。首先，以素质为自变量，论文发表量为因变量，性别、年龄、专业等作为控制变量，对相关数据进行了层次回归分析。然后，以"是否签约"为因子，对素质各分维度做了单因素方差分析。

三、分析结果

（一）回归分析

本研究针对研究生素质的高低是否影响论文发表数量做了回归分析。回归分析的步骤是，先将控制变量作为自变量加入回归方程；然后，再把研究生素质作为自变量纳入方程中。回归分析结果见表 1。

表 1　素质对论文发表量的回归分析结果

因变量	论文发表量	
	（模型 1）	（模型 2）
控制变量 性别 工作经历	-0.073 0.013	-0.082 0.015
自变量 素质		0.179^{***}
R^2	0.005	0.037
ΔR^2	0.005	0.032
F 值	0.798	3.810^{**}

注：***代表在 1% 的水平上显著，**代表在 5% 的水平上显著，*代表在 10% 的水平上显著。（双尾检验）

由表 1 数据可知，素质对论文发表量仍有显著影响，只是层次回归过程的 ΔR^2 仍旧偏小。这说明研究生素质的高低对其论文发表数量有一定的影响，但影响程度有限。基于上述结果，假设 1 得到支持。

（二）方差分析

为了分析研究生素质对其签约的情况有无影响，本研究以"是否签约"为因子，对素质各分维度做了单因素方差分析。表2显示了素质各个分维度在未签约与签约情况下的均值、标准差等描述性统计结果，以及各个维度的F检验值与显著性水平。表2的方差分析结果表明，对于每一类素质而言，已签约者的素质水平都要略高于未签约者的素质水平，但产生显著影响的维度仅限于能力素质和人格特征。这说明在就业市场上，研究生的能力素质和人格特征更为用人单位所看重，而知识素质、身体素质和人文素质的影响则不太明显。基于上述结果，假设2得到支持。

表2　素质各分维度对是否签约的方差分析结果

		N	均值	标准差	标准误	F	显著性
知识素质	未签约	286	3.424 4	0.727 6	0.043 0	0.771	0.381
	已签约	13	3.608 2	0.952 0	0.264 1		
	总数	299	3.432 4	0.737 7	0.042 7		
能力素质	未签约	286	3.616 3	0.545 1	0.032 2	3.801	0.052
	已签约	13	3.919 2	0.608 9	0.168 9		
	总数	299	3.629 5	0.550 3	0.031 8		
身体素质	未签约	286	3.636 1	0.769 8	0.045 5	1.754	0.186
	已签约	13	3.923 1	0.615 6	0.170 8		
	总数	299	3.648 6	0.765 1	0.044 3		
人格特征	未签约	286	3.724 7	0.605 3	0.035 8	3.100	0.079
	已签约	13	4.025 6	0.539 4	0.149 6		
	总数	299	3.737 8	0.604 9	0.035 0		
人文素质	未签约	286	3.954 7	0.612 9	0.036 2	1.492	0.223
	已签约	13	4.166 7	0.581 4	0.161 2		
	总数	299	3.964 0	0.612 2	0.035 4		

四、研究结论

结合上述回归分析和方差分析结果，本研究得到如下结论。

（一）研究生素质水平对其职业发展有积极的影响

研究生素质水平在其职业发展的前期主要体现在两方面：一方面体现在研究生素质对其论文发表数量的正向影响上；另一方面体现在研究生素质对其是否签约的积极影响上。

（二）研究生素质越高，论文发表数量越高

从分析结果中还可以看出，研究生的年龄越大，其专业越偏向于人文社科类，论文发表数量也相对越高。这反映出现有的研究生培养体系具有很鲜明的学科差异性，各高校在培养过程中，对于人文社科类专业的学生更为强调论文写作的重要性，而对理工科专业的学生更凸显的是实验的重要地位。这还反映出现有的研究生培养体系在不同年级上的层次之分明，研一侧重于课程学习，研二、研三侧重于科研与论文写作。

（三）已签约的研究生，其综合素质要比未签约的研究生略高一筹

从数据分析的结果来看，签约研究生在整体综合素质方面要优于未签约研究生，而且，在能力素质和人格特征方面表现得尤为明显。这一结果表明了研究生素质高低对其职业发展的重要作用。

五、建议与对策

通过上述研究结论发现，研究生素质高低可能会直接影响其未来的职业生涯发展，所以，提高研究生整体素质，优化研究生素质结构在当前研究生培养工作中显得尤为重要。具体来说，可以从以下几方面着手。

（一）加强导师队伍素质建设

导师的素质高低与研究生的素质高低是密切相关的，因此要大力提高导师的个人素质。首先，可以积极拓宽研究生导师的来源，比如提拔本校所培养的年轻且富有能力的教师，从外部引进教学科研实力出众的优秀博士及研究生导师，聘请有丰富经验的专家；其次，可以从制度层面上加大把关力度，严格导师资格审查和强化招生资格审查制度；再次，还要加强对现有导师的培训和教育，对导师素质也需要进行有针对性的培养，强化导师的素质教育意识，从根本上提高导师队伍的质量；最后，研究生导师不仅需要提高教育水平，而且还需要提高学术水平，并在研究生的培养过程中积极探索优秀的教育方法。导师只有在不断提高自身学术水平的同时，不断产生新的选题构思，才能够不断地引导学生进入前沿领域。

（二）加强课程设计的科学性与合理性

关于研究生课程体系的设计问题，普遍存在的误区有：单纯专业教育，

轻视德育和心理健康教育，片面地强调科学研究而忽视应用技能培养。因此要积极改革现有的研究生课程体系，要根据专业的特点和性质，将与本专业关联度较高的相关学科也纳入课程设计的范围之中，建立多学科交叉的交互课程网络；要尽可能多地开设能够体现学科发展前沿的专业选修课，通过前沿课程的讲授，来传递最新鲜的科研理念与思路；增加跨专业选修课的比例，应允许学生根据自己的兴趣和爱好自由选择；增加思政德育类课程与人文素养类课程的比例，要真正发挥这类课程的作用，使学生能够在这类课程中真正获得人文素质与思想道德修养的提高。

（三）加强校园文化建设，广泛开展学术交流

各高校要依托学校自身特点，努力营造学术气息浓厚的校园文化氛围，鼓励研究生进行各类学术与科研创新，强化研究生参与实质性的科研工作的意识；在校内定期开展诸如"优秀科研工作者"或"学术之星"等这一类的评选活动，激励研究生在科研中有所突破，有所创新；各高校还应当为开展学术论坛、学术沙龙和专家讲座等这些与学术交流高度相关的活动提供有力支持，同时，还可把学术交流活动的开展范围辐射到多个高校，进一步增大研究生的学术交流机会。通过更深入的校园文化建设，既能陶冶学生的情操和志趣，也能有力促进研究生思想品德、学术道德的形成以及个性发展，还可以在某种程度上弥补课堂教育的不足，挖掘更深层次的学术意识与科研创新能力。

（四）强化社会实践

高校应着力加强实践环节，鼓励研究生积极参与实践性活动，提升研究生专业技能，锻炼和提高研究生发现问题、分析问题、解决问题的能力。研究生社会实践应以科技、文化服务为主要内容，以面向社会需要，结合专业知识，具备科技、文化和智力服务性质的活动为主要形式。

 参考文献

[1] 杨丹，施宏伟. 硕士研究生素质培养、就业及其影响因素分析——以某"211工程"高校为例 [J]. 文教资料，2011（2）：189-191.

[2] 朱晓妹，翟育民，郝龙飞. 研究生素质结构与分析 [J]. 上海对外经贸大学学报，2014，21（6）：75-83.

美国私立大学教育营销研究

——对中国应用型高校的借鉴

● 王晓芳

摘要：在面临生源不足的外部压力和提高教育竞争力的内部发展动因的双重激励下，美国高校非常注重教育营销，尤其是没有教育拨款的美国私立高校。因此美国私立高校建立了完整的营销体系。1999年我国高校扩招，2005年我国高等教育在校生规模超过美国，居于世界第一，进入了国际上公认的大众化阶段。一方面，随着人口结构老龄化、读书无用论、技能培训学校和出国留学分流学生等导致高校生源缩小；另一方面，从2012年"最难就业季"开始，高校毕业生就业越来越难。借鉴美国私立大学经验，用营销方法包装中国应用型高校的办学资源，包括课程设置、师资结构、高校形象、办学制度等，开拓招生、就业两个市场，建立完整的高校营销体系，对应用型高校的发展具有重要意义。

关键词：私立大学 营销体系 应用型高校

一、美国私立大学教育营销现状

美国许多著名高校都是私立大学，如著名的斯坦福大学、哈佛大学、麻省理工学院等。美国私立大学是相对于公立大学而言的，主要是指由宗教教会、团体或个人捐资兴办起来的大学。美国很多高等院校从20世纪中叶开始就意识到需要改变传统的管理观念，认为高校虽然是非营利机构，但也需要进行营销，即教育营销。

美国高校进行教育营销是由于受到内因和外因的综合作用结果。从内因来看，20世纪下半叶美国政府开始逐步削减教育经费，导致美国各个高校通过紧缩办学规模、教育营销等方式与其他院校和社会机构争夺生源、财力及其他方面的教育资源。而且美国具有完善的市场机制，教育产业化，因此各类教育机构率先在世界范围内采用营销战略，高校数量增长也非常快。这也导致美国私立高校不得不综合采用营销策略来参与竞争。通过设置需求广泛的课程、调整师资结构、树立高校形象等方式优化办学资源，提升私立高校自身的办学实力以提高教育竞争力。从外因来看，美国的大众化教育，使得大学学历成为劳动市场寻找工作的门槛条件。而且美国逐步出现低出生率和老龄化趋势，美国各大高校面临生源不足的困难。为了争夺有限并且日趋减少的生源，美国高等教育市场竞争日益激烈。美国私立高校开始采用企业的营销组合方式扩大经营范围，生源不仅仅局限在美国境内，也逐步向世界范围招募优秀的学生。

教育营销主要体现在专业设置和社会宣传两个方面。

专业设置体现在办学思路上坚持开设适合经济领域需要的学科专业，兴办最热门、最有前景性的专业。教学计划是按设想中的工作市场和客户需求来制订的。绝大多数计划都高度重视特殊技能和特殊学科领域。私立大学根据市场需求开设课程。他们只开设那些当前社会紧缺而且未来需求较高的课程，他们所开设的课程紧密地与市场需求相一致。最重要的是，新兴的营利性高校已经具备了传统职业学校的精髓——传授具体且又实用的技能——并且将之运用到高等教育中，这大大满足了社会那些上不了传统大学而寻求实用知识的人群的需求。美国教育非常务实，其目的就是就业，这不但是为学生个人前途着想，也是为学校自身的发展着想。营销策略在高校办学方面的普遍应用是该思路的具体彰显。

在社会宣传方面，美国大学都非常注重自身宣传，都以优美的校园环境和文化树立良好的品牌形象。美国大学校园大都没有围墙，任何人都可以自由出入。校内办公大楼、实验大楼等都不上锁，随时可供利用双休日到校的人员自由参观，领略大学的氛围。很多学校的图书馆、实验室和体育场馆等设施都向社会开放，集社区文体设施与教育设施于一体，不仅优化配置了资源，提高了利用率，同时也提升了所在社区的文化品位。而且美国私立高校非常注重校友资源，会通过隆重的校友回校日等活动，提升私立高校的知名度。

二、中国高校教育营销中存在的问题

（一）高校管理者缺乏激进的教育营销观念

虽然我国改革开放已经 30 多年，但教育领域的改革开放还是比较滞后。许多应用型高校办学经费仍是由国家统包统揽。因此高校教育营销观念普遍淡化，高校运营过程中没有市场危机感。即使有些高校开始有意识地进行尝试，但营销手段单一、营销手段僵化问题普遍存在。很多高校管理者把教育营销简单地看成是广告宣传，营销操作手段也仅仅是在教育报刊上发布招生广告。营销活动的开展通常也只是围绕招生工作中的广告战和毕业生就业推荐工作两个方面，但正像很多商业广告给消费者的感觉一样，教育消费者并不完全轻信教育营销广告的宣传，所以这些只停留在表面文章上所谓的营销并不能发挥实质性的作用。把营销简单地理解为推销使很多高校形象大打折扣。在此过程中，高校的营销手段零散且不系统，很难为报考的学生呈现清晰的具有高度竞争力的学校形象。各种营销手段不能有效整合，严重削弱了营销手段之间的协同作用。

（二）市场定位不够精准

营销学理论认为，营销一定要在细分市场的基础上找到自己的目标市场，针对目标市场切中要害的营销将是有效的营销。市场营销强调要有精确的市场定位。我国高校的教育营销并没有进行很好的市场细分，致使在营销过程中做的很多工作，都是仿照其他学校照搬而来，并没有针对应用型高校的特定生源、学生的特定需求。当前大多数应用型高校所采用的普遍撒网的营销方式，花费了巨额的营销成本，但收效并不大。目前我国的高校营销并未找到目标市场，高校所宣传的并不是教育消费者所需要的，而教育消费者所需要的内容高校恰恰没有进行有效的信息传播，信息不对称的教育营销所导致的必然是无效营销。名牌高校在长期的历史积淀中已经创造了相对比较完善和为公众所接受的高校形象。而当前许多应用型高校同质化发展，缺乏形象识别，造就学生、家长无法区分，因此校园形象设计任务比较艰巨。不注重学校形象建设的办学理念和日益激烈的高校竞争，导致许多应用型高校在名牌院校竞争的巨大压力下步履维艰。

三、促进应用型高校建立高校营销体系的建议

虽然高校具有非营利组织公益性的基本特征，但高校同样是具有服务属性的经济实体。应用传统和现代营销理论研究应用型高校营销特征，建立适应高校教育营销的完整的营销体系，在招生、办学、就业各个环节实施教育营销行为。

（一）在招生环节满足学生的个性化需求

高等教育服务的顾客主要是求学者，重视求学者的需要要求高校提供多层次、多样化的优质教育服务，尽可能地满足求学者的个性化需求。高等教育服务理念的提出也是在尊重求学者主体地位的基础上，以满足求学者的需

求为出发点和归宿的。接受高等教育的人具有不同的类型和不同的特点。结合应用型高校本身的营销行为，分析研究高校营销的建设成效。应用型高校培养的学生以应用型人才为主，不必要求学生的科研等能力突出。如何在众多高校中脱颖而出，特色办学是应用型高校发展的一条道路。借助错位竞争在地区或全国占有一席之地。高校要建设有自己特色的学科并且要把学科做强，即使不能在学科上处于领先地位，但要发展和特色学科相关的支撑学科。学校在专业设置和培养层次、规格上一定要和重点大学有所区别，只有这样才能发展自己的生存空间。

（二）在教学和教师管理中体现"过程"营销理念

高等教育服务分为教和学两个过程，生产和消费同时进行且融为一体，服务的特性或质量不完全由教育服务者决定，还在很大程度上受制于求学者的合作意识与参与程度，求学者在教学过程中对服务的心理感知对评价教育服务的质量有着很大的影响。从高校内部角度，结合自身教学资源更好建立营销体系。美国大学在教学和教师的管理上都体现了对学生感受的重视。美国高校自20世纪80年代以来，兴起了一种新型的课堂教学模式，主要由"范例教学""交互式教学"和"小组合作学习"三种模型构成，通过学生与教师、学习伙伴以及学习资源之间的互动，帮助学生构建知识、发展能力。这种以培养学生创新能力为目标的课堂教学模式，满足了教学目标多元化、学习方式多样化和学习过程个性化的需求，促进学生创造性地运用所学知识，培养团队合作能力、自主学习能力和独立研究能力。

（三）在日常高校运营中注重品牌建设

大学如同企业，需要加强品牌建设，高校品牌是一所学校历史文化的积淀及其对现实社会的影响力。然而大学的品牌又不同于企业的品牌，不是短期内靠强大的宣传攻势能够实现的，需要长期不懈的努力和积累。借助现代传媒，向社会广泛宣传，让公众和广大消费者了解学校。可以通过校庆、主办参办各类会议、校友会、学术研究活动、科技成果转让、招生及分配信息发布、举办高水平体育运动队等，推销学校，确立学校的公众形象，提高学校的社会声誉。还可以开放高校图书馆、体育场馆等，组织形式多样的宣传教育活动，用高校的文化氛围影响周围社区。发挥校友，尤其是知名校友的影响力，带动更多的人了解应用型高校。调动社会力量，宣传学校的成绩和存在的困难，获得更多人关心学校的发展，为学校的发展献计献策，以提高学校的知名度和美誉度。应用型大学大多数是地方高校，要结合所在区域经济的特点，有针对性地培养地区所需人才，加强产学研一体化，促进科技成果迅速转化为产品，从而带动地区的发展。

（四）以学生就业作为检验教育营销的主要准绳

美国私立大学的教育营销，包括融资渠道研究、招生市场研究、教育市场细分、目标市场选择、办学定位选择等。但对教育营销起决定作用的是学生就业。学生就业是检验教育营销效果的主要标志。如果毕业生都能找到合适的工作，则说明应用型高校教育营销取得了良好的效果，反之则说明营销效果很差。高校品牌是就业质量的保证。清华、北大代表着高水平的教学质量和科研水平，其大学毕业生也备受用人单位的青睐。从高校外部角度建立生源市场、就业市场、行业协会的联动机制，发挥学生创新创业的主动性和积极性等，多渠道促进学生开拓就业市场，为学生就业提供支持，为社会提供需要的人才，最终实现高校教育营销的最终目的。

 **参考文献**

［1］BROOKS M. Higher education：Marketing in a quasi-commercial service industry ［J］. Internal Journal of Nonprofit and Voluntary Sector Marketing，2003，8（2）：134-142.

［2］DOUGLAS BLACKMUR. Issues in Higher Education Quality Assurance ［J］. Australian Journal of Public Administration，2004，63（2）：105.

［3］ELYSE TANOUYE. Drugs：Steep Markups on Generics Top Branded Drugs ［J］. Wall Steet Journal，December 31，1998：B1.

［4］孟祥林. 从美国招生营销理念论我国高校营销策略 ［J］. 山西财经大学学报：高等教育版，2009（6）.

［5］戴科栋. 美国营利性私立大学市场化运作研究——及其对我国民办高校的启示 ［D］. 曲阜师范大学，2014.

［6］张娜依. 我国高校服务营销策略研究 ［D］. 华中科技大学，2004.

［7］王宇. 美国私立大学市场化筹资研究 ［D］. 四川师范大学，2010.

第二部分

课程改革

应用型大学本科新生研讨课的教学实践探索

◉房 燕

摘要：新生研讨课在美国是一种成熟的教学制度，对美国高等教育提升发挥了巨大功效。其注重每个个体、强调主动探究与构建的理念，对于国内高校课程与教学改革具有鲜明的借鉴意义。尤其是对应用型本科院校推动教学改革、提升教学质量具有重要的意义。

关键词：新生研讨课 应用型大学 教学实践

一、对新生研讨课的认识

新生研讨课，是一种以探索和研究为基础的师生互动、研究讨论为主的主题式教学模式，以教师引导、师生互动、小组研讨、探索学习为特点，以培养认知与研究能力为目的的小班研讨类课程。半个多世纪以来，新生研讨课在美国大学取得普遍成功并发展成为一种特色课程。普通大学的新生研讨课以引导学生适应性转变为主；研究型大学则以学术性专题为主。基于学术性转变功能的新生研讨课教学实践于 1959 年首创于哈佛大学。试行 4 年以后，新生研讨课项目作为正式课程的一部分被纳入哈佛大学文理学院的课程体系中，成为哈佛大学探索提高本科生教育质量改革之路的里程碑。随后，麻省理工学院、普林斯顿大学、斯坦福大学、加州大学伯克利分校等美国知名高校都效仿哈佛大学开设了具有学术性转换性质的新生研讨课，对提高美国及其他国家本科教育质量产生了重要影响。1998 年美国卡内基教学促进基金会资助下的博耶研究型大学本科教育委员会发表了《重建本科教育，美国研究型大学发展蓝图》报告（简称"博耶报告"），报告建议："应对大学第一年的学习进行重新组织，以使学生获得最大的收益。第一年的关键应是由有经验的教师指导的小型研讨班。这种研讨班应讨论那些能激发学生智慧，使学生在互动合作的学习环境中开阔学术视野。"加强学生的学术素养应成为美国研究型大学对新生提出的新要求。到 2009 年，美国已有 87.3% 的研究型大学都开设了新生研讨课。我国清华大学于 2003 年开始将新生研讨课的教学模式引入本科生教育，由百余名知名教授参与到新生研讨课建设与实践中。至今已有不少研究型大学将新生研讨课作为推动高等教育质量提升和培养创新型人才的教学改革主要路径。

我国应用型本科大学介于研究型大学、综合性大学和高职高专职业院校之间，稳定生源、提高人才培养质量、增强学校凝聚力，亟须有效的解决之道。本文认为，新生研讨课，或为应用型本科院校推进教学改革、提高教学质量提供一条可行之路。北京联合大学是以培养适应国家特别是首都经济社会发展需要的高素质应用型人才为己任的市属重点建设高校，学校于 2015 年 9 月开始在本科新生教学体系中正式开设了新生研讨课。学校组织各学科、专业的教授参与到课程的建设与实践中。经过一学期的教学运行，诸多教授感到新生研讨课在教学方式上与以知识传授为主、以教师为中心的传统课程有很大不同，在教学实施上还存在一些问题。从学生方面看，我国的大学新生，由于受到高中传统教学方式的影响，习惯于被动受教，对于主动提问、交流想法等方式不适应，难以快速参与到研讨中发表自己的观点，影响了研讨的开展；从教师方面看，由于缺乏相应教学理论和方法指导，一些教师还停留在以讲授知识为主的传统教学模式上，研讨课并没有发挥出应有的作用。为提高新生研讨课的教学效果，必须针对研讨课的教学目标和大学新生的特点，从更加贴近知识认知和智力发展的角度，寻找切实有效的教学方法。

二、新生研讨课的教学实践

本文基于金融学专业的新生研讨课进行了教学实践与研究。"金融学"课程是我校为经管本科专业的学生开设的专业必修课。自 2015 年 9 月开始，学校组织各专业面向大一新生开设通识教育专业必修课，即新生研讨课。为了能够有效地培养学生金融学的学术素养，金融学专业将新生研讨课课程细分为三个专题：走进金融、金融学的智慧、金融行业实践与探索等。本文以其中一个专题"金融学的智慧"为主线进行了以下探索。

"金融学的智慧"着眼于金融学常识的普及和经济学思维方式的引导，从当前金融领域的学术热点问题切入，课程内容主要涵盖了金融的力量、财富与金融、创新之利器、互联网金融、金融实践与分析等部分。通过以提出问题、探索问题的研究方法、解决问题为导向的教学体系，让学生了解现代金融体系与金融创新的热点问题，使学生能够了解金融在经济中的地位，掌握金融学科的范畴和发展方向，了解学好金融学的一般研究方法，坚定学生的专业思想，提升大学新生的金融学素养，为专业课程的开展奠定基础。本专题课程每年选修人数为 28 人，学生分别来自各学院，人数规模和专业背景适合于开展研讨交流。为营造一个适合于师生、生生之间积极交流的学习情境，主讲教师将学习情境中的问题作为知识点研讨的牵引，在老师的启发和带领下，让学生作为求解者身份参与问题解决的全过程。这将有助于学生理解相应的概念、理论、方法和工具，从而构建良好的知识结构和能力结构。在该方法中，教学过程由提出问题开始，围绕着问题解决，全过程促进学生知识的构建，要点如下。

（一）问题驱动的教学设计

第一，引导学生参与问题的解决过程来强调其对于知识的理解，这种理解不但使学生从感性上体验了问题解决的表象，而且通过思考和比较，从理性层面加强对知识理论与方法的理解；第二，通过设计多样性的问题情景来促进学生对所学内容进行有意义的知识构建，多样化的问题情境有助于学生从不同侧面、不同角度对解决问题的理论与方法进行深刻认识，从而建立起更加牢固的知识体系；第三，通过主体之间的交流活动来解决假设问题，养成学生处理问题的实践经验，经验是构成个体认知结构的重要因素，经验是活动的产物；第四，充分尊重学生现有的知识经验，将学生现有的知识经验作为新知识的生长点，引导学生从原有的知识经验中形成新的知识经验。

问题设计由任课教师来布置和引导，由学生按照问题解决要求进行实践。以学生所解决问题的难易程度来分，主要有：课后调研分析法、综合型问题法和开放式问题法。其中第一种方法主要是调动学生围绕问题开展课前后在一定范围内的问卷调研、统计分析以及比较分析，从而形成问题并解决问题。第二种方法是综合了若干研究方法的复合问题，但仍然具有相对明确的答案。最后一种方法同样是涉及若干领域研究方法的复合问题，但其答案具有多种可能性，其中有可能有最优解，但更多的是在不同情况下具有不同解决方案，针对这类问题，教师只提出要解决问题的原则要求，具体采用的方法和解决方案由学生自主确定。该方法鼓励学生自己对现象或问题进行探索和解释。如果出现矛盾，通过学生之间或学生和教师之间的讨论与协商来解决，最终得出可行结果并加深对知识的理解。

（二）以问题为导向的教学过程

"金融学的智慧"专题的教学过程分为四个阶段。

第一阶段，讲授理论方法，设计学习环境。问题导向学习强调学生在学习过程中内在的思维活动，是在学生已有的知识和经验基础上的创建活动。

如果学生对所学内容缺乏必要的知识和经验，那么后续的知识建立也无从谈起。因此，本阶段的主要目标是通过传统教学方法，讲授课程理论，奠定学生基本的知识经验。例如，要了解和掌握现代金融体系的系统理论思想、金融学与金融市场的基本理论与方法、中国金融结构问题等。在这个阶段，教师的角色仍然如传统般是传递知识的权威角色。

第二阶段，解决模板问题，实现理论理解。在这个阶段，教师首先根据设计的情境，提出若干模板型问题，然后运用第一阶段讲授的理论与方法，结合深入讲授的内容，对这些模板型问题展开分析，并通过对标准答案的讲解，实现在问题情境下对理论与方法的解释，从而促进学生对理论、方法的理解。这一阶段主要通过讲授上述理论内容，教师的角色转变为学生学习的辅导者，通过问题解决过程中的启发、质疑和分析，帮助学生肯定正确的思路方法，否定错误的思路和方法，实现自身有关该知识点第一次知识体系的建立。

第三阶段，解决综合问题，实现方法运用。当学生经过第二阶段的训练，应当了解了相关领域的理论基础和方法，从而，教师可在这一阶段试探性提出若干综合型问题，并帮助学生对问题展开分析和并目标进行澄清。问题的解决思路由学生根据第一和第二阶段所构建的知识自主地提出。在此过程中，学生将采用资料收集与分析、交流讨论、协作设计与实现等方法，而教师则在此过程中扮演组织者和指导者的角色，组织交流和讨论，评价问题解决成果。

第四阶段，解决开放问题，实现知识体系建立。学生经过第三阶段的训练，应该说已经体验了解决问题的一般过程与方法。在本阶段中，教师提出开放型问题，并只对目标进行阐述，由学生自主利用学习环境要素，对问题进行分析，提出解决方案。教师在该阶段中扮演协作者与促进者的角色，时刻注意学生在讨论学习过程中的表现，并对他们的表现及时给予中肯的评价。学生在这一阶段可充分体验自主分析问题和表达交流的过程，实现自身有关该知识点完整的知识体系构建，并为提升未来的自主学习能力提供了良好的训练。

（三）教学过程的考核与评价

本专题的考核方式采用考查形式，注重教学过程管理，以学生自主评价为主。根据不同小专题内容采用不同类型的检验方式，设定考核类型与分数占比，其中，学生讨论小组互评与组内学生自评分数占比共计90%，教师给予各组分数占总成绩的10%。小组互评成绩由各组评议并给出成绩，各组组内成员成绩由每组根据每个学生完成的质量和贡献率自行商定，并以等比递减的方式给出。各项评分均以百分制为标准，最终每个学生的总成绩均以各类型的汇总加权成绩作为本课程的总成绩。

三、教学过程中的体会

通过教学实践，我们体会到新生研讨课的设置对培养学生主动学习能力和创新能力的影响是正面而积极的，尤其是培养创新思维的灵活性方面最为显著。但是，开展新生研讨课教学活动需要满足一些条件，否则，教学活动将流于形式，而难以达到良好效果。

首先，问题的情境应与所教授知识点相关且尽可能真实。问题是学习活动的焦点，引人入胜的和真实的问题，有助于帮助学习者建立问题意识或解决问题的主人翁感，并以此促进学习者达成学习目标。为此，问题应当来源于现实的情境，能够引起学习者联想到问题本质及其对周围环境的各种关系。另外，学校的教室环境以及网络信息并不完全适合以研讨为主的新生研讨课教学活动的开展。

其次，学生需要积极主动思考，并投入教学活动中。学生必须成为知识的主动建构者。这要求学生一方面必须改变传统教学活动中等待被灌输的被动习惯，要有主动性，能够积极投入学习之中，对知识获取保持着强烈的期待，对探索困难问题保持浓厚的兴趣；另一方面，学生的思维方式与能力需要改变，需要批判性思维、系统性思维和发散性思维。

最后，教师要掌握并能运用适合的教学方法。这要求教师不但要对所教授的内容有深刻和全面的理解，还需要具备一定的教育心理学、发展心理学、课程与教学论等方面的知识；不但善于对理论、方法的讲授，还要善于引导、帮助学生投入问题的解决过程。因此要在教学研究、问题设计、情境观察、表达交往、团队组织等方面都具备一定的能力。

 **参考文献**

[1] 黄爱华．新生研讨课的分析与思考 [J]．中国大学教学，2010（4）：58-60．

[2] 林冬华．美国新生研讨课全国调查 20 年：背景、发展与启示 [J]．中国高教研究，2011（11）：33-36．

[3] 孙志凤，张红霞，郑昱．研究型大学新生研讨课开设效果初探 [J]．清华大学教育研究，2010（6）：119-124．

[4] 陈莘，吴秋云，熊伟，景宁，刘露．基于建构主义的新生研讨课教学探索 [J]．高等教育研究学报，2014（12）：77-79．

[5] 郭雷振．美国顶尖文理学院新生研讨课的实践探析 [J]．教育科学，2012（8）：81-86．

财务管理专业税法课程
教学改革研究

● 梁　红

摘要：税法课程是高等院校财务管理专业重要的专业课，也是学生今后参加注册会计师考试的必考课程，同时更是学生参加财务工作后必须掌握的专业知识。本文从财务管理专业税法课程的日常教学出发，针对税法课程教学中存在的现状及问题的分析，并结合对税法理论及实践教学特点的阐述，分别从理论教学和实践教学两方面提出了财务管理专业税法课程教学改革的思路。

关键词：税法　理论教学　实践教学

一、税法课程教学中存在的问题

（一）税法课程地位不高

尽管税法在财务工作实践中非常重要，影响较大，但税法课程无论在财务管理专业还是会计学专业中的地位并不高，目前均属于专业限选课，与财务管理、财务会计、财务分析等核心课程的受重视程度和建设力度有明显差距。

（二）课程特点对教学要求较高

一方面，税法课程具有知识覆盖面广、知识点多、政策性强、理论性与实践性均较强的特点，尽管学生的学习兴趣较浓，但由于该课程内容多、公式多、难度大、综合性和实践性强，对学生的逻辑思维能力、分析能力、解决问题能力的要求也较高，因此学生普遍感到学习吃力，课堂教学中表现出这是一门难教难学的课程。另一方面，由于近年来我国税制改革步伐较快，特别是营改增涉及的内容较多，改革时间较长，导致税法课程部分重要内容需要年年更新，要求教师的讲授也必须相应地与时俱进，这对教师的教学也提出了较高的要求。

（三）税法教材无法实时反映税法的变动

如前所述，由于近年来我国税制改革步伐较快，一些税种的内容在不断更新，然而教材的更新尚无法完全实时反映税法的最新变动，尽管该课程已经选择了较高水平的注册会计师考试用书，并且每年更换新版，但在其出版后所出现的税法新变化在教材中是无法实时体现的。

（四）教学方法单一

以教师为中心，教师讲、学生记的传统课堂讲授法仍是许多高等院校讲授税法的主要教学方法。这种教学方法偏重于知识技能的传授，且由于缺乏实际场景而无法满足学生对税法应用的实际感受，往往是教师讲得口干舌燥，学生却无法获得更深的实际感受。

（五）学生的学习方法不够灵活

从学生的学习情况看，不少学生仍习惯于中学时代的思维与学习方法，依赖教师，死记硬背，生搬硬套公式，为应付考试而学，结果是考完就忘了，更谈不上运用所学知识去分析和解决实际问题，这样的学生很难有创新能力。这从考试结果也可以看出，一方面，学生一般对名词解释、简答、论述等背诵型的试题回答质量尚可；另一方面，对于计算题和案例分析题则表现出理解能力、分析能力和应用相关知识解决问题的能力较薄弱的特点。此外，学生对税制改革的了解不够及时，即使教师已告知相关网站、期刊、书籍，但学生主动性不强。

（六）缺乏实践教学环境

理论教学和实践教学是教学体系两个相辅相成的重要方面。由于税法课程涉及大量的法律条文及相关细则，教学内容会比较琐碎和枯燥，因此增强学生的动手能力、提高学生的学习兴趣是提高税法课程教学效果的关键。税法的实践教学需要更好地立足于实际的经营运作，学生需要深入企业、事务所、税务局进行实践，亲身感受税法的现实环境，便于学生更好地领会贯通所学理论知识并将其应用于实践。然而由于种种原因，学生很难真正在企业、事务所、税务局进行税法相关实践，因而税法实践教学中就欠缺了这一重要的一线校外实践教学环境。

二、财务管理专业税法课程教学改革的几点思考

(一) 加强税法课程建设

尽管税法课程是限选课，但鉴于该课程对于财务专业毕业生今后工作的重要影响，在学校学习阶段就需要强化税法课程的重要性，提高其课程地位，加强该课程的建设，更好地为学生今后工作中学以致用打好基础。

(二) 正确对待教材在教学中的作用

税法课程具有较强的政策性和时效性，税法相关内容更新非常快，国家会不断颁布和制定新的税收法律法规条例，因此教材必须选用能够跟上最新税法变化的相应教材。另外，教材的主要功能是课堂教与学的工具和桥梁，教师教学不能仅局限于一本教材，应当引导学生多读一些相关书籍、期刊、报纸，如《税务研究》、财政部和国税总局的网站、国税局和地税局的官方微博与微信公众号，掌握学科理论的发展动态，了解税法领域的前沿问题。基础知识的学习始终要与现实需要相结合，这样才能更加激发学生学习的主动性。

(三) 教学中强调理论联系实际

在课堂教学中，注意收集经济生活中的实例，并根据各章节的内容选择适当的案例服务于教学，多举一些实际生活中的小实例，尤其是学生所熟悉的身边的人或事，由浅入深地讲解原本晦涩难懂的税法理论，这样可起到事半功倍的效果，例如从学生日常生活和身边事物入手讲解税法在生活中的应用等，这样做可以激发学生的学习兴趣并引导学生主动思考，培养其举一反三的应用能力，使学生由被动的接收者转变为主动的参与者和积极的研究者。

(四) 适当运用对比教学法、讨论教学法和问题教学法，增强学生的主动思考能力

对比教学是一种加深学生对税法知识理解的有效方法，例如流转税和所得税是税法教学的重点内容，流转税在征税范围、税率和应纳税额的计算方法有一些易混淆之处，企业所得税和个人所得税也同样有可比之处。另外，适当运用讨论教学，通过广泛讨论，一方面可以促进教师与学生经常性的交流，推动教师不断学习，更新知识，提高授课技能；另一方面，也调动了学生学习的积极性，增进师生之间思想与情感的沟通，提高了教学效果。而问题教学法则要求教师事先将内容提炼出来，以问题形式提出，从而启发学生思考，通过学生主动思索，达到对问题的充分认识，找到解决问题的方法。在解决问题的过程中，学生会学到更为广泛的知识，同时，由于学生经过了自己的思考，知识会掌握得更扎实。

（五）加强对重点、难点和疑点的针对性练习

由于学时有限，因此在设计练习题时，注意把握少而精，练习不在于多，而在于精，要具有一定的代表性，能反映知识的内涵和关键，体现知识的综合性、启发性和思考性，做到练习目的明确。教师在设计课堂练习时，要紧紧围绕教学大纲要求，针对教学重点、难点和疑点，把问题讲深、讲透，并训练学生发散思维，使其能够做到举一反三。此外，习题要随着税法内容的更新而实时更新，税法是以现行税法条文为标准，一年前建立的习题试题库有可能因税法的变化部分习题已经不再适用，可以考虑使用当年注册会计师考试税法习题（或注册税务师税法习题）作为参考。

（六）适当采用综合教学法

教材中各个实体税种是单独介绍，但企业是多个税种的纳税主体，在具体业务中涉及多个税种的操作，如果就各税法孤立进行教学，学生遇到现实中的税收问题就会操作不了，更谈不上纳税筹划。为了提高学生税法知识综合运用能力，可以采用综合教学法对学生进行综合讲授，如设定某企业为多税种纳税义务人，在课堂上进行多税种综合教学，将与企业生产、经营业务有关的税种：增值税、消费税、企业所得税、城市维护建设税、城镇土地使用税、车船税、房产税、印花税等用经营业务串联起来进行综合教学。

（七）强化税法课程实践教学

针对税法课程可操作性强的特点，在教学过程中需要给学生安排一定的实习时间，这对财务管理专业的学生尤为重要。可以通过以下几个渠道为学生提供所需的实习机会：①安排学生到企业、事务所及税务局进行实地实习或考察。通过计算企业的税款、填写纳税申报表、进行纳税申报等实际过程的操作缩短了学生理论知识与实践的距离，提高具体业务操作能力。②校内建立实践基地，按照税收征管的流程，定期让学生模拟不同岗位的工作任务，如模拟不同行业的纳税人进行各具体税种的纳税申报实验，模拟税务法庭解决税务争议等，并实行轮岗制。通过模拟实验，容易激发学生的学习热情，提高学生动手能力。③教师在课堂上根据所授内容设置适当场景，引导学生进入该场景，使其设身处地学以致用地进行有效的实践。④实践教学与高校学生大赛结合起来，以某一个项目作为背景材料，以赛代练，赛练结合，使学生具有真实感、紧迫感和竞争意识。

（八）加强校外实践基地的建设

应注重加强校外税法实践基地建设，通过与企业、事务所的广泛联系，组织学生去实习，条件许可还可以安排去税务局实地考察。此外还可以组织有关教师组成管理咨询或培训团队，带领学生通过为企业提供税务咨询、解决特定税务问题、提供专项或综合培训等服务，一方面可以使企业自觉自愿地为学校提供实习环境，另一方面也能使教师真正深入实践，增强自身的综合教学能力，同时也展现了高校教师的社会服务能力。某种程度上也可以借鉴德国"双元制"教学模式，实行校企联合办学，以学校为主体，以企业为依托，以实践为核心，学校为企业培养人才，企业为学校提供实习基地。

 **参考文献**

[1] 石泓，费琳，林艳，王虹. 大学本科税法课程教学改革与质量优化研究 [J]. 经济研究导刊，2012（23）：272-274.

[2] 李建军. 关于高等院校税法教学改革的探索 [J]. 中国乡镇企业会计，2014（3）：183-184.

[3] 张宁. "营改增"背景下加强《税法》课程教学的探讨 [J]. 山东纺织经济，2014（6）：39-41.

[4] 黄德霞，罗云方. 财务管理专业《税法》课程学习情况问卷调查探析 [J]. 考试周刊，2014（25）：171-172.

管理类院校信息安全概论
课程教学的改革与实践

◉梁　磊

摘要：本文从近年来信息安全普及教育的需求和实践出发，分析了管理类不同本科专业的培养现状和课程体系存在的问题，提出了结合专业特色，普及基础信息安全知识，掌握基本安全技术，养成良好安全习惯，实行主动考核的培养模式，给出了针对信息安全普及教育的实践教学改革创新思路与措施。

关键词：信息安全　专业特色　普及教育

随着网络从计算机扩展到平板电脑、手机，人们的生活跟 Internet 越来越密切，电子商务、电子政务、电子金融日益深入人心。然而，网络的开放性和共享性，以及身份信息的数字化和隐性化使人们在享受信息资源所带来的巨大利益的同时，也面临着信息安全的严峻考验。在高等管理类院校的工商管理类、财经类、信息管理与信息系统以及电子商务等 IT 相关专业开设信息安全概论课程，将有助于管理类领域，尤其是金融领域信息化人才的培养。

一、管理类院校信息安全概论课程教学中现状分析

结合北京联合大学管理学院（以下简称我院）学生的实际情况，在信息安全概论教学中主要存在以下几个方面的问题。

（一）教学内容多但课时相对少

信息安全概论课程的内容主要包括两个方面：大量的先修知识；信息安全课程自身的内容十分丰富。"信息安全概论"课程要求学生有丰富的基础知识积累，该课程本身的内容精深庞杂，包括安全理论、安全技术、安全法规和安全管理等，所以完整的信息安全的内容涉及数论、物理、技术、管理、法律道德教育等多方面。如果是普及教育，即非专业学生的教学安排，学时

往往非常有限，内容上面面俱到的结果，必然是泛泛而谈，学生很快就对课程失去了兴趣。

因此，如何在教学计划安排的 36 个学时内，合理设计课堂教学环节，提高课堂教学效率，是我校信息安全概论课程教学中亟待解决的一个问题。

(二) 教学形式上如何保持学生的学习兴趣

与其他信息类课程不同，学生在学习信息安全课程的开始阶段便具有极大的兴趣，但是随着教学内容的不断深入，尤其是课程中会涉及密码学、计算数论等多方面的内容，大部分教师是按照纯理论课的教学方法来进行的，着重于基本理论的推导和结果正确性的证明。由于大部分的概念抽象，理论精深，学生普遍感到难度大，与实际工程相距较远。特别是管理、经济类学生，面对电子商务和电子政务的发展，需要掌握信息安全的基本知识，但是在这些专业的教学计划中，对此却并没有硬性要求，甚至不要去掌握密码学。因此，面对不同专业的学生，采取一样的教学模式，必然使大部分学生对信息安全重视不足，认为那是专业人士才需要学习的知识。因此，如何保持学生良好的学习兴趣和动力，也是信息安全教学中值得重视的一个问题。

(三) 教学实践教学方法相对落后

在信息安全概论课程的实践教学环节中，教师往往采用传统的"保姆式"实践教学方法，即要求学生在规定的时间内，根据实验指导手册的要求，在教师的指导下逐步完成实验，实验过程实际上是学生对实验指导手册中实验步骤的机械性重复，且实验内容多为验证性的实验，学生完全处于被动学习的状态。

(四) 缺少突出财经院校特色的信息安全实践教学平台

目前，大多数信息安全实践平台往往是针对理工类高校而开发，而结合财经院校特点的信息安全实践教学平台却极为缺乏，这使得部分学生因对信息安全攻防技术的理解不够深入，而阻碍了其进一步独立、自主地开展实践和技术的实际应用。

(五) 教学考核的过于单一

大部分选修课的考核方式都是期末考试、平时成绩和实验报告的加权，非专业的信息安全概论课程也不例外。但是作为综合性、应用性与实践性很强的专业技术课程，若单纯依赖传统的考试答题，很难真正了解学生的认知水平和能力，不能适时、及时调整课程内容或者实验例子，因此不能以分数来作为学生或者教学的优劣评价。

二、管理类院校信息安全概论课程教学的改革与实践

信息安全概论的普及教育，主要目标是让学生了解基本信息安全知识，掌握基础实用的安全攻防技术，使学生在工作中既能从管理的层面来保障信息安全防范工作，又具备一定的技术能力，解决一些实际的信息安全问题。

（一）教学目标的确定

制订明确合理的教学目标是提高教学质量、推进教学改革的关键。针对管理类院校的具体情况，制定了我校信息安全课程基本的教学目标如下：

（1）加强信息安全防护意识的培养，了解国内外的信息安全形势及信息安全攻防技术的最新进展，拓展学生的知识面。

（2）掌握信息安全的基本概念和基本理论，掌握信息网络安全攻防的一般方法和基本原理；重点掌握常见安全威胁的辨识方法以及有效的安全防护措施。

（3）能够正确处理常见的非法攻击，排除基本的软硬件故障，清除常见的计算机病毒，确保信息系统的安全运行。

（二）根据不同专业来选择不同的教学内容

如图1所示，如果是法律或者语言专业的学生，可以在安全法规中重点探讨立法和法律实施情况；如果是有考公务员意向的经管类学生，可以重点学习电子政务涉及的安全管理和法规；如果是自动化或者电子专业的学生，则着重学习和熟悉各种攻防技术、防火墙的实施等。这样可加可减的灵活教学内容制订方式，为各个院系开设信息安全选修课，实现普及信息安全教育的目的，奠定了基础。

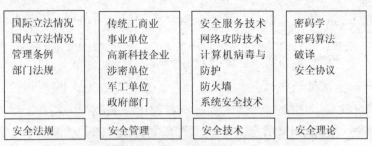

图1　各不同专业的选修信息安全概论的教学内容选择

（三）应采用灵活教学模式

既然信息安全是实践性很强的课程，我们就可以改变在教室授课"老师讲，学生听"的旧模式，根据各个院系专业背景，灵活设置教学模式。例如，开办信息安全教育和相关法律法规专题讲座，在专题中结合一些常见的网络

和信息安全案例来分析各种网络和信息的安全威胁，为经管和其他专业的学生扩展信息安全在技术方面的认知；对工科专业学生，可以建立局域网，对网络安全产品进行攻防（以防为主）演示实验，并给他们自己设计实验的机会，或者组成攻防小组，进行竞赛。另外，聘请专家介绍密码学、通信安全、安全新技术及应用等专题，引导学生逐步达到信息安全卫士的水平。

在信息安全概论课程中，利用了学校的网络资源，依托校园网建设了"信息安全概论网络课堂"。网络课堂包括教学大纲、教学课件、参考文献、网上答疑、课前预告等模块。此外，教师还借助于在学生群体中普遍流行的在线社交平台，比如建立信息安全课程学习 QQ 群和信息安全公共电子邮箱，以及利用微信、微博等在线社交网络实现及时答疑和网络互动。

（四）实践教学环境的改革

对于实践性较强的信息安全概论课程，实践环节显得尤为重要。因此，近年来在实验教学条件有限的情况下，精心设计了多种类型的实验项目，如密码算法调试、服务器安全防护、防火墙配置和使用、入侵监测、数字证书及数字签名、无线网络安全配置等，为学生提供亲自动手的机会。在实验环节中，采用验证性实验和综合性实验相结合、集中实验和个人课后实验相结合的实验模式，打破了在固定时间内完成固定实验内容的传统实验教学模式，在实验时间和实验内容上向学生全面开放，学生可以随时到实验室根据自身的兴趣爱好，开展实验项目。这样不仅科学合理地利用了现有的实验平台，还从一定程度上培养了学生独立思考的能力和探索精神。

信息安全普及教育，能否真正达到普及的目的，实践是最关键的一个环节。就像一个有人身安全意识的人，会下意识地注意周围的异常情况，注意陌生人的靠近；也会在睡觉前习惯性地检查门窗是否落锁，出门前确定电器是否断电；等等。普及教育就是希望非专业学生能形成良好的安全习惯，而良好的安全习惯就是在实践环节凸显出来的。

（五）考核机制的改革

一般课程的考核都是学生被动等待教师给考题进行考核，学生对课程的掌握缺乏主动性。如果信息安全普及教育能从教学内容、形式和实践，实现如上所述的改变，那么让学生主动考核就可以顺理成章地实现。所谓"主动考核"，就是不依靠教师的出题，学生自己选取内容或者题目，甚至可以几个人组成一个团队，共同完成一个研究内容。比如法律背景或者社会学背景的，可以针对目前的网络安全事件、网络安全意识、对黑客的认识等，展开调查和思考。这里特别强调的是调查，也就是要用调查数据说话，要设计调查问卷，统计信息，分析数据，分析结果反映了怎样的社会意识形态或者存在的弊端。通过这样一系列的实践，很多安全知识和法规已经给学生留下了深刻印象。管理类的学生可以选择针对某种电子商务平台设计管理措施，针对某种欺诈现象提出防范方法，这里不是技术实现，而是像治安管理条例一样的人员管理制度或者资料管理制度。

通过这样的主动考核，学生直接相互合作讨论，应用所学，适应学生专业背景，又为其在将来的工作中形成安全意识、养成安全习惯奠定了基础，可谓"一劳多得"。

表1　管理类专业学生信息安全概论学习实践项目

分　类	项　目
综述论文类	欺骗技术综述
	防火墙技术综述
	扫描技术综述
社会调查类	上网习惯行为调查
	网上购物欺骗方式调查
	安全信息泄露方式调查
	安全问卷设计和分析
技术开发类	安全协议设计
	攻防实验设计
	扫描器设计

三、结语

针对管理学院不同专业学生的专业背景不同，采取不同的教学内容和实践项目（部分例子见表1）的建议。据学生反映，普遍对信息安全保持着良好的好奇心和兴趣，特别是管理类的同学对电子商务的安全保障方面，信息类的同学对网络攻防技术的掌握，都获得了良好的效果。实践表明，可选择的教学内容、灵活的授课方式、多种实践环节和主动考核的教学模式，可以激发非专业学生的学习积极性和主动性，普及学生的信息安全意识，进而保障了非专业课程的教学质量。

 **参考文献**

[1] 陈昕，蒋文保．信息安全专业应用型人才培养模式探索 [J]．计算

机教育，2009（21）：105-107.

[2] 陈新民．应用型本科的课程改革：培养目标、课程体系与教学方法[J].中国大学教育，2011（7）：27-30.

[3] 尹淑欣．大学《网络与信息安全》课程教学改革探索[J].现代计算机：专业版，2009（2）：90-91.

[4] 郭凤海，贾春福．信息安全开放实验探讨[J].计算机教育，2010（10）：119-122.

经管类专业多媒体技术及应用
课程教学改革探讨

◎常金平

摘要：本文针对经管类专业多媒体技术与应用课程教学的特点，分析了在多媒体技术及应用的教学中存在的一些常见问题，探讨了多媒体技术与应用课程教学的改革思路，给出了改进措施并进行了相应的教学实践。

关键词：多媒体技术　课程教学　改革探讨

随着多媒体技术的发展和广泛应用，使许多高校面临如何培养出能适应社会需求的，能独立完成相应的多媒体设计和应用任务的应用型人才这样一个共同课题。尤其是对于以"学以致用"为办学宗旨的应用型大学来说显得更为重要。了解、掌握和使用多媒体技术成为当前很多岗位一个新的要求，也成为高校学生一种必备的计算机应用能力。对于应用型大学来说，让学生扎实掌握这门实用性课程显得尤为重要。在这种新的形势下，面向管理类专业的学生，开设多媒体技术及应用课程，势必能够很好地促进专业知识的学习起到良好的促进作用，并对日后的工作大有益处。因此，我校管理学院顺应时代的要求，针对多媒体技术在生活工作中的实际应用而设置了本课程，其目的是为了使学生系统掌握多媒体技术相关知识，提高多媒体信息加工和处理能力，为日后工作奠定坚实的基础。作为一名主讲多媒体技术及应用课程的专业教师，深入思考本课程的教学改革思路，采取必要的有效措施，进行有益的实践和探索具有重要的现实意义。

一、课程特点及存在问题

多媒体技术及应用课程具有明显的技术性和实用性高度融合的特点。其内容丰富多彩，涉及图像、声音、动画、视频等技术，并且与学生的学习和生活结合得比较紧密，能够满足学生的好奇心和动手实践的需求，使得学生具有较高的学习积极性。但由于本课程所涉及的软件相对来说比较困难，而且书中涉及的软件过多，学生容易忘记，短时间不易掌握，尤其对于经管类专业的学生来说，文科生较多，这就增加了学习的难度，无形中增大了学生学习的畏难情绪。

（一）教学组织缺乏针对性和高效性

缺乏针对性的教学在某种意义上讲就是无效的教学，也可以说是在浪费时间。教师对学生的知识结构和基础了解不够深入，对学生的兴趣点定位不准确，对课程的难易程度把握不恰当，以上种种原因造成教学过程中教师的教与学生的学脱钩，而产生效率极低甚至是零的教学。通过教师在一段时间的教学之后，学生的进步或发展不明显，能力无法提高，很难激发进一步学习的强烈需求，被动地投入学习中，甚至无法真正深入地进行学习。更不能使学生产生学习兴趣，真正理解所学内容，更谈不上能够在实践中灵活应用。

（二）教学手段缺乏灵活性和多样性

在经管类专业开设多媒体技术及应用课程，大多数作为考查课，相对来说课时显得不足，加之本门课程相对于文科生来，技术性的授课一般采用课件的方式。一方面课件的应用在一定程度上增加了教学的信息量，但另一方面教师在授课时对课件的过分依赖也给课程的教学质量带来了一些问题。教师难以对教学过程进行有效的管理和控制，这就难以保证教学效果，达不到开设本课程的目的，无法做到培养学生独立学习的能力和使用多媒体技术的能力。

（三）教学内容缺乏合理性和科学性

多媒体技术及应用课程从总体上可以分为多媒体技术基本原理、多媒体硬件、多媒体软件应用设计三个大的方面，原理是基础，硬件和软件的应用是提高。但从目前的教学基本情况来看，教学内容偏重于基本原理方面，而对随计算机技术发展变化很快的硬件和软件的应用方面重视程度不够，缺乏足够的灵活性，使学生不能将所学的知识和目前的技术发展现状有机结合起来，出现理论和实践的脱节，从而不能充分地利用所学知识来促进其对多媒体技术的掌握和应用。

二、教学改革思路探讨

针对目前经管类专业多媒体技术及应用课程的教学体系在诸多方面存在的不足，通过课堂教学和实验教学的配合，建立一个较为合理的教学体系，从而促进教学质量的提高和学生创新能力的培养。具体到多媒体技术及应用课程上来说，提高教学的有效性起到至关重要的作用，只有教学的有效性得到提升，才能真正发挥教师的主导作用，从而激发学生学习的积极性和有效性，更好地发挥学习的主体作用，取得良好的学习效果。因此，紧紧围绕教学的有效性思考教学的改革思路，可以说抓住了核心和主旨。在多媒体技术及应用课程上，实施有效教学需要教师在课堂教学、实验教学和实践教学等几个方面做到有效。

（一）提高教学准备的有效性

要提高课堂教学的有效性，首先要做到教学准备阶段的有效。一是根据不同的教学对象进行教学准备，力争做到因材施教。在教学准备阶段，教师首先要了解学生情况，要考虑到学生在相关知识上的能力差异和学生的兴趣爱好，然后根据学生的差异及兴趣制订不同的教学目标、授课计划。例如，在图像处理部分的教学准备时，印章工具使用内容的教学准备阶段，我们根据学生的基础和爱好差异，选用一易一难两张实例图片练习印章工具的使用，没有基础的同学可以选择修改简单图片中的文字，有一定基础的同学可以选择修改复杂图片中人物面部效果。二是充分利用各种现代技术进行课堂准备。计算机多媒体课件以丰富的表现力、良好的交互性、极大的共享性三大特点成为这一策略下的产物。它能使静止、枯燥的知识动态趣味化，有助于学生实现知识的强化，提高课堂效率。充分利用声、画、视频等多媒体手段创设情境，实现教学形式的多样化。化不可见为可见，化抽象为形象，最大限度地调动学生学习的积极性，摆脱以教师、书本、课堂为中心的传统教学模式，创新和提高教学优势和潜力。三是利用现代教学技术充分地进行课件准备。随着可重构技术，可演化硬件、构件或组件开发技术的迅猛发展，产生了一批优秀的课件开发工具，如 PowerPoint、Flash 及基于 web 的网页课件等。如何处理既适合界面美观又适应教学对象年龄特征的媒体信息是课件设计的关键。媒体的设计要充分考虑学习者的特点，应注重以文字、图像、声音、动画等多媒体的整合；以丰富的表现力来激发学生的兴趣，刺激学生的感知；发挥学生的主体意识和主动精神，实现艺术性与实效性的统一。

（二）提高教学实施的有效性

要提高课堂教学的有效性，其次要做到教学实施阶段的有效。在教学实施阶段要做到有效，必须做到以下三个方面。一是教师的讲授要清晰，同时要注意学生的反馈，从学生的表情上判断学生是否理解。在学生上机操作时，可以使用电子教室举手、提问、演示等功能和学生进行交流，了解学生对知识的掌握情况。二是教师在教学方法上可以使用多种多样的教学法。三是教师需要具备良好的课堂教学组织能力，良好的课堂教学秩序是教学有效性的重要保障。三是需要学生的积极参与，学生是课堂教学的主体，学生主动参与思考并进行讨论的课堂教学，其效果优于教师主讲学生听讲的被动参与学习状态。

要提高课堂教学的有效性，还要做到教学效果评价阶段的有效。在教学效果评价阶段，有效的评价主要是学生能否理解所学内容、能否掌握相关技能，并在实践中应用相关知识。只有学生产生学习兴趣，真正理解所学内容，并能够在实践中应用，才能称为有效。

（三）提高教学实践的有效性

为了实现预期的教学目标，必须将理论教学与实践教学紧密融合，鼓励引导学生将理论知识灵活掌握，重视实践环节，并具体应用到实际生活中，培养学生的创新能力。实践教学是多媒体技术与应用课程教学一个重要的环节，课程中的上机实验安排和课程后期的课程设计安排要合理。因此在课程后期需要安排课程设计，所选题目应具有一定的应用背景，并充分考虑题目的灵活性，充分发挥学生的主体作用和创新能力，让学生能够应用所学的多媒体应用软件和制作工具，灵活应用多种媒体信息设计一个具有实用价值的多媒体应用系统，使所学知识融会贯通。例如，影视后期处理是近几年比较流行的一项技术，是一个非常受市场欢迎和学生喜爱的专业。采用的后期处理软件有 AE、数字视频编辑软件 premiere 等。在教学过程中，可配备多媒体虚拟演播室，定时给学生免费开放专门的机房，提供专门的摄像设备，让学生置身于真实的或模拟的工作环境中。学生可自行编写脚本，创作角色性格，策划故事情节，并在老师的引导下进入不同阶段的学习过程。

课程实践和课外作业是培养学习兴趣和提高动手能力的重要一环。例如，视频处理部分 premiere 软件的学习，由于其具有强大的兼容性，支持多种文件格式，且支持第三方插件，并保持素材质量不变，主要利用其对视、音频进行编辑、捕获视频或音频内容，添加各种视频特效和字幕效果。其中比较流行的是影视 MTV 或者电子相册制作，可以做到视频和音频的精确同步。为提高动手和实践机会，一方面可以从外承接不同的项目，让学生主动参与，提出问题，分析问题，解决问题，增强其面对困难的信心和动手操作能力；另一方面结合学生自身的特点布置一些同学感兴趣的作业。例如制造自己的电子相册，分组拍摄一部微电影等。这些都会收到意想不到的效果。

三、结束语

课程是专业的翅膀，是学生走出教室、深入社会，能否快速适应市场变化，展示自我的重要砝码。为了全面提高多媒体技术与应用课程的教学质量、深化该课程教学手段的改革，在教学改革实践中，根据在教学中的使用效果，对课堂教学和实践教学进行不断改进和完善，不断提高本课程教学的实效。针对多媒体技术自身的专业特性，必须摆脱只重视理论教学、按部就班的传统观念；强化学科与市场的高度结合，注重学生实践能力、创新意识的培养，并在实际教学中加以应用，取得了良好的效果。因此，不断探索真正实现教、学和做一体化的有效途径是一名专业教师的责任和使命。

 **参考文献**

［1］张宝剑．多媒体课件制作实训教程 ［M］．北京：机械工业出版社，2009．

［2］许宏丽．多媒体技术及应用 ［M］．北京：清华大学出版社，2011．

数据库原理与应用课程改革研究

◉ 郭凤英

摘要： 数据库原理与应用是信息管理与信息系统专业的核心课程，是一门理论与实践相结合、实用性很强的重要技术课程。本文从教学内容、教学方法、网络学堂建设、考核方法、校企合作方面介绍了这门课程的教学改革和实践，希望能对学生应用能力，特别是创新能力的培养有着良好的启示作用，并对其他课程有借鉴意义。

关键词： 数据库　课程改革　应用能力　创新能力

一、问题的提出

信息管理与信息系统是信息技术、计算机技术和管理学科交叉的、综合性的专业，对这样学科的交叉、复合型人才的培养，根据北京联合大学的办学特色，在教学过程中更应突出应用能力，特别是创新能力的培养。数据库原理与应用是信息管理与信息系统专业的核心课程，同时它还包含了很多技术实践课程的成分，是一门理论与实践相结合、实用性很强、面向数据库技术应用和设计开发重要的技术课程，是信息管理与信息系统专业学生的重要技能。本文从教学实践出发，重点研究了教学内容、教学方法、考核方法等方面的改革和经验，以期指导教学的开展，并对其他课程有借鉴意义。

二、课程改革和实践

（一）课程的目标、教学内容的设计

数据库原理与应用课程的目标制定，主要根据信息管理与信息系统专业培养目标、能力的要求，探索信息管理与信息系统高级应用型人才所需的数据库应用的知识点。糅合行业的用人标准，即行业对这种人才数据库知识及能力的要求，抽取数据库原理与应用课程应培养的知识及能力的要求，根据

行业对这种人才数据库知识及能力的要求，设计教学内容和课程设计指导书，设计过程中突出应用能力的培养。在教学过程中，应用能力的培养是通过加强实践教学环节，改革教学方法来体现的。创新能力的培养通过在课程中增加实际项目开发内容和开拓研究性教学，使学生灵活地掌握和运用所学的知识和技术。

经过调研，总结出数据库原理与应用课程的目标和内容。本课程完成信息管理与信息系统专业学生数据库基本知识和应用的学习。鉴于在当前数据库应用主要以关系数据库为主，本课程以一种关系数据库管理系统 SQL Server 为例，使学生掌握数据库原理，理解关系数据库的设计方法、设计思路，了解当前数据库系统的发展概况，掌握应用一种关系数据库语言建立数据库应用系统的方法，并能够运用数据库开发工具 SQL Server 进行信息管理和应用系统的开发。

针对学生的应用能力，特别是创新能力比较欠缺这一问题，在课程内容方面进行了精心设计，制定了详细的课程设计指导书，特别是能力素质方面的要求。例如，分别在知识目标、能力与技能目标、素质目标方面设计了不同的要求。

1. 知识目标
- 掌握数据库基本原理，理解关系数据库的设计方法、设计思路；
- 初步掌握一种关系数据库语言，例如 SQL Server。

2. 能力与技能目标

通过课程设计，学生应能掌握：
- SQL Server 的操作与使用；
- 数据库的概念设计与逻辑设计；
- 数据库的建立与管理、数据表的建立与操作等；
- SQL 查询语言的使用与编程；
- 设计和开发一个数据库应用系统的数据库设计部分；
- 学会编写设计报告。

3. 素质目标
- 质量意识：重视质量，意识到质量的企业生存的前提和保障；
- 工程规范意识：工作中严格遵守工程规范，不以个人的好恶任意操作；
- 团队精神：具有合作精神、协调工作能力和组织管理能力；
- 较强的自我知识技术更新能力：快速跟踪数据库系统软件的新技术及市场应用动态。

对于课程设计的内容强调了知识的综合运用，要求用 SQL Server 实现一个管理信息系统的数据库设计，并设计了详细的要求，内容包括：

（1）数据库概念设计。
- 掌握对管理信息系统进行需求分析，绘制 E-R 图的方法。

（2）数据库逻辑设计。
- 掌握将 E-R 图转换成关系模式的方法；
- 掌握对关系模式进行规范化的方法。

（3）数据库的建立。
- 掌握建立数据库的方法。

（4）数据表的建立与关系图。
- 掌握表的建立；
- 掌握主键约束、外键约束、校核约束和缺省约束的建立和使用；
- 掌握记录的插入、修改与删除；
- 掌握关系图的创建。

（5）简单查询。
- 掌握简单查询和条件查询。

（6）复杂查询。
- 掌握连接查询；
- 掌握嵌套查询；
- 掌握组合函数的用法。

（7）视图。
- 掌握视图的建立、查询。

（8）数据的备份。
- 掌握数据库的备份技术。

（9）数据库数据的导入与导出。
- 理解 SQL Server 数据导入与导出的基本概念；
- 掌握 SQL Server 数据导入与导出的基本方法。

（10）书写报告。

通过综合性、设计性的项目开发，使学生利用所学知识和技术完成一个实际应用题目，让学生根据教师提出的题目（鼓励学生自己设计题目）自己选择开发工具、平台和语言等实现手段，培养学生对所学知识和技术的综合运用。例如，学生可以在指定的教学管理系统、工资管理系统、人事管理系统、选课管理系统、学生学籍管理系统、图书馆图书管理系统等题目中选择，也可以自拟题目。通过独立思考来完成既定目标，这是培养创新能力的必由之路。

（二）教学方法的改革

教学环节包括课堂讲解、课内上机，课内上机跟随课堂内容分步进行 SQL Server 的操作练习。教学过程中注重学生实际操作和应用能力的培养。

在教学方法改革方面，突出了数据库原理与应用这门课程实际应用的特点，讲、练结合，学生以项目组合作的形式进行学习，教师给予不同程度的学生不同深度的指导，极大地挖掘学生的学习潜力。

根据课程的教学目标、教学内容、教学对象，因材施教。在教学教法研究方面以应用性为导向，在课堂教学合作中引入"参与式""项目驱动"教学方法，将案例教学、讨论课等灵活的教学方法融入传统教学和活动中。推进启发式、讨论式、参与式教学，采用灵活多样的方法和手段来帮助学生学会学习，自主学习，提高实践技能和解决问题的能力。讨论式教学以课程内容和学生的知识为基础，以学生的参与讨论为过程，提高学生教学活动中的能动性。案例教学结合实际的案例，启发学生分析设计思想和方法，从而掌握和应用相关的知识。

以"项目驱动"教学方法的具体实施为例。"项目驱动"教学法一般包括项目选择设计、项目实施、项目评价阶段。在项目选择设计阶段，由教师设计几个项目任务，与学生讨论后确定项目的目标和任务，学生可以由 3~5 个人组成项目小组，学生确定各自的分工以及合作。这一阶段对教师的综合要求比较高，要有比较丰富的项目开发经验。设计的具体项目，有来自企业的实际项目，也有教师开发的项目，遵循模块化上升的原则，每个模块再细化为不同深度的能力要求。根据学生的不同能力，难易程度不同。学生可以根据自己的情况选择不同的项目。

在项目实施过程中，学生若遇到困难，教师应重点指导他们掌握解决问题的方法，针对不同层次的学生，指导深度要有所不同。项目评价，师生共同讨论评判结果，应注重学生在项目活动中能力的形成过程。学生以项目组合作的形式进行学习，教师给予不同程度的学生不同深度的指导，极大地挖掘学生的学习潜力。学生通过完成"项目任务"进而完成课程的学习，同时其"成果"作为学生评价的主要依据，培养了学生的创新能力、团队合作精神。

另外要突出学生在教学活动中的主体地位，强调师生互动，充分调动学生的积极性、主动性和创造性。中国的老师上课以讲义为主，填鸭子似的教学。学生在课堂上紧紧围着老师转，教师为了系统地传授知识，自然会按照预先制定的教授线路开展教学，这样实际上不自觉地制约了学生学习主动性的发展。在学习中，教师要替学生"咀嚼"知识，像喂他们吃饭一样喂给学生，而学生唯一要做的事就是吞下知识，久而久之，造就大多数学生都非常依赖老师。学生上课记笔记，课堂上学生要保持安静，很少有人上课中提出问题。学生上课聊天、做自己的事情屡有发生。学生学习的独立性较差，存在抄袭作业、考试抄袭的现象。因此，教学方法改革要注重激发学生主动学习的积极性，注重锻炼学生的协调能力、沟通能力和对理论知识的综合运用能力，注重学习解决实际问题的能力和团队合作意识的培养。注重课题研究和自学指导，注重学生学习的主动性。要求学生利用现代课外时间查阅相关资料、自学相关的内容完成老师布置的作业。根据学生的实际能力和掌握的程度，教师对学习程度好的学生提出更高的要求。通过布置相应的题目，使学生通过查阅资料、自学研究、独立思考完成，并融入学生自己的理解和观点，并写出相应的报告。图1为学习完数据库概念、数据库设计方法等章节后布置的综合大作业，学生在讨论课教学中共同探讨各自的设计成果。每个人都非常活跃地参加到讨论中，教师的职责就是组织、引导，并回答共同的问题。既发现了学习中共同的问题，又指出了每个人具体的不足，极大地促进了教学。

图1 讨论课的开展

在教学过程中，教师要根据教学大纲的要求认真备课和组织教学，组织学生的讨论，并注重理论联系实际以及新知识、新方法的应用。要求学生按时上课、上交作业、积极参与课堂讨论，并按照完成情况计入平时成绩。

（三）充分利用网络学堂

目前许多高校都建立了网络学堂硬件平台作为传统课堂教学模式的一种补充，但是网络学堂这个工具的优势在实际操作之中却没有得到很好发挥，甚至一些课程的网络学堂似乎名存实亡。另外，高校为实现培养复合型、创新型人才的目的，网络学堂成为研究性学习环节中必不可少的动态平台，通过教学与网络学堂的有机结合，可以实现教师指导下学生自主研究性学习的学习氛围，也可以实现教学过程的动态监控和评价机制，可是目前这方面的开展严重不足。

数据库原理与应用课程经过多年的建设，目前已经初步建成并不断充实完善网络学堂的内容。希望充分利用网络学堂等先进手段作为教学辅助，对课堂教学进行很好的延伸和补充，实现基于网络学堂使教师和学生互动，有利于学生的个性化学习。学生通过网络学堂可以在课堂之外自主学习、相互讨论和协同完成项目。教师可以通过学生的讨论和问题、上交的作业进行个性化的辅导。

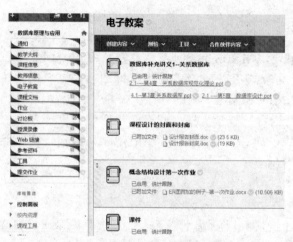

图2　网络学堂电子教案板块

网络学堂包括通知、教学大纲、课程信息、电子教程、作业、讨论版等内容，图2是电子教案板块内已有的电子教案信息。学生可以下载学习和观看，教师也可以跟踪查看学生学习的次数。

（四）考核方法改革

对中国的学生来说，期终考试很重要，如果期终成绩接近60分，最终通过这门课是不成问题的。所以考试之前突击背笔记现象严重，不利于学生运用知识能力和创造力的培养。学生能否通过考试是老师的责任而不是学生的责任，教师要思考清楚如何能让学生通过考试。甚至有人还提出了如何提高学生通过率的科研题目。

因此，应该基于综合应用能力构建多元化的考核体系。考核内容可以从基础知识、技能及职业素质等方面进行考核。考核方式可以多种多样，可以采用上机考核、作品考核、实习报告、调研报告、企业评定等方式，注重过程考核以及学生综合能力和职业素质的考核。

数据库原理与应用的考核方式设计为多元化。总成绩包括作业（含大作业共 20 分）、平时上机实验（共 15 分）、出勤（共 5 分）以及期末考试（共 60 分）。考核更注重了过程的考核，而且第一节课中会对学生公示，因此有助于加强平时的考核，避免了考试之前的突击。

（五）加强实践教学，开展校企合作

数据库原理与应用经过多年的建设，与企业合作，开发了教学案例，将最新知识和技术糅合到课程中。目前已经开发了收付费教学案例，完成了电子授课教案制作，正在撰写和出版教材。

三、结束语

数据库原理与应用是信息管理与信息系统专业一门非常重要、综合了多门课程的知识、培养学生专业核心能力的课程。经过长期的建设和改革，已经有了一定的基础并积累了大量的资料，取得了令人满意的教学效果。

本文从教学内容、教学方法、网络学堂建设、考核方法、校企合作方面进行了教学改革和实践，希望能对学生应用能力特别是创新能力的培养有着良好的启示作用。

 **参考文献**

［1］刘瑶．关于我国服务外包产业人才培养的课程设置建议［J］．对外经贸，2013（3）：135-138．

［2］马力等．信息化时代数据库课程建设教学改革研究［J］．计算机教育，2014（1）：88-91．

［3］薛红芳．基于 CDIO 的项目驱动式数据库课程教学模式改革研究［J］．吉林省教育学院学报，2014（7）：10-12．

IT 项目管理体验式教学探究及实践

◉李英侠

摘要：本文基于作者十几年教学教研实践，讨论了项目管理软实力教育要解决的核心问题，即通过有效的实现方式使学生掌握体验式学习方法；分析了如何通过课内外教学活动，通过项目/流程定义、项目计划和流程规划提高学生的创新能力，通过项目/流程实施提高学生的变革管理能力，最终全面提高学生发现问题、分析问题、定义问题和解决问题的能力；提出了项目管理体验式教学的基本框架。本文对创新创业类课程设计及教学有一定参考意义。

关键词：体验式教学　项目管理　软实力

一、教学实践背景

在十几年的教学实践中，作者从以下几方面进行了相关探索及实践。

（一）打造"开放式课堂"，为教学过程引入活水

通过参与和跟踪国内外应用管理研究前沿团队为成果研究确定方向和目标，通过参与项目管理师国家职业资格鉴定为项目研究导入国家职业标准，通过跟踪项目管理行业应用为项目研究导入行业标准。课程组老师与国外学者合作，在与国内外服务外包领军企业、政府部门和协会合作交流的基础上对国际服务外包行业及中国 IT/软件服务外包企业/行业从事深入系统化的研究。

（二）调整项目管理软实力教育的定位、基本理念和思路

基于学生就业时存在的与用人单位的需求差距，课程从软实力、创新意识和能力、经验、思想和方法、技术和工具等维度调整"开放式课堂"设置的定位。

在培养软实力方面，通过体验和观察的方式获取项目管理隐性知识和软实力，并借此使学生初步具备项目骨干的组合优势。在培养创新意识和能力方面，将探索创新（Exploration）与利用创新（Exploitation）进行系统整合，利用创新体现在课内不断优化，探索创新体现在课外和校外不断开拓。在学习经验方面，设计与真实世界非常接近的学习环境，并提出"课内理论+课内实验+课内实训+品牌赛事实践+校外企业实习"的初步方案。在学习应用管理思想和方法方面，让学生完成"演绎—推理—演绎"历程。

（三）整合并优化教学内容及结构

在不同教学环节从学习目标、学习内容和学习重点等维度优化教学内容。采用了"七阶式"。具体见表1。

表1 "七阶式"项目管理人才培养路线

培养环节	学习目标	学习内容	学习核心
课内理论	使学生了解临时性组织面临的关键项目管理挑战、系统概念和理论、项目管理生命周期、项目管理知识体系	系统概念和理论、项目管理生命周期、项目管理知识体系	项目管理知识体系
课内实验	对学生进行系统思维和批判思维的初步训练，掌握在满足业务绩效、时间和预算要求的前提下进行计划、执行、控制和交付的方法和技术	落实的教学内容包括项目管理方法、项目人员个体和项目团队	核心是WBS、网络计划、甘特图、资源配置、基准和项目状态报告
课内集中实训	通过使用项目管理软件工具和模板完成项目计划、执行、控制和交付初步获得工作知识和形成初步的自我认知	项目团队、项目任务和项目管理技能	角色倾向调查、项目管理软件和项目管理模板的理解与应用
品牌赛事实践	依托各类品牌赛事平台，使学生可实践直接解决实际问题的理解能力和沟通合作能力	项目工作环境、项目流程和项目管理技能	专业技能、流程管理、团队合作和沟通
校园社区服务实践	依托校园社区，使学生面对非市场真实客户提升将专业技能与项目管理技能结合，解决实际问题的理解能力和沟通合作能力	项目团队、项目流程和项目管理技能	专业技能、项目管理技术、流程管理和团队合作

续表

培养环节	学习目标	学习内容	学习核心
虚拟校园企业实践	开发学生潜能，使学生面对市场合作性真实客户提升行业认知，增加企业文化体验，提高职业素质，提升学生的就业适应能力和可持续发展能力	项目工作环境、项目团队、项目任务、项目管理方法、项目人员个体、项目管理技能和项目流程	行业知识、项目管理技术、流程管理、团队合作、沟通谈判和启动
校外企业实习	使学生完成从学生到社会人真正意义上的转换，提升学生就业能力	项目团队、项目人员个体、项目管理技能、项目工作环境和项目流程	行业知识、产品知识、项目管理技术和项目管理技能

二、教学教法研究

（一）教学理论研究

以体验式学习概念为出发点，进行虚拟服务外包企业的概念设计。目标在于构建虚拟服务外包企业，形成"积极行为实验—具体经验—反思式观察—抽象的概念化"这一库伯体验式学习模型；使学生以团队方式在真实、复杂并与公司紧密相关的情境中发现问题和解决问题，将隐性知识和显性知识进行有机融合，最终形成抽象的概念。

MARS 模型是组织行为学领域研究个体行为及结果驱动力及其规律的模型，如图 1 所示。

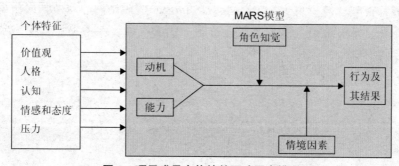

图 1　项目成员个体绩效驱动因素模型

在校大学生缺失最严重的就是角色知觉。如何通过提高角色知觉来激发学生主动提高能力水平的动机，是 IT 项目管理人才培养的核心。

管理软实力教育团队的目标包括：识别社会/行业对应用管理人才目前/未来的需求以及应用管理人才培养和输出的现状，定义应用管理"开放式课堂"需要解决的本质问题；初步设计出与目前和未来需求相对应的应用管理人才培养解决方案；完成基于解决方案的实施案例；给出应用管理人才培养评价指标体系和评价方法。

（二）教学方法研究与实践

课程采用项目教学法，将做中学与学中做有机结合。根据项目管理流程，让学生结合专业选择实际项目，运用项目管理中阶段里程碑方法、学习过程分析方法进行教学安排和质量控制。其创新之处在于真正实现了课程"做中学、学中做"的体验式学习，针对项目管理能力和相关职业技能使学生做到了"学习—应用—交流—提高"。

1. 网络学堂建设

从 2009 年开始，开始建设并应用网络学堂，目前已经满足网络课程基本要求。通过网络学堂中课前、课中和课后三个讨论板块，学生的学习状态实时可见，教师因材施教得心应手。学生志愿者参与网络学堂技术维护，学习创新小组骨干参与内容建设和应用推广，学生在网络学堂的提问直接影响教师对课内教学内容的调整。课程充分利用当前大学生喜欢使用微信的特点，主讲讲师引导建立课程讨论群，分享交流延伸阅读资料，及时发出课程通知，对学生进行考勤。利用视频网站分享项目管理类视频辅助教学。课程组初步完成立体课程资料库，包括教材、中文 PPT、英文 PPT、阅读案例、模板、主讲教师视频录像、团队工作指南、MS project 应用指南、章节学习指南、章节讨论题、章节总结、章节实践练习题、章节术语、参考书目、优秀学生作业展示等。

2. 项目经理访谈

从 2012 年开始，项目管理课程坚持让学生团队对项目经理进行实际访谈，不断积累和更新项目管理实际案例。为此，访谈法的应用过程就成为教学内容的一部分，并为学生提供项目经理访谈参考提纲。

3. 问题式学习

以范围管理为例，课程组运用问题式学习（Program Based Learning，PBL）的教学思想，首先从团队在拼图游戏过程中存在的问题出发，导入本讲的第一个核心知识点——WBS 制订方法。为了帮助学生将抽象知识具体化，主讲教师采用体验式教学、讨论式教学、演示教学等多种手段相结合的方式使学生理解并掌握 WBS 的制订思路、制订原则和评价准则。主讲教师努力使理论教学与实践教学水乳交融，相得益彰，探索培养应用型人才的课堂教学新思路。主讲教师在演示"空方阵"拼接方案过程中，将系统工程中的结构化分析方法潜移默化地传递给学生，同时引入资源评估列表和 WBS 树形图两个范围计划制订工具。主讲教师通过启发学生为模拟项目制订 WBS 一级结构增强学生运用所学知识解决问题的应用意识。模拟项目可以是新款手机的开发、新款 MP3 的开发、电子商务网站建设、新闻发布会的举行等与学生生活和学习密切相关的项目，教师可以根据教学对象有所选择。

4. 敏捷训练

课程组从 2014 年开始，逐步加大敏捷项目管理在课程内容中的比重。这是因为在电子商务项目中，情境、用户体验、需求识别、UI 设计、商业模式等要素越来越重要。课程组整合传统项目管理与敏捷项目管理，将传统项目管理与团队动力学相结合，与人件的理念对应，即强调项目+团队的结合。这是因为面向商务一线岗位群的项目管理工作过程主体已经不再是硬件，也不是软件，而是人件。因此在教学内容中，一方面教学大纲要准确描述学习活动，并要求教师根据学生特征及时在项目管理各专题的广度和深度之间进行平衡；另一方面则强调对学习型团队、虚拟团队和创新团队等多种团队文化和团队能力的训练。在教学过程中，加入敏捷项目管理视频案例分析内容。

三、课程学习模型

作者在前期教学教研的基础上，初步建立了项目管理体验式学习模型，如图 2 所示。

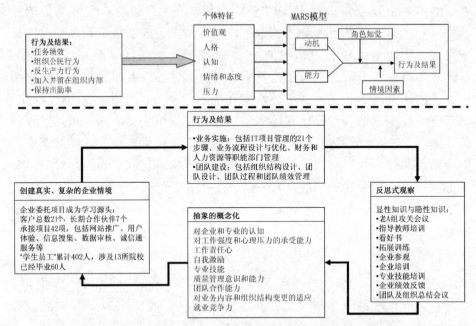

图2　基于体验式学习理论的校园虚拟企业行动学习模型

基于这一模型，课程重点突出了以下特色。

（一）激励学生学习热情，以"角色群"为导向的课程定位及成功实践

结合学生特点，教学做一体，激发学生学习热情。面向现代服务业的产业发展需求，基于服务项目工作过程，以角色群划分为导向，以责任为依托进行课程定位。突破了从岗位群出发的课程定位方式不能完全满足应用管理类课程定位的问题，并形成了此类课程的定位分析思路、方法和实践，对解决电子商务人才培养中的课程定位问题具有实际借鉴作用。

（二）以"七阶式"学习环境为基础的创新光谱及成功实践

"七阶式"学习环境完善了从课内优化向课外/校外探索逐步过渡的创新光谱，实现了本课程从优化到突破的连续创新。它延伸并优化了现有课程教学环节，使师生体验了"演绎—推理—演绎"的完整科学过程，建立了"三导机制"（导学—导向—导师），并提供了成功实践，对探索基于新型关系机制的人才培养创新模式有积极引导意义。

（三）"经验学习三部曲"模式的创造及成功实践

基于"品牌赛事—联合扬帆学生社团—UEB校园虚拟企业"的成功实践提供了有效获取工作经验的三部曲，解决了学生难以在校内获得真实工作经验的瓶颈问题。

 参考文献

［1］张金华，叶磊．体验式教学研究综述［J］．黑龙江高教研究，2010（6）：143-145.

［2］胡庆芳，程可拉．美国项目研究模式的学习概论［J］．外国教育研究，2003（8）：18-21.

［3］胡尚峰，田涛．体验式教学模式初探［J］．教育探索，2003（11）：49-51.

［4］肖海平，付波华．体验式教学：素质教育的理想选择［J］．教育实践与研究，2004（1）：9-11.

［5］田红云．体验式教学的认识论基础及应用探析［J］．扬州大学学报（高教研究版），2010（6）.

［6］卢颖，徐绍方．体验式教学模式浅析［J］．学周刊，2016（6）：54.

ERP 沙盘模拟教学中的
创新创业教育探讨

◉刘来玉

摘要：教育部在 2016 年 2 月印发通知，要求高校把创新创业教育融入人才培养全过程各环节，这就意味着高校一方面要大力开发开设新的创业课程，另一方面要在原有专业课程中创造性地融入创新创业教育。在专业实践课中融入创新创业思维训练、提升学生的创新创业意识和能力，是所有高校专业教师面临的课题。本文以用友公司 ERP 沙盘模拟课程为例，探讨了在专业实践课讲授过程中，结合课程和学生实际，培养学生的创新创业思维和进取精神。

关键词：ERP 沙盘模拟　创业教育　创新思维

一、引　言

随着国家不断出台新的支持政策，高校高度重视创新创业教育，采取了多种措施，搭建创新创业实践平台，鼓励资助学生参加创新创业大赛、实施学生创业帮扶计划。如清华大学于 2014 年年末举办了首届"清华创客日"，并于 2015 年在国内率先设立了创新创业辅修学位。上述举措极大地激发了大学生自主创业的热情，目前已涌现出越来越多的大学生"创客"。据 2015 年《中国大学生就业创业发展报告》，我国大学生自主创业人数呈逐年上升趋势，2015 年全国高校毕业生创业率为 2.86%。但报告同时显示，只有 6.77% 的大学生创业者接受过非常系统的创业教育，而另一份麦可思研究院报告则指出，近半的大学生"创客"创业都熬不过 3 年。这无疑对目前高校的创业教育提出了非常严峻的挑战，要求高校除了积极研究创新创业规律，合理开发设置新的创业课程之外，还应该把现有的专业课程和创新创业结合起来，适时加入创新创业理念，培养创新意识、进取精神和工作能力。

二、用友 ERP 沙盘模拟课程性质和特点

（一）ERP 沙盘模拟课程的性质

ERP（Enterprise Resource Planning）是企业资源计划的简称。"ERP 沙盘模拟"是用友公司在充分调研 ERP 培训市场需求的基础上，汲取了国内外咨询公司、培训机构的管理训练课程精髓而设计的企业经营管理实训课程。ERP 沙盘模拟课程以企业运营中的战略规划、资金筹集、市场营销、生产组织、设备投资等关键环节为主体内容，由受训者组成若干相互竞争的模拟企业并开展经营活动。在 6 年的模拟经营完成后，学生在教师引导下，纵向回顾自己所在公司的经营成果、运行状态和发展情景；横向与其他公司在营业额、净利润、固定资产、产品线等经营成果方面做出比较；学生总结个人的岗位表现，所在公司的经营得失，并与对手就企业经营过程中的方方面面进行交流，相互学习借鉴，在此过程中学生在分析把握市场、战略投资决策、财务资金统筹、人力资源管理等一系列活动中参悟企业运营规律、深化管理知识，培养他们的合作意识和企业家思维，全面提升其管理能力和执行能力。

（二）ERP 沙盘模拟课程的特点

1. 活动开展的趣味性

在授课过程中，学生以自愿原则，分为 5~6 个小组，分别组成模拟公司，由学生担任不同的企业总经理及财物、营销、生产等部门经理角色；在模拟经营过程中，学生对内要完成自己的岗位职责，一年经营下来，能够亲眼见证本公司的经营业绩并和竞争对手进行比较。这些类似游戏的设置和安排无疑提高了 ERP 沙盘模拟课的趣味性以及学生对课程的投入程度。

2. 角色体验的真实性

在模拟公司经营的过程中，学生根据各自承担的职务，切实地完成岗位职责，并体验角色的苦乐。比如在模拟经营对抗中，在某一营销经理体验了产品大卖后财源滚滚喜悦的同时，他的竞争对手却因广告费投入不当导致产品积压、销售萎靡，进而无力偿还贷款，企业面临破产的困境。再以财务经理为例，要根据公司目前的资金状况做好资金统筹，发工资、设备折旧、偿还银行贷款利息，在公司面临资金断流的情况下，要反复向银行申请新的贷款，或寻找新的投资人。一名学生曾感慨，当了这个财务经理才对"不当家不知柴米贵"有了别样的体会，也真正认识到了资金统筹对公司生存和发展的重要性。

3. 对抗过程的挑战性

在企业模拟经营过程中，学生根据自己的角色行使各自的岗位职责，并做出相应的决策，投入多少广告费、是否扩大生产规模、开发哪个市场等，而且，学生很快就能看到个人和公司决策的后果。年初的产品交易会一方面是验证公司实力的时刻，谁是市场老大一目了然，但另一方面也是斗智斗勇的好时机，如何以最少的广告费投入换取最大的利益，在众多竞争者中出奇制胜，过程充满了挑战性。

三、ERP 沙盘模拟教学中的常见问题

ERP 沙盘模拟课程有效融合了理论与实践，集角色扮演与岗位体验于一体，使学生在参与、体验、合作中模拟企业经营过程，以其简易性、实用性和趣味性调动了学生的参与热情，取得了很好的效果，但在授课过程中也发现参与学生存在以下问题。

（一）团队组建轻率、人员履职懈怠

ERP 沙盘模拟课程中的团队组建非常重要，这直接关系着后面模拟经营时公司的运营状态。其规则是先选出 CEO，再由 CEO 组建自己的团队，很多 CEO 不能从实际岗位对人员的要求出发，往往以拉帮结派的方式随意组建团队，根本不考虑某个组员是否胜任将要承担的岗位职责，以及整个团队的人员配置是否合理，这样的团队本身就是有缺陷的，在其后的经营过程中暴露无遗，个别人员在其位不谋其政，生产总监对公司产能心中无数、盲目接单导致无法按时交货；营销总监置公司现有产品结构及公司财务状况于不顾，盲目投入大量的广告费用，盲目选单，给公司带来巨大的损失，个别公司甚至出现多个部门总监"罢工"，只好由 CEO 和少数总监"越权"的怪象发生。

（二）公司运营混乱、部门协作乏力

企业内部运营像一台巨大的机器，各个部件之间相互关联。ERP 沙盘模拟中各角色都有明确的分工，要求每个学生按照自己模拟的角色各司其职，各部门分工合作，CEO 统筹管理公司的实际运营，这样各个部门的各项工作才能有条不紊地展开。但学生在模拟经营中，很多公司内部运营情况比较混乱，营销总监不能在第一时间就承接的订单和生产总监协调，导致生产计划制订不合理，生产线被动停工或转产，同时生产总监不能及时与采购总监就生产计划沟通，导致原料采购延误、停工待料或高价购买原材料的情况时而发生。

（三）理论指导实践的作用未能发挥

ERP 沙盘模拟是对企业经营管理的全方位展现，涉及企业的战略管理、

营销管理、财务管理等方方面面，其中蕴含着丰富的企业运行规律和管理科学。但学生在模拟经营中，往往只照搬规则办事，过于关注短期效应和盘面结果，缺乏对理论知识的驾驭能力，不能很好地将已掌握的管理科学和经济规律运用到经营活动中去。以筹集资金为例，在 ERP 沙盘模拟中有长贷、短贷、贴现及高利贷四种资金筹措方式，其融资成本相差很大。很多财务总监不能根据企业的实际运营情况和发展需要事先做好现金预算，合理统筹长短贷，产生了不必要的高额融资费用，甚至在面临现金断流、生产无力为继的情况下只好借助于高利贷，极大地损害了企业的利益。

（四）商业及竞争意识淡薄

了解当前的市场行情，对将来的市场进行预测，了解竞争对手的经营状况，如产能、产品结构、市场开发情况等，这些都是一个企业在竞争激烈的市场中生存发展所必需的。很多学生只埋头自己的盘面，打着自己的小算盘，而缺乏对市场、竞争对手进行必要的了解和分析，导致各团队产品开发和市场开拓思路过于接近，某个产品在某些市场竞争惨烈，但在其他市场却出现了产品求过于供或订单无人问津的局面。

当然，在 ERP 沙盘模拟训练过程中，失误是难免的，对学生而言失误越多可能收获越大，因为出现的问题越多，学生越有机会发现自己的问题，越能警示学生自身存在的不足，既有理论知识和专业技能的欠缺，也有思维意识及团队合作的不足。

四、融入创新创业思维解决教学中的问题

创新思维是指以新颖独创的方法解决问题的思维过程，并提出与众不同的解决方案，创业与创新紧密相关。广义的创业教育是 1991 年由联合国教科文组织给出的，主要是指培养具有开创性的个人，包括其首创、冒险精神、创业和独立工作能力以及技术、社交、管理技能等。针对 ERP 沙盘模拟教学中学生存在的问题，教师要善于指导学生发现问题，将创新创业教育融入其中，着重提升学生的创新意识、进取精神和学习能力，满足学生就业或自主创业所需知识、技能及思想准备的需求。

（一）创新思维和进取精神

创新是用新思路、新方法看待和解决问题，进取精神则是立志作为、勇于尝试的勇气。在模拟经营过程中，学生无疑会碰到很多问题，引导学生认识和正视这一点，即现实的企业经营同样会困难重重，如果是创业，面临的问题可能会更多，是坐以待毙，还是放手一搏？比如在 ERP 沙盘模拟中，公司主营产品市场份额不理想怎么办？有的公司尝试加大广告投入，有的则采取薄利多销，尽可能多接订单，以量取胜，有的公司则迅速调整产品结构和生产线，等等。在实际运营中要准确判断、灵活把握，不能墨守成规。

（二）目标与坚持

无论将来在职场打拼，还是自主创业，都要有目标，有梦想。有梦想才知道自己想要干什么，才能坚持下去。绝望的时候再咬牙坚持一下可能就会迎来转机，这一点，很多同学在 ERP 沙盘模拟经营中深有体会。很多公司往往在一开始会同时研发多款新产品，开发新市场，购买新的生产线，其后果是在自主经营的前几年企业总是处于债台高筑、入不敷出的亏损状态。在这种情况下，有的公司停止研发新产品，不再开发新市场，甚至变卖将要完成的新生产线，其结果是企业的短期债务确实降低了，但同时也失去了发展的机会；也有公司努力寻找新的投资人，或采取软磨硬泡的方式向银行申请贷款，在挨过了最初的 4 年或 5 年后，之前的投资见了成效，企业获得了长足的发展。目前中国大学生创业成功率还偏低，更需要坚持，正如马云所说："今天很残酷，明天很残酷，后天很美好，但是绝大部分人是死在明天晚上，只有那些真正的英雄才能见到后天的太阳。"

（三）团队精神

团队精神是全局意识、协作精神和服务精神的集中体现，核心是协同合作，进而保证组织的高效率运转。学生在团队建设方面的亲身体验帮助他们认识到了团队精神的重要性，好的团队，企业各部门相互协作，日常运转平稳高效，公司的规划决策得到有效实施；反之，部门合作不利，企业运行不畅，生产总监为采购部不能按时提供原材料大伤脑筋，整个企业要为财务总监资金预算失误引发的企业现金断流付出代价，这样的团队难以保证企业的发展。

（四）学习能力

联想集团创始人柳传志在回顾自己创业经历时强调，学习能力是一个企业暂时成功的两个必要条件之一。因为环境在不断变化，行业在不断发展，只有适应环境和行业才能坚持下去，这就要求不断地学习。ERP 沙盘模拟经营过程包含了很多经济知识和管理思想，学生根据自身遇到的问题，重新回到书本，加深对理论知识的理解；而把创业教育融入其中有利于培养学生解决问题的基本能力，如设计多种可选的应对措施、开发创新的解决方案，进而提升学生的综合素质，为其终身可持续发展奠定坚实的基础。

五、结　语

自李克强总理在 2015 年 3 月提出"大众创业、万众创新"以来，创业教育无疑已经成为高校的热点。尽管国内高校开展创新创业教育仍处于探索阶段，但在开发开设新的创新创业课程的同时，把创新创业教育有机地融入专业课是一个有益的尝试。

 **参考文献**

［1］教育部关于印发《教育部 2016 年工作要点》的通知 ［EB/OL］. http://www. moe. edu. cn/srcsite/A02/s7049/201602/t20160205_ 229509.html，2016. 03. 01.

［2］图解 2015 年中国大学生创业情况 ［EB/OL］. http://learning. sohu. com/20150526/n413785724.shtml, 2016. 02. 20.

［3］刘月秀. 中美高校创业教育生态因子比较研究 ［J］. 实验室研究与探索，2012，7（31）：372-375，383.

［4］曹玉林. 传媒类国家级实验教学示范中心管理机制创新实践探索 ［J］. 新经济，2016（3）：102-103.

企业资源计划（ERP）课程教学的调查研究*

◉黄　艳　任成梅

摘要：为了掌握企业资源计划（ERP）课程的教学效果，项目组采用问卷调查和面对面访谈相结合的方式，对三个班同学进行了调查。本文将调查结果从学生感知的课程质量、学生感知的课堂效果、学生感知的学习收获三个方面进行了分析，结果显示该课程的总体满意度水平处于中等。结合调查中了解到的该课程理论性强、课程内容难度大等特点，项目组提出了确定合理的教学目标、加强理论与实践相结合、创设真实教学环境等策略。

关键词：ERP　课程调查　教学效果

企业资源计划（Enterprise Resource Planning，ERP），是继 MRP Ⅱ 理论与技术成熟后，随着企业管理思想和信息技术发展而形成的新的企业信息化管理系统。ERP 从 20 世纪 90 年代兴起，经过 20 多年的发展，已经被越来越多的企业所接受。随着社会、企业对 ERP 各类人才需求的与日俱增，许多高校经管类专业相继将 ERP 课程作为一门专业课程列入教学计划。管理学院于2007 年开设企业资源计划（ERP）课程（以下简称 ERP 课程）。目前该课程是信管专业的必修课程，课程学时为 48 学时，包括理论学时 32 学时，实验学时 16 学时，安排在二年级第一学期进行教学。经过 8 年建设，该课程已经形成了较完备的理论+实践的教学体系。理论教学构建了 ERP 课程的多维知识模块结构，包括 ERP 概念模块、ERP 原理模块、ERP 实施模块及 ERP 软件操作模块。实践教学中，使用国内企业应用最广泛的企业管理软件——用友 ERP 软件平台进行模拟企业业务运营，为同学们尽早了解企业的实际业务

* 本文是北京联合大学校级项目"信管专业企业资源计划（ERP）课程教学改革与实践"的阶段性成果（JJ2015Y079）。

运营以及 ERP 在企业运营管理中的实际支持提供了较早的介入学习。但是，该课程在实际教学过程也逐渐暴露出一些问题，为了解该课程的教学情况，项目组对正在学习这门课程的 2014 级学生进行了问卷调查和访谈调查。问卷调查采取匿名形式，共发放调查问卷 110 份，回收有效问卷 88 份，有效回收率为 80%。

一、研究对象与方法

（一）研究对象

管理学院 2014 级学生，3 个班级，共 110 人。其中 1 个班为本科班，30 人，2 个班为专接本班级，80 人。

（二）调查方法与内容

采用问卷调查，在 2015－2016 学年第 1 学期对正在学习 ERP 原理与应用课程的同学为研究对象，发放自行设计的调查问卷进行调查。调查问卷内容包括学生感知的课堂效果、学生感知的课程质量、学生感知的学习收获三大项内容。共设计了 20 个问题，全部是封闭性问题。封闭性问题的选项分为：非常不同意、不同意、一般、同意、非常同意，分别对应的分值为：1、2、3、4、5。采用面对面访谈的方式，随机采访了 12 名同学，对课程教学方式、改进建议、收获等方面进行了开放式数据收集。

1. 学生感知的课程质量

学生感知的课程质量是学生对课程的内容进行的综合性评价。具体评价角度包括：课程的兴趣、课程的难度、课程的信息量。问卷中对应的问题分别是：①请你对本课程的学习兴趣进行选择，包括兴趣度大小、影响课程兴趣的原因；②请你对本课程的学习难度大小进行选择；③请你对本课程的信息量进行选择，包括课堂练习数量、课后作业量、上机实践任务量、上机实践操作步骤清晰度和上机实践与理论知识的衔接。

2. 学生感知的课堂效果

学生感知的课堂教学效果是指在课堂教学中，学生对课堂教学的一种多角度评价，这种评价主要通过以下几个方面进行测量：教师的教学能力、教学方法、教学管理。问卷中对应的问题分别是：①请你对本课程教师教学能力进行综合评价，如讲授速度和节奏等；②请你对教学方法进行综合评价，如教法灵活性等方面；③请你对教学管理进行综合评价，如作业批改等。

3. 学生感知的学习收获

课程结束后，学生会对所学到的内容和所得到的收获有一个综合评价，具体包括：掌握度、考试把握度和实用性。问卷中对应的问题分别是：①对本门课程内容的掌握程度；②通过本门课程考试的信心大小；③满足对于考研、就业等方面的实际需求大小。

（三）统计分析方法

采用SPSS19.0统计软件对收集的问卷数据进行统计分析。

二、结果分析

被调查群体性别比值是男生占37.5%，女生占62.5%。可见被调查人数女生占绝大部分。专接本学生占58%，本科学生占42%。

（一）学生感知的课程质量

1. 学习兴趣度的分析

根据调查结果，对ERP课程的兴趣度均值为3.42，表明同学们对该课程的兴趣度中等。影响对该课程学习兴趣的主要原因中，课程内容和个人原因分别占比为45.45%和29.55%。

2. 课程难度的分析

15.91%的同学感觉该课程非常难和难，说明大多数同学都感觉此课程的学习难度不大。

3. 课程信息量的分析

14.76%的同学觉得该课程学习的课堂练习不能满足自己的要求，6.82%的同学觉得该课程的上机实践不能满足自己的需求，14.77%的同学觉得该课程设计的上机实践的操作步骤不够清晰，有18.18%的同学表示上机实践与理论链接不够紧密。说明大多数同学认为该课程学习的练习数量能够满足自己的需求。

（二）学生感知的课堂效果

93.18%的同学认为教授本门课程的教师的讲授速度和节奏适中，89.77%的同学认为老师讲解条理性较好，教法比较灵活，讲课通俗易懂，有一定的启发性。94.32%的同学认为该课程的作业批改认真、及时。

（三）学生感知的学习收获

89.77%的同学认为对该课程内容掌握程度比较高，仅有12.5%的同学对通过本门课程考试没有足够信心。79.54%的同学认为该门课程对就业有比较大的实际帮助。

（四）其他

同学们给该门课程的总体打分均值为 3.52，显示为中等满意。68.18% 的同学愿意选修此门课程，76.14% 的同学愿意参加此门课程的进一步高阶学习。

三、策略建议

根据对调查问卷数据的分析，结合面对面访谈的问题反馈，本课程在实际教学过程存在一些问题，如理论教学内容模块多、内容衔接不紧密、实验环节操作内容多、学生主动参与度不够等。因此，该课程可以从以下几方面进行改革。

（一）优化 ERP 课程内容模块的衔接

ERP 系统包含了企业的生产管理、销售管理、采购管理、库存管理、财务管理等模块，系统十分庞大，涉及的知识面比较宽。该课程构建的多维知识模块可以很好地容纳 ERP 系统的众多内容，但是在教学中，也易存在课程内容设置松散、模块资源整合衔接不够紧密的问题。同时教学过程中许多概念和流程的介绍相对抽象，学生容易兴趣不高，收不到好的学习效果。因此建议以一个企业实际运营流程方式进行模块化划分和整合，按照企业业务发生的前后顺序进行课程内容的衔接和介绍，让所有教学内容有清晰的业务主线；加强案例教学，增加校外实践体验等多种方式来增加在实际企业运营中 ERP 系统的真实应用体验。

（二）以角色扮演和合作模拟方式加强实验环节的参与度

目前实验依托用友 ERP 软件进行教学，可以构建一个模拟企业的运行环境。但是由于 ERP 系统功能繁多，在具体教学过程中，学生要完成一个个完整的采购管理、销售管理、库存管理、存货核算、财务会计等实验操作内容，操作内容非常多，操作步骤也相对繁杂。同时，学生只是基于流程实现对 ERP 功能模块的认知和模拟实际过程，独立完成企业全部业务的处理。而企业中各项经济事项是按时间顺序发生的，且管理软件在企业实际应用中是由不同部门、不同工作岗位协同完成的。因此，目前的实验环节无法让学生感知不同的工作角色定位，也无法感知企业不同工作之间的协同性。因此，建议将角色扮演和合作式模拟教学相结合，进行基于角色的合作式 ERP 实验课程设计方案，针对不同企业不同业务流程，让不同学生模拟企业的不同部门、工作岗位，协同完成业务处理，使学生熟悉系统的功能，体验企业员工如何在 ERP 平台上协同工作，培养学生的合作意识，让每一个学生都找到相应的"职业角色"的感觉。

 **参考文献**

［1］饶琼利，袁健雄．经管类专业开设 ERP 课程的思考［J］．实验室研究与探索，2009（11）：221-223．

［2］管银枝，蒋河生，胡津民．高职院校中 ERP 课程教学的不足及其解决方案［J］．中国职业技术教育，2011（35）：109-111．

［3］殷爱武．ERP 课程教学与实验体系的构建［J］．计算机教育，2015（3）：41-43，58．

［4］叶凤云．ERP 课程实践教学考核模式研究［J］．西部素质教育，2015（2）：32-33．

［5］王勋．经管类专业开设 ERP 课程存在的问题及对策分析［J］．科技与企业，2014（2）：248．

［6］刘秋生．"两化融合"下的 ERP 课程教学实践探索［J］．中国管理信息化，2014（13）：118-120．

校企共建电子商务概论
课程实践环节探索

◉牟　静

摘要： 电子商务的快速发展，对高校电子商务专业教学提出了更高的要求，尤其是专业课程。本文通过某公司与北京联合大学管理学院电子商务专业共同建设电子商务概论课程实践环节的整个过程，探索校企课程建设的新思路和新做法，为高校专业课程实践环节改革提供一定的参考。

关键词： 校企共建　实践内容　改革创新

电子商务的快速发展，对实践能力强的应用型人才需求量越来越大。探索实践教学方式，培养学生的电子商务运营相关技能与素养，是摆在电子商务概论课程面前的一项重要课题。应用型人才不仅要掌握专业基础知识体系，也要重点掌握专业实践技能，还要具备职业素养和能力。

校企共建课程实践环节有助于培养学生的实践能力。某公司是国内第一家专业定位于服务京东卖家的第三方运营服务商，致力于成为中国领先的电子商务解决方案及软件服务的提供商。它运作数百家国内外知名品牌，包括韩都衣舍、御泥坊、十月妈咪、水星家纺、九州鹿、西溪漫步等。运营商家月交易额突破千万元，每月保持着 200% 的增长。

一、电子商务概论实践课程模块设计

与某公司共建电子商务概论实践环节教学模块——"网店运营实战"，主要是借助企业电商运营的成功经验和技术，引入企业成功的实战经验开展课程建设，能全面与市场对接。该模块依据"立足网店运营，实施项目教学，提升实践技能，与市场同步"的理念来设计，以网店运营作为综合实践项目，将电子商务与网店运营所涉及网店的装修、网店交易、网店营销策略等内容相结合，完成学生网店运营的实际项目。

本模块是电子商务概论课程中非常重要的一个部分，以培养学生运营网店的操作技能和应用技巧能力为目的，充分利用开放的淘宝和京东平台，突出学生实践能力培养，提高工商管理大类学生的综合能力。

(一) 电子商务概论实践课程模块建设原则

1. 以企业为主导、以学校为主体

以企业为主导是课程实践环节建设须由企业提出实践环节教学模块的要求和整体构想，包括实践教学模块的目标、内容、师资等方面的建设要求。实践教学模块建设必须以企业为主导是校企共建课程的必然要求。企业有丰富的实践经验，离市场最近。以学校为主体是指课程建设必须以学生为中心，提倡在以学生为中心的学习中包含情境、协作、会话和意义构建等四大要素。

2. 以实现学生的全面发展为目标，以满足企业需求为目的

对电子商务概论课程实践环节教学模块内容进行整合，使得课程模块既能满足企业需求又能满足学生全面发展的需要。

3. 以项目为基本方式、以模块任务为基本单位

项目是一种以工作任务为中心选择、组织课程模块内容，并以完成工作任务为主要学习方式的课程模块。

(二) 电子商务概论实践课程模块教学要求

重视学生职业生涯规划和学生创业教育。为学生职业做好规划，为学生创业做好准备。无论职业规划还是创业，在教学过程中均需要强调现场教学，突出两点：一是体验，一定要学生亲自体验；二是互动，通过各种平台使教师与学生互动。

(三) 电子商务概论实践课程模块教学组织

课程组织应考虑到学生心理发展的次序，知识必须通过积极主动的活动得来，必须与经验结合在一起，在"做"中学，以问题为中心的教学非常有效。

电子商务概论实践课程模块的基础知识部分采用教师讲授+学生自学+学生讨论方式，实践操作部分采用企业教师讲解演示+学生操作方式+微信及 QQ 等线上指导，企业教师授课时采用屏幕录像专家全程录像，并上传网络学堂。方便学生后续学习。具体内容如下。

(1) 店铺定位、网店策划方案编写。

(2) 货源的选择。通过阿里巴巴或天猫供销平台等线上、线下渠道寻找货源，锻炼学生的沟通能力。

（3）注册淘宝网会员。

（4）实名认证。支付宝实名认证和开店实名认证、开通网上银行、绑定支付宝。

（5）熟悉淘宝规则，创建店铺。

（6）发布宝贝。在发布宝贝时一定要认真设置宝贝标题、宝贝图片美化、商品描述的制作、商品上传等。

（7）参加消保、缴纳保证金。

（8）店铺装修。要求学生用学过的制图软件设计首页、宝贝展示、店标、店招、公告、商品分类、促销海报、宝贝详情页面等。

（9）网店日常运营管理。主要针对商品发布、店铺的基本设置、在线客服接待、网店留言、推荐宝贝等。

（10）店内营销。淘宝旺铺促销、VIP 卡、低价券和赠送小礼品等。

（11）网店推广与营销。要求学生利用淘宝常规促销活动、使用直通车、论坛推荐会与活动赞助、友情链接和联合推广等。

（12）网店数据分析。做运营就是做数据，通过对量子恒道数据分析，可以判断网站的健康状况，可以评估运营计划执行的效果，并为企业下一步的行动提供决策依据。

（13）售后服务。能够有效处理各种售后问题、评价管理，培养与人的沟通能力。

二、电子商务概论实践课程模块教学实施

（一）按网店运营的实际流程搭建实践教学模块内容体系

1. 运用多平台促进教师与学生、学生与学生之间的交流

为拓展学生学习空间，促进学生相互交流。本课程利用网络学堂上传了企业教师网店运营视频、网店运营操作手册、课件、案例集等教学资源。具体包括：淘宝店铺运营规则和流程、淘宝店铺装修流程、爆款产品打造流程和网络推广策略、京东店铺运营规则和移动商务运营等。同时建立了微信群和 QQ 群，方便师生及学生与学生之间的交流。

2. 基于工作岗位的项目化教学，实现"教、学、做、创"一体

网店运营的典型工作岗位主要有客服、美工和运营，搭建店铺包括网店注册认证、商品图片处理等工作任务，本模块完成后，每个学生都建成了一个网店。运营网店项包括网店推广、客户管理、数据分析工作任务。这期间为部分有创业意愿和能力的学生做好了创业准备，这种基于工作岗位的项目

化教学模式实现了"教、学、做、创"一体。由于置身于真实的淘宝网店和京东网店的环境下，运营真实的网店，每个团队要面对真实的市场和竞争的压力，必须全身心地投入经营网店才能生存下去，这极大激发了学生的学习积极性。

3. 校企合作建立实践教学模块外包，实现教学过程的真实性、实践性、开放性与职业性。

首先，合作企业专业人士有丰富的网店运营实战经验，而校内专任教师普遍缺乏实际运营网店经验的情况，我们特邀请合作企业的专业人士走进课堂为学生讲授网店运营实战的具体流程，得到了学生的普遍认可，教学效果良好。其次，为学生介绍企业运营的真实案例，同时要求学生必须要在自己开设的网店进行真实的产品销售。注重过程管理。最后，聘请企业人员利用线下和线上多平台为学生网店经营项目开展实时指导。

4. 多元化的考核评价方式，保证教学质量

（二）注重过程管理，构建多维度学生考核方式

本课程的考核变传统课程以笔试为主的方式为多元化的考核方式。考核注重过程，注重实践，以准确评价学生实际学习效果为目标。网店评价与考核。对网店进行全过程评价，考核学生完成情况，在整个教学过程中，以学生自主学习为主，老师讲授为辅，引导学生如何自主学习，让学生在做中思，在思中学，通过实战操作螺旋式提升学生能力。本课程为考查课，评价内容包括网店策划方案、店名店标、店招、广告、橱窗、分类、链接、宝贝标题设置、宝贝详情页、店铺海报、店铺促销广告、整个首页、店铺宝贝展示、客户服务等。评价方式采用学生自评、同学互评、老师点评等方式。学生期末成绩由平时成绩（50%）+期末考核（50%）组成，注重过程考核和技能考核。期末考核成绩由网店经营展示及业绩（25分）和网店总结报告（25分）组成。

三、电子商务概论实践课程模块的教学成效

网店装修与运营课程基于电子商务概论课程和网店运营流程及岗位任职要求构建了一个多层次的课程模块内容体系，在教学过程中以创业为导向，以真实的网店建设与运营项目为驱动，充分利用网络虚拟技术，与企业合作较为深入，在校内为学生提供网店运营实战指导和创业实践，大大提高了学生的实践能力、就业能力和创业能力。

（一）提高学生学习兴趣，变被动学习为主动学习

本模块通过实战教学让学生掌握网店前期的策划、店铺管理、网店美工

设计、网站营销和推广、客服、会员管理、数据分析、网店运营策略等各个模块知识，让学生在"做中学"，提高了学生的学习兴趣，变以往学生被动学习为主动学习。

（二）提高了学生的实践技能，提升学生的职业素养

通过实战教学，让学生掌握了项目策划、店铺装修、网店运营与推广、数据分析等专业技能；在能力上，培养了与网店经营相关知识和技术的灵活应用能力、实践能力；在素质上，提升了学生求实、踏实、严谨、沟通、合作、诚信、职业道德和职业能力，培养适应企业需求的电子商务应用型人才。

有效地培养了学生的职业素养。学生基本具备了运营类人才所应有的职业素养：一是精于思考、勤奋踏实、注意细节、较强的团队协作意识。在经营过程中，不断学习钻研新知识新信息，及时获取最新的淘宝和京东推广产品和服务项目，并适时适量应用到自己的店铺推广中去。二是充分了解淘宝规则和京东规则。除此之外，学生还具备了客服、物流配送、美工、策划、财务等相应的技能。总之，学生在决策能力、执行能力和操作能力等方面均有所提升。

（三）促进了学生的创新创业

学生通过模块学习同时具备了创业和专业知识与技能，在教师的指导下创业的积极性和成功率有了明显提高。"网店运营与实战"针对大学生就业创业的需要，结合网上店铺创业经营的经验，以网上开店的实际操作流程为主线，穿插最新的创业知识、网络营销、销售技巧、网上支付、物流配送和客户管理等知识，指导初学者快速掌握在淘宝网上开店的流程和方法，总结了很多卖家在实际经营、营销、财务、客户服务中遇到的问题，并给出了可行的解决方法。

 **参考文献**

[1] 陈德人. 创新创业型交叉学科专业的知识化探索与社会化实践——电子商务专业人才培养及其规范性研究 [J]. 中国大学教学，2010（1）：43-45.

[2] 朱闻亚. 基于"专业—就业—创业"的电子商务专业实践教学体系研究 [J]. 中国高教研究，2012（2）：107-110.

[3] 王志刚，等. 大学生就业能力提升的路径分析——基于专业实践能力培养的视角 [J]. 中国大学教学，2013（5）：82-85.

电子商务专业综合实践课程
立体化教学资源建设

◉王晓红　李立威

摘要： 专业综合实践课程的设置及教学资源建设对电子商务专业的建设与改革，以及电子商务应用型人才的培养都至关重要。本文从教学内容、教学团队、多媒体资源、教学方法、网络学堂五个方面介绍专业综合实践课程立体化教学资源体系的建设情况。

关键词： 专业综合实践课程　立体化教学资源　电子商务专业

随着信息技术的迅猛发展及现代教育教学理念的深入人心，教学资源正从传统纸质向数字化、网络化转变，从单一纸质媒体向多媒体、多形态转变。如何在网络环境下构建课程的立体化教学资源体系已成为当前高校教育教学改革的热点问题之一。教学资源既包括教材、案例、视频、图片、课件等要素，也包括教师资源、教学方法、教具及基础设施等要素。

专业综合实践课程是为电子商务专升本学生开设的职业能力拓展课程，是实现电子商务专业培养目标和要求的重要实践教学环节。随着专业综合实践课程改革的深入开展，课程组从教学内容、多媒体资源、教学方法、教学团队、网络学堂等方面对课程的教学资源进行了全方位、立体化建设，形成了多元化的立体教学资源体系。

一、教学内容建设

教学内容是立体化教学资源建设的主体和根本，主要包括教材知识体系的建立、课后知识的拓展和网络信息资源的建设。课程组基于电子商务专业的人才培养目标及主要工作岗位需求确定专业综合实践课程的教学内容，教学内容突出电子商务行业特色，与实际岗位需求相对接。课程教学注重电子商务实际工作岗位操作能力的训练及企业实施电子商务观念的转变；注重拓宽学生的视野和知识面，培养学生的创新创业能力和可持续发展能力。课程教学内容的开发注重整体优化，突出课程的综合性、课程内容的模块化，具体内容见表1。

表1　专业综合实践课程的内容模块

课程模块	教学内容	授课形式
电子商务发展	现代电子商务发展现状；电子商务企业运营阶段；电子商务企业全业务流程	理论+实践
企业电商之路	确定 DNA，做自己的优势；定位、自营和品牌；打造团队；建立核心渠道	理论+实践
全网全程营销	网络营销工具；全程电子商务；全网电子商务	理论+实践
百度竞价推广	网站 SEO 信息查询及分析；SEO 核心操作手法；百度推广基础知识；百度推广助手使用	理论+实践
电子商务规划	电子商务实施阶段：筹备、创建和运营；运营阶段三要素：商品开发能力、客户营销能力、服务管理能力	理论+实践
电子商务系统应用	ShopEx485 电子商务平台 ECStore 电子商务台	实践

二、教学团队建设

课程教学团队建设是立体化教学资源建设的核心内容。课程组采用请进来、走出去的方式加强双师型实践课程教学团队的建设，目前校内教师团队中双师型教师的比例已达50%。

专升本电子商务专业与上海商派网络科技有限公司于2011年开始合作进行专业综合实践课程的建设。校企合作共同开发课程，不仅可以缩短学校教育与企业需求的距离，还可以为电子商务专业实践教学改革和综合改革提供保障。专业综合实践课程的教学团队由校内电子商务专业教师和企业培训教师共同组成，企业教师则由上海商派网络科技有限公司根据授课模块指派。课程主要由具有丰富电子商务系统开发、运营管理等行业经验的企业教师讲授，电子商务专业教师全程参与辅导。

三、多媒体资源建设

多媒体资源是构成立体化教学资源的骨架，是整个教学资源开发的依托，所有资源均以媒介为支撑。课程组围绕专业综合实践课程的内容体系选择多媒体教学资源，如实践平台、教材、实训指导书、多媒体课件、网络视频、案例库、博客、微信平台等，根据学生的学习需求和教师的教学要求选择多媒体教学资源并有效地辅助教学，从而为开展多元化的教与学环节提供有力的支撑。

（一）实践平台

专业综合实践课程的实践平台主要是上海商派网络科技有限公司的ECStore 在线零售系统和 ShopEx485 网上商店系统。

ECStore 在线零售系统可以帮助企业快速拓展网络销售、建立规范的电子商务业务流程、持续改善用户体验和品牌体验。ECStore 在线零售系统的前端功能主要包括搜索与导购、商品展示、购物交易、会员互动、会员服务和移动商城等；后端功能主要包括商品管理、订单管理、会员管理、促销管理、报表管理和站点管理等。

ShopEx485 网上商店系统可以帮助企业或个人更加安全和个性化地搭建网络销售平台，主要包括商品管理、订单管理、会员管理、支付和配送功能、模板管理、文章管理、统计分析、促销、搜索引擎优化等功能。

（二）实训指导书

教材及实训指导书等最基本、最具有代表性的课程资源，是体现教学内容和教学方法的知识载体，是深化教学改革、全面推进素质教育、培养应用型人才的重要保证。基于专业综合实践课程的特点及教学内容，课程组编写了《电子商务综合实践讲义》和《ShopEx485 操作说明》，具体内容见表 2 和表 3。

表 2　电子商务综合实践讲义主要内容

课程模块	主要内容
导论	任务介绍；实践平台介绍；实践环境配置
网站策划	网站建设市场分析；网站建设目的及功能定位；网站内容规划；网站产品和服务定位；网站域名设计

课程模块	主要内容
网上商城配置	商城配置；支付与货币；配送设置；地区管理；管理员和权限；图片管理
网上商城设计	模板管理；站点管理；页面管理；友情链接
商品管理与配置	商品管理；商品配置
订单管理	订单管理；售后服务管理；快递单管理
商城促销管理	促销；优惠券；赠品；推广链接
商城客户管理	会员列表；咨询评论
商城运营数据分析	营销统计；经营概况；账款统计；销售统计；会员统计
综合实例	尚书网上书城设计与实现；奢侈品网上商城设计与实现

表 3　ShopEx485 操作说明

课程模块	主要内容
商店配置	全站设置（基本设置、购物显示设置、商品图片设置）；支付管理；配送管理；管理员（管理员列表、角色管理）
会员模块	会员管理（会员管理、会员等级、会员注册项）；购买咨询（咨询列表、咨询设置）
页面模块	网站内容管理（站点栏目、文章管理、友情链接）；模板管理
商品模块	商品类型管理；商品品牌管理；商品分类管理；商品管理；前台虚拟分类
可视化编辑	设置网站 LOGO；导航栏目；动态滚动广告

（三）网络视频

课程组将事先录制好的专业综合实践课程主要内容放置在网络课程中，学生可以通过网络课程利用课余时间进一步学习掌握实际操作技能。专业综合实践课程的主要知识点录屏内容见表4。

表4　主要知识点录屏

项目名称	案例内容	主要知识点
开启个性化销售平台——独立B2C	了解电子商务发展现状	电商发展现状；主要平台年度促销活动；电商主要业务模式；ECStore实践平台
掌握开店前的准备	了解网店的基础建设工作	选定网站域名；选定网店空间；域名解析；网站ICP备案
	了解商城前后台	商城后台管理；网店运营平台；主导航菜单
百货商城的装修及布置	百货商城的编辑方式	可视化编辑；源代码编辑
	百货商城的首页装修	编辑商城首页头部板块；尾部信息板块；资讯导购板块；图片轮播板块；图片广告板块；推荐商品列表板块；商品分类板块；推荐品牌板块；推荐商品板块；热销排行榜板块；商品评论板块
百货商城的商品初始化	百货商城的商品信息设置	添加品牌；新商品类型；新商品；新商品规格；新虚拟分类
	百货商城商品的批量管理	商品的导入与导出；为商品添加水印；为商品添加标签
	百货商城页面的优化	对商品页面进行优化
商城推广与营销	百货商城的站外推广设置	SEO优化的关键词；Sitemap；异常页面管理；站点高级；商城信息SEO；文章信息SEO；友情链接
	百货商城的站内营销设置	促销活动；优惠券；添加赠品
	百货商城的会员设置	会员注册；会员群发邮件；会员等级及权限
百货商城的客户服务管理	百货商城的售前咨询	为商城添加网络即时聊天工具
	百货商城的售中订单管理	订单产生过程；订单处理
	百货商城的售后订单处理	退换货功能设置；快递单设置

ECStore 在线零售系统主要操作的录屏内容包括模板使用、网店初始设置、网店全部初始设置、增加商品品牌设置、增加商品规格设置、增加商品类型设置、增加商品分类设置、增加商品、会员管理、会员咨询评论、订单处理、快递单填写及营销内容等。

四、教学方法建设

教学方法建设是立体化教学资源建设的灵魂所在，是指教学资源应用于教学过程中所采用的教学方法和评价方法。专业综合实践课程的教学改革已基本实现教学方法的多样化，因此专业综合实践课程的教学资源也应呈现多样化，尽可能适应学生个性和学习风格的差异，为每个学生提供适用的学习材料，以便能够利用教学资源开展多种形式的教学与学习活动。

在专业综合实践课程的教学中，以提升教学效果为目的创新教学手段方法。采用企业教师授课，依托企业线上云平台紧密围绕真实电子商城的搭建开展教学，变传统的封闭式教学为开放式教学形式，充分实现课堂与实践地点的一体化。采用专业综合实践课程—毕业（论文）设计全程培养、真实电子商城教学、项目驱动等方式，变单一教学为多元学习形式，充分实现课堂与实践教学内容的一体化。

五、网络学堂建设

网络学堂是课堂教学的延伸，对课堂教学起到重要的辅助作用。利用网络学堂，教师可以为学生提供个性化的学习空间，根据学生的不同层次需求设计相应的学习内容，实现个性化教学；学生也可以根据自己的兴趣调整学习内容和进度，有意识地建构自己合理的知识结构。

基于专升本学生的特点和人才培养的需求，课程组在北京联合大学的Blackboard 网络教学管理平台上建立了专业综合实践课程的网络学堂，其主要栏目如图 1 所示。

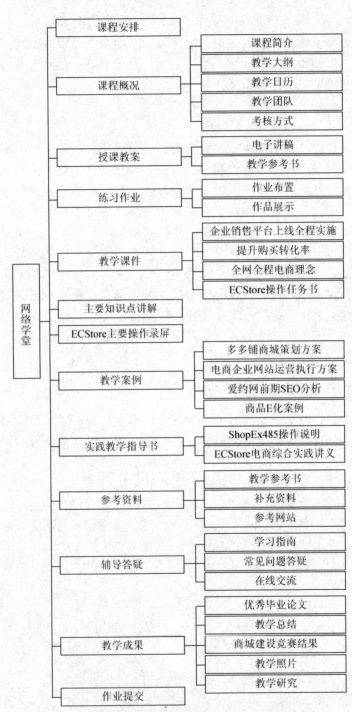

图1 专业综合实践课程网络学堂的主要栏目

经过近 5 年的探索与实践，课程组已建立了一套特色鲜明的专业综合实践课程立体教学资源体系，拓展了学生的学习空间，提高了学生自主学习能力和电子商务操作技能。课程组将根据教学实践和技术发展情况，不断优化改进现有的教学资源体系，使其更加符合电子商务专业教学的发展趋势，更加符合电子商务应用性人才培养的需要。

 **参考文献**

［1］胡钦太，杜炫杰，叶惠文．基于"多元"教学资源建设的高校计算机基础课程改革探索 ［J］．中国电化教育，2011（5）：75-78．

［2］任佳佳．电子商务综合实训课程立体化教学资源建设——以河南牧业经济学院电子商务专业为例 ［J］．河南商业高等专科学校学报，2014（3）：119-121．

［3］刘强，张阿敏，朱文球，沈智慧．计算机公共基础课程教学资源建设研究 ［J］．计算机教育，2012（17）：50-53．

［4］李延喜，宁宁，薛光．金融学课程与教学资源建设的改革与实践 ［J］．大学教育，2013（3）：48-51．

基于校企合作的信息管理与信息系统专业实践教学体系构建[*]

◉董　爽　赵森茂　于丽娟

摘要：本文首先研究信息技术迅猛发展背景下，社会对信息管理与信息系统专业人才的能力需求现状，分析面对不断创新的信息化应用领域，高校在培养应用型创新人才方面存在的不足，进而从资源整合的视角出发，研究校企合作在专业实践教学体系构建中的优势，结合本专业实践教学体系的改革实际，探索基于校企合作的专业实践教学体系构建。

关键词：信息化　资源整合　专业实践教学体系　校企合作

一、概述

云计算、大数据、互联网+等技术及商业模式正在驱动经济形态、社会生活发生巨大变化。其中，信息系统在企业发展中的支撑作用日益明显，在信息时代，信息技术的发展无疑为信息系统和信息管理（以下简称信息管理）专业的学生带来更广阔的就业空间和发展机遇。同时日新月异的信息技术、企业管理方法、商业模式，对信息管理专业大学生也提出了更高的要求，需要不断地学习新知识、新技术，然而大学里实践环节的内容和方法往往落后于IT企业的设计理念和工程化的方法。从总体情况来看，我国高等教育目前在规模上取得了跨越式的发展，然而，大而不强，多而不精，毕业生普遍存在工程意识和实践能力薄弱、创新精神不足、职业意识淡薄等问题。这些问题的解决需要建立一个系统、完善的实践教学体系，应用型人才的培养机制研究中，探索基于校企合作构建实践教学体系具有重要的意义。

* 北京联合大学教研项目：基于校企合作的信息管理与信息系统专业综合实践课程创新模式研究（JJ2015Y047）。

二、校企合作实践教学模式

校企合作是学校和企业共同参与人才培养过程的一种合作模式。它是以市场和社会需求为导向，以提升学生的综合能力为重点，依托学校和企业两种不同的教育资源，为培养应用型人才而构建的教学模式。德国、瑞士等西方国家将校企合作引入职业教育中，历史悠久。比如，德国在几百年的职业教育实践中逐渐形成以法律为基础，企业与学校联合培养的"双元制"，本着责任共担、利益共享、理实互补的原则构建校企合作机制，提高校企合作质量。我国教育部已明确要求，要积极推进学生到企业等用人单位顶岗实习，努力形成以学校为主体，企业和学校对学生共同教育、共同管理、共同培训的教学模式。近年来，校企合作在我国研究生教育、卓越培养计划、工程应用型人才培养、高职教育、创业教育、双师型教师培养等教育教学领域正发挥积极的作用。

对于信息管理专业来说，信息技术发展日新月异，信息化正在向各行业领域深度拓展，近年来，人才培养方案改革中，实践类课程学时逐渐增加。但就信息管理专业来说，学校的实践教学还普遍存在以下几方面的问题：①实践教学资源有限。现有实践教学培养的学生实践能力，与社会需求存在差距；②教师实践能力不足。信息化的迅猛发展，带来应用和开发方法的不断更迭，学校里的教师难以做到与时俱进。③实践教学内容陈旧，实践项目的选取具有局限性。

因而，以全面提升学生实践能力为导向，探索创新途径，构建系统的专业实践教学体系，对于创新创业人才培养，具有重要的现实意义。在现有的资源条件下，按照教育部的文件精神，结合国内外校企合作的成功经验，探索基于校企合作进行学校和社会企业的资源整合，将为专业实践教学体系构建提供创新的发展模式。

三、实践教学体系创新的原则和途径

实践教学体系是应用型人才培养的重要组成，其创新需要遵循以下几个原则。

（一）系统性

人才培养是一个系统性工程，而实践教学体系是人才培养系统中的一个子系统。这个子系统包含"认识实习—课程实验—课程实训—专业综合实践—毕业实习"等环节，各环节的教学内容既存在独立性，同时，相互之间又存在紧密联系。实践教学体系的构建要本着培养专业人才的系统目标，充分考虑学生的实践能力形成规律，进行整体规划，再到具体设计。

（二）连贯性

专业实践体系不仅要注重与专业课的理论和实践，注重实践各环节中对实践能力培养的连贯，而且，还要以学生的职业发展为中心，制订满足学生更个性化需求的多样化专业实践方案。从专业入门到就业的最后一里路，帮助学生做好从学校到社会的无缝对接。

（三）实践性

专业实践教学内容要来源于实践，按照企业实践的要求培养学生。真实的实践环境、来源于实际的项目需求、实际的开发方法和项目管理过程，能够使学生在实践学习中了解实际工作的能力需求，主动建立起知识网络，迅速弥补专业知识和技能的不足，从而积极学习和锻炼，提升实践能力。

（四）共赢性

经过调研，发现学生对了解企业文化、了解企业需求、提升自身实践能力有强烈的需求。而且，与信息管理专业相关的很多企业也有强烈的与学校合作的愿望，他们主要在项目研发、对口人才培养、技术经验输出等方面希望与学校建立长期共赢的合作关系。学校迫切希望借助企业资源，提升学生实践能力，从而提高人才培养质量。因而，"学生—企业—学校"三方共赢，合作创造价值，是校企合作长效运行的根本。

基于上述原则，学院与各专业相关企业进行沟通协作，在互信、共赢基础上搭建校企合作平台，建立长效机制，与企业开展定期交流和全方位合作，并根据企业的资源和能力，选择部分企业与学校共建校企合作基地。校企合作促进资源配置与共享，为专业实践教学体系的构建与创新提供充分的资源保障。

四、基于校企合作的信息管理专业实践教学体系构建

随着信息化在各行各业的广泛应用，我们长期以来通过进行企业人才需求调研、搭建校企合作平台、组织教师参加企业实践、教学改革研究等多种渠道和方式，逐步建立和完善以提升学生创新创业实践能力为目标的实践教学体系。按照学生的学习规律，专业实践教学体系主要包括：认识实习—课程实验—课程实训—专业综合实践—毕业实习等环节。其中，课程的实验和实训内容相对完善，在专业实践教学体系的构建中，我们着重建设了"认识实习"和"专业综合实践"两个环节。

（一）认识实习创新

认识实习安排在第四学期暑假，学生刚刚接触到专业课，对本专业在社会的应用领域、专业发展趋势、与专业相关的知识和需要具备的职业能力等没有系统的了解，往往因为无法建立起专业的知识框架，以致对接下来的专业课学习失去兴趣，或者对未来产生迷茫。为了充分利用认识实习的实践机会，为接下来的专业课学习以及培养创新创业实践能力打下坚实的基础，我们与企业一起，依托"认识实习"教学大纲和企业所具有的资源，共同制订了企业认识实习方案。方案包括行业知识、职业素质、专业技能、创新创业四个模块。其中，行业知识涉及大数据与云计算、信息管理系统（SAP）、电子商务、智能交通等信息化前沿发展；职业素质涉及时间管理、团队共识、职业规划等内容；专业技能则以企业案例带学生了解信息系统的开发过程和方法；以生动的案例和讲座激发学生的创新创业热情。方案整合了企业多年来积累的行业发展研究报告、项目实施案例，以及具有丰富项目经验的专业技术人员等资源，每一个模块都设计了学生的实践参与环节。通过"认识实习"，学生开阔了专业视野，提升了专业技能，激发了创新创业热情，为后续的课程学习打下良好的基础。

（二）专业综合实践创新

云计算促进了 IT 产业的产业结构调整和专业分工，云计算模式越来越成为企业信息系统，尤其是中小企业信息系统的最佳选择。我们通过校企合作，借助合作企业的资源，将行业龙头企业的开发平台引入专业综合实践的教学中，构建了"金融、CRM、电子商务、移动商务"等实践教学模块。

在信息管理专业的专业综合实践教学改革中，校企合作不但为学生实践提供了先进的开发平台，而且，在实践教学模块设计、实践教学案例引入、实践教学指导等方面都给予了积极的支持。我们结合专业综合实践课的教学目标，基于学生的能力和企业项目资源，与企业专家共同进行教学模块设计，引入学生可接受的具有典型特点的企业实际案例，聘请企业专业技术人员与教师共同指导实践课程教学，同时也给予学生创新创业指导，在培养学生实践能力和创新创业方面达到较好的效果。

（三）以比赛和实习等多种形式，提升学生创新创业和实践能力

在"认识实习—课程实验—课程实训—专业综合实践—毕业实习"这一套完整的实践教学体系中，将鼓励学生实习和引导学生参加"挑战杯""电子商务三创赛""全国服务外包大赛"和假期实践等作为重要建设内容。本着利益共享、理实互补的原则搭建校企合作平台，建设校外实习基地，在以下几方面促进学生创新创业和实践能力的提升：

充分利用校企合作资源，请企业专家对学生进行创新创业和参加各类比赛的指导。

针对低年级学生，根据企业能力和学生兴趣，择优推荐学生参加企业实习。

对于毕业班学生，将合作企业引入专业综合实践教学中，通过实践教学，增进企业和学生的相互了解和沟通，双向选择，为学生提供实习岗位。

五、结束语

在校企合作基础上，进行信息管理专业实践教学体系构建及创新，实现了资源和能力的优化配置。随着专业实践教学体系的完善，学生实践能力得到提升。同时，也为企业与学生之间搭建了双向选择的平台，企业有机会按照自己的需要培养和选择人才。创新过程中，逐步建立起一支具有较高实践能力的指导教师队伍。带学生参加认识实习、企业实践，提高了教师的实践教学能力。同时，聘请了一批企业专业技术人员指导实践教学，强化了实践教学的师资力量，从而借助企业的技术和人力资源，应用型人才培养能力显著提高。从信息管理专业实践教学体系实施的效果来看，基于校企合作的实践模式创新实现了"学生—企业—学校"三方共赢，合作创造价值。

 参考文献

[1] 宗慧．基于校企合作的软件人才培养实践教学模式研究 [J]．长沙大学学报，2015（2）．

[2] 华小洋，王文奎，蒋胜永．校企合作培养工程应用型人才相关问题研究 [J]．高等工程教育研究，2013（1）．

[3] 王志宏．基于校企合作的双师型教师队伍建设模式研究 [J]．长春工程学院学报：社会科学版，2015（1）．

[4] 吴全全．德国、瑞士职业教育校企合作的特色及启示 [J]．中国职业技术教育，2011（27）．

[5] 潘红霞，施佩娟，张苏苹．内外兼修构筑校企紧密合作的运行机制 [J]．上海城市管理，2015（2）．

[6] 赵晓祥．校企联合实践基地建设对全日制专业学位硕士培养的探讨 [J]．大学教育，2013（23）．

[7] 赵春锋．构建开放实践教学体系培养工程人才 [J]．实验室研究与探索，2015（2）．

[8] 王秀友．面向工科的信息管理与信息系统专业人才培养体系的创新研究 [J]．计算机教育，2015（11）．

开设校级公选课的体会及几点思考

——以经济学基础为例

◉ 胡艳君

摘要：为适应新时期对人才培养的需求，目前本科教育正逐渐向拓宽基础、强化素质、培养通识人才的宽口径教育新体系发展，作为该体系重要组成部分的校级公选课，包括课程建设、教师申报课程、学生选课、教学效果和质量等方面与其重要性相比，都存在不少问题和差距。本文从作者开设公选课的切身体会出发，在分析问题的基础上，提出对校级公选课建设和管理的几点思考。

关键词：公选课　思考　经济学基础

大学教育应该是专业教育还是通识教育，如何处理好二者之间的关系？这个问题在高等本科教育的发展过程中一直是一个有争议的问题，但是从西方国家本科教育的理念、经验以及近年来我国越来越多的大学倾向于重视通识教育的趋势来看，越来越多的人认同通识教育，正如复旦大学高等教育研究所所长熊庆年教授所说："我国内地大学通识教育的使命有更多的承载，这就是：回归大学教育的本然价值，克服狭隘功利主义的弊端，冲破过度分割的专业壁垒，消除应试教育的不良影响，从而培养心智健全、素养深厚、视野开阔、知识贯通、善于学习、勇于创新的专门人才。"2014 年，清华大学发布了《清华大学关于全面深化教育教学改革的若干意见》，这座百年名校在教育教学方面启动重大改革——压缩本科生专业必修课，大力提高通识课质量，并安排教授岗专门打造高水平通识课程。而我校在 2015 版本科专业培养方案制订过程中，要求大幅度提高任选课的比重也标志着我校在加强本科通识教育方面迈出了重要的一步。

要真正贯彻"厚基础、宽口径、重能力、求创新"的教学理念，就需要构建科学灵活的通识课程体系，而校级公选课就是该课程体系的重要组成部分。目前我校校级公选课的开设有哪些值得肯定的做法？存在哪些问题？该如何改进？笔者将以自己开设校级公选课"经济学基础"的切身体会，对这些问题做一些探讨，可能未必全面，仅供大家参考。

一、近两年开设校级公选课的一些体会

（一）一些值得肯定的做法

从近两年开设两次"经济学基础"的情况看，关于校级公选课的相关规定有两点值得肯定：第一，开学有两周的试听环节。如果学生试听不满意、不感兴趣，可以退选该门课程。这样在很大程度上可以提高学生的满意度，使他们有更多机会选到自己真正感兴趣的课程。第二，根据老师的要求限定选课人数。从其他一些高校反映的问题以及笔者大学时上校级公选课的经历看，常常是几百人的课堂（尤其是人文社科类的课程），听课的效果可想而知。而我校的公选课在申报时，学院教科办都会征求开课教师的意见，设定报名该门课程学生人数的上限。从"经济学基础"申报40人为上限的情况看，上课的效果比较好。

（二）存在的问题

尽管有些方面做得不错，但在校级公选课的申报、教师教学、学生选课、听课、课程考核、学校监督管理等方面还是存在不少问题。主要有以下几方面。

1. 教师方面

第一，教师开设公选课的积极性不高。从每学期申报校级公选课的情况看，教师申报的积极性不高。以工商系为例，主动申报的老师很少，最后只有通过几个途径完成学院的申报任务：第一种方式：强行摊派，要求每个教研室必须报1门；第二种方式：找上课任务少、额定工作量不足的老师承担，如一些刚刚参加工作的年轻老师；第三种方式：找一些比较好说话的老师做工作勉为其难申报。大家积极性不高的原因主要有以下几个方面：一是公选课的时间一般安排在晚上，上课效果相对比较差；二是校级公选课的对象是全校不同学院、不同专业的学生，任课教师需要重新设计教学内容，相当于重新准备一门新课，需要付出相当的时间和精力；三是缺乏相应的激励机制。尽管目前开设校级公选课学院会有少量的补贴，但是似乎没有起到太大的激励作用。作为通识教育课程体系的重要组成部分，鉴于公选课的基础性、趣味性以及前沿性，这些课程本来应该是由资历比较深、经验丰富的优秀教师

来承担，但是从目前情况看并非如此。仅从开设校级公选课的教师的职称来看，以管理学院为例，从 2015－2016 学年第二学期批准开设的通识教育选修课程名单（见表1）来看，共申报了 13 门课程，主讲教师为教授职称的仅 1 人，占 7.7%，而中级职称的教师为 5 人，占 38.5%。

表1　北京联合大学 2015－2016 学年第二学期批准开设的
通识教育选修课程名单（管理学院）

序号	课程名称	课程类别	学分	学时	教师姓名	主讲教师职称	是否新开
1	中小企业网络架构设计与实施	自然科学类	2	32	郭峰	实验师	否
2	现代企业办公之VBA 程序设计	自然科学类	2	32	王耀	高级实验师	否
3	市场营销	社会科学类	2	32	张选伟	讲师	否
4	管理学原理	社会科学类	2	32	温强	副教授	否
5	经济学基础	社会科学类	2	32	胡艳君	副教授	否
6	知识产权管理	社会科学类	2	32	钟礼松	讲师	否
7	企业战略管理	社会科学类	2	32	陈俊荣	讲师	否
8	证券投资学	社会科学类	2	32	杨泽云	讲师	否
9	金融投资与理财规划	社会科学类	2	32	张峰	副教授	否
10	金融与社会	社会科学类	2	32	陈岩	副教授	否
11	走进财务世界	社会科学类	2	32	徐鲲	副教授	否
12	英语词汇与西方文化	沟通交流类	2	32	董焱	教授	否
13	移动商务	社会科学类	2	32	李立威	副教授	是

第二，课程名称和内容的设计针对性不强。正像熊庆年教授所说，要建设高质量的通识教育课程。所以通识课程不能搞成入门课、快餐课、加餐课、拼盘课、娱乐课。要建立课程标准，并有一套办法，防止因院系分别开设而导致教学质量难以控制。因此，无论是课程名称还是课程内容的设计都不能为了迎合学生而一味追求"新""奇"，而要使课程具有通用性、前瞻性，要做理论性探索，同时也要有学术型研究的要素。以"经济学基础"为例，目前还没有形成系统的专门针对校级公选课的内容设计，而只是做了专业教学内容上的删减。

第三，考核制度不严格。校级公选课的考核方式不做特殊规定，比较灵活，都由任课教师自行安排。大多数公选课都会选择相对宽松的考核方式，如写课程论文、开卷考试等，因此在学生看来，公选课不需要付出太多时间和精力就可以轻松拿到学分，而且校级公选课是不计算绩点的，通过就可以了，这也导致学生对公选课不够重视，直接影响了学习效果。以"经济学基础"为例，对学生的考核重视过程管理，对考勤要求比较严格，但也出现有的学生平时缺勤严重，期末交一篇论文想浑水摸鱼通过的情况。

第四，教学质量不高。教师投入精力少，学生不重视，学校相关管理部门也没有给予校级公选课足够的投入和监督，导致教学质量不高。从学生对教师教学的评价可以在一定程度上说明这个问题。以"经济学基础"为例，学生对任课教师的评价打分要低于管理学院学生对经济学课程的评价。

2. 学生方面

第一，选课具有盲目性、功利性。学生在选课方面有两个特点：一是盲目。不知道哪些是自己感兴趣的，哪些是对自己有用的，选听起来好玩的、新颖的。二是功利性强。表现为只要能轻松通过拿到学分就可以。在"经济学基础"选修课上，有1名管理学院的学生，该学生之前已经修过"宏观经济学"和"微观经济学"，选这个课显然是为了学分。当然，这也反映出学校在选课规定上的一些漏洞，根据京联教办〔2003〕46号《校本部公共选修课管理办法》公共选修课的学分要求，本科生毕业时应修满至少10个学分的公共选修课程，最低学分要求见表2，"经济学基础"属于经济管理类课程，管理学院的学生应该不允许选这类课程，但是有学生选成功了。究其原因，是因为管理办法中规定的四类课程是：人文社科类、经济管理类、科技类和其他类，而教师在申报公选课时，课程类别是自然科学类、社会科学类、人文和艺术类、沟通交流类等四类，二者是不一致的，而这四类课程任何专业的学生都是可以选的。

表2　校本部本科生公共选修课最低学分要求

课程类别 学科类别	A类 （人文社科类）	B类 （经济管理类）	C类 （科技类）	D类 （其他类）
工学	6学分	2学分	2学分	
管理学	6学分	—	4学分	

第二，部分学生上课的积极性不高。由于有一些学生选课是为了拿学分，所以就存在逃课、上课不认真听讲、做自己的事（写其他课的作业、复习英

语等）等现象。从"经济学基础"课堂纪律看，大多数学生上课积极性还是比较高的，有些同学表现出对经济学浓厚的兴趣，但是也存在上述懒散的情况。

3. 学校监督管理方面

从学校监督管理方面来看，存在几方面的问题：第一，对公选课投入不足，重视不够。表现在经费投入少、对所申报课程的审核流于形式、任课教师资格的认定没有相应的规定和程序等。第二，对公选课没有相应的监督和评估机制。表现在督导专家很少听公选课，很少专门组织学生进行座谈，听取他们对公选课任课教师教学相关问题的评价和反馈。

二、提高校级公选课教学质量和管理水平的几点思考

（一）健全开课激励机制，提高教师开设公选课的积极性

针对教师开设公选课积极性不高的问题，学校应该采取一些相应的措施。主要包括：第一，提高课时津贴，保证公选课课时津贴独立兑现；第二，对于深受学生喜爱、评价高的课程，给予相关教师专门的课程建设基金资助，将公选课课程建设纳入学校整体课程建设规划，以鼓励更多的教师参与到公选课的教学中；第三，鼓励名师、教授开设公选课，并在学校各类评优评奖中充分体现公选课教学的重要性。

（二）指导学生进行选课，对学生选课资格做出详细规定，提高选课质量

在公选课选择之前，学校或学院将每门公选课的教学大纲、授课内容等基本信息在网上公开，或者可以发布包括以上内容的《公选课指南》，让学生对课程提前有充分的了解。此外，辅导员、班主任和学生导师等可以结合学生专业特点、知识结构对公选课的选择进行引导，提高学生选课质量。另外，学校相关部门一定要对学生的选课资格做出严格的规定，尽可能避免学生钻空子，减少类似于管理学院的学生选经济学基础这门课情况的出现。

（三）加强公选课监督管理，提高教学质量

加强公选课的监督管理包括以下几个方面：第一，对于公选课的申报进行严格的审核，包括教学大纲、教学内容的设计等；第二，对于公选课任课教师资格做出相应的规定；第三，组织督导专家进行听课；第四，组织学生进行座谈或者发放调查问卷，了解学生的需求以及对相关教师和学校管理部门的意见和建议。通过采取切实可行的措施提高公选课的教学质量。

 **参考文献**

[1] 刘昆仑，赵妍. 改善高等学校公选课教学质量的思考 [J]. 中国西部科技，2012（3）：86-87.

[2] 刘炫. 高校公选课《行为经济学》多元化教学模式的探索 [J]. 科技视界，2016（1）：173-195.

[3] 刘勇兵，袁桅. 高校公选课建设路径探析 [J]. 黑龙江教育：高教研究与评估，2014（10）：24-26.

[4] 李晓琼，郭文锋. 高校公选课教学及管理中存在的问题及对策分析 [J]. 大学教育，2015（2）：179-180.

[5] 张国政. 高校公选课中的问题及对策分析——以河南财经政法大学为例 [J]. 河南科技，2013（4）：235-237.

[6] 熊豪. 高校经济类公选课教学内容专题化探讨 [J]. 文学教育，2014（10）：146-147.

[7] 王凤京，于汐. 工科高校综合性经济类公选课设置研究 [J]. 金融教育研究，2014（6）：81-85.

[8] 熊庆年. 通识教育的理念与实践 [N]. 中国教育报，2014-09-15.

基于多维特性分析的个性化教学方案设计途径

——以多媒体技术与应用课程为例

●任广文

摘要：本文针对当前应用型本科院校经管类专业培养个性化实践创新型人才的目标，以多媒体技术与应用课程为例，在总结教学经验的同时，提出了多维特性分析法，即对于相关主体或对象的特性进行分析，并在分析的基础上，讨论各种特性之间的相互关系，区分特性之间的关系类型，对其中的冲突关系和一致关系做出不同的应对策略，特别是针对对象间的特性一致关系，可以有创意地设计出同时满足不同主体和对象特殊需求的教学方法。本文还同时提炼了特性分析的程式化流程。

关键词：特性分析　个性化　创新能力　多媒体技术　应用型本科

一、问题的提出

如何培养学生的自主学习能力，培养学生的创新能力，培养学生的实际操作能力，成为个性化发展的实践创新型人才，是每个课程需要在细节上考虑的问题。但是，在教学实践中，发现要实现这一目标，并不容易。结合具体课程多媒体技术与应用，仅仅就提高教学效果，引入个性发展和实践创新元素，就可能有许多新老问题。比如：①课程的内容结构如何体现应用型的问题，理论与实践的比例与深度怎样控制适度的问题，实践形式怎样更有效问题，实践创新能力问题；②课程的难度和广度都很大，课程的内容与学生基础和接受能力差异的问题，理论内容到什么深度问题，实践部分扩展到什么广度的问题；③学生的学习习惯与对课程的兴趣问题，怎样更大地调动学生的积极性，怎样引导学生的个性发挥，怎样启发学生的创新兴趣，等等。如果不停顿地罗列下去，可能列出更长的清单。对待来自不同主体的特性需求，如果我们单个地逐一考察并设计解决方案，不仅容易效率低，也可能顾此失彼。如何通过一种思维方式和具体方法，尽量兼顾多维度的特性需求，既快捷又比较全面地发现"改进点"，就是本文要讨论的问题。

本文的基本思路是从多个维度考察相关对象的特性、个性、特殊要求等，并从横向和纵向平面化考察这些特性的一致性和冲突性，而非逐一线性化地考察各个问题，通过提取多维度中存在的一致特性和冲突特性找到当前最需要改进的"改进点"设计改进方案。这样表述比较抽象，下面以一个具体课程为例说明。

下面就是以多媒体技术与应用课程为例从相关主体或对象的个性需求，逐步分析该课程相关主体和对象所具有的各种特殊性。

二、多媒体技术与应用课程相关主体对象特性分析

与多媒体技术与应用课程相关的主体或对象可罗列如下：①学校或专业；②课程自身；③学生；④教师。为以后的特性分析以及寻找特性关系做准备，首先要对各个相关主体和对象做出列举。

（一）课程开设学校与专业特性分析

课程开设学校为北京联合大学管理学院，属于北京地区二类本科高校，定位为应用型大学，学院设经管类三个系（即工商管理系、金融会计系、信息管理与电子商务系）。其教育主旨为"学以致用"，为北京地区以及相关地区培养应用型人才为其目标之一，管理学院提出基于学生个性化发展的实践创新型人才培养改革创新理念。

第一个相关主体"学校"的特性（特殊需求）就是其目标和理念："个性化""实践创新"，还有"提高教学效果"。

（二）多媒体技术与应用课程自身的特性分析

多媒体课程与应用课程对于经管类各个专业都有非常实用的意义，在非核心课程中非常具有代表性。

以下是该课程所具有的主要特性。

自身的基础理论部分有很成熟的部分，但是也有发展中的部分。

课程主题单一，但是相关学科较多，比如声学、色彩学、计算机与通信技术、压缩技术与高等数学等，这部分内容不仅难度大，甚至超出目前经管类大学生所学的数学范围，比如傅立叶变换、小波变换。

枯燥与活泼并存：理论部分枯燥难懂，需要非常耐心地学习才能理解，而课程的应用部分又具有较强的娱乐性、观赏性和艺术性等特点，为学生所喜闻乐见。

相关的软件既有成熟经典的，又存在多种繁杂现象，数量较大又层出不穷，不可能面面俱到，需要有层次有重点地对待。

第二个相关主体"课程"自身的特性，就是这个分析过程不求全面，但是当前主要的不能遗漏。

（三）在校学生特性分析

北京联合大学的学生在社会上有"聪明但贪玩"评价。根据唐少清、刘春林等对北京联合大学在校学生做的系统的专门研究，提出北京联合大学在校学生的特点如下。

个性突出，自主意识强，成绩不大好，但人际交往能力强，部分同学多才多艺，视野开阔，喜欢参加各项活动；

组织性纪律性较差，大多因为缺少正向鼓励；

缺乏良好的学习习惯和学习方法；

对老师要求很高，对自己要求不高，不够刻苦；

理论学习比较困难，喜欢案例教学和比较直观的知识学习；

自卑感强，因为从小在非重点学校读书。

第三个主体（也可称为对象）"学生"的特点分析也如上述所列，分析过程要求主要的特性不要遗漏，特别是具体学校的学生特点要尽量深度挖掘，其个性偏爱等要尽量罗列。

（四）教师特点

在这里仅对教师特点做比较梗概的分析，就多媒体技术与应用课程教师的特点来说，有如下特点。

比较丰富的技术背景和宽泛的知识结构；

有比较丰富的教学经验及与学生有良好的沟通能力；

关爱学生，能听取学生的意见和建议；

对新技术具有较好的学习能力；

对教育改革和创新有积极性和自主性。

第四个主体"教师"的特性分析如上，可能不同教师有差异，但是其主要特性要提到。

三、多媒体技术与应用课程个性化设计

通过上述分析，可以把学校、课程、学生以及教师的主要特性经过提炼列表如下（尽量简明，以单词或短语表达；教师作为设计者，没有列入）：

表1 多媒体技术与应用课程相关主体与对象特性列表

编号	主体与对象	特　　性
1	学校：北京联合大学管理学院	应用型，个性化，实践创新
2	课程多媒体技术与应用	理论与实践并重，软件众多，成熟与发展，娱乐性，多样性，趣味性，枯燥性
3	在校学生	入学成绩低，学习习惯差，活跃好动，个性化，眼界开阔，游戏精神，快乐学习，个性强，纪律较差，上网多，爱玩

（一）理论课程内容的设计

经过分析得到的各个对象的特殊性，发现在特性的相互关系上存在这种现象：从单一的一个主体或对象内部看是相互冲突的关系，比如课程自身理论与实践的不同，枯燥与活泼的两极，单一主题与太多相关共存，经典软件较少和多如牛毛的各种软件，等等；从不同主体或对象的来看，即多维度考查，有许多的特性却是一致的，比如课程的娱乐性、艺术性，与学生的游戏偏好和快乐学习的需求以及学生个性化倾向的一致。再比如软件众多与学生兴趣广泛和喜爱上网的一致性等。

通过对于这两种关系的处理，并考虑课程所在学校和专业的特点，形成了如下设计思路和策略。

理论够用即可，尽量深入浅出。把比较难的相关学科的内容尽量用比较通俗的方式表述，例如对感知媒体的声音与色彩等内容尽量通俗讲解，对于数字化和编码等核心内容突出解释清楚，把较难的压缩算法有限度地举例介绍，把各种标准尽量实例化介绍。

经典软件由教师引领，繁多的网上软件交给同学自己探索。因为多媒体技术涉及的软件太多，不下几十种，在众多的软件中教师主讲的软件要经典并做主要操作和演示。

为了鼓励同学的参与，鼓励同学用小型演讲的方式介绍自己熟悉的软件。课后作业也引入讨论及演讲等活泼的方式。

对于教材内的内容，有剪裁有重点地讲解，但是对于多媒体实践需要的相关内容要有所扩展。比如，多媒体技术应用过程中经常要用到美学知识，可适度增加美学方面的内容。另外，对于金融和工商管理专业介绍简单实用的软件，典型例子是录屏软件，该软件对于许多实用的过程演示和写实型展示具有简单而实用的特点。

以上过程可以看出，对特性之间的冲突关系尽量采取折中化解的策略。

（二）实践内容的设计

在实验（或者实践课程）内容方面，尽量用学生喜闻乐见的方式。传统教材大多采取的是较为程式化的操作流程，用固定素材，走固定过程，得到固定结果。现在代之以个性化较强的方式，即引入学生或小组独特的选材和制作方式。下面是一些具体实例。

音乐 PPT 与 MV 的制作：选择自己最喜爱的歌曲或音乐，为其配图片并制作成音乐 PPT 和 MV。因为自由选择自己喜爱的音乐，所以制作过程具有个性体现和自我表达的个性化体现。

录音与音频编辑：选择每个同学自己喜欢的作品，做朗读录音，如果是来自有地方话地区的同学，还可以用自己独特的口音来朗读录音，介绍自己的地方风情，不仅提升实验课程的参与感、自豪感，也提升了趣味性。

艺术照片制作，选取自己或家人的照片做独创或模仿的艺术照片的制作。

微电影拍摄，通过集体共同参与的一个微电影的拍摄和后期制作，全面实现了关于视频的所有主要操作并通过任务驱动全面锻炼学生的整体操作能力。

还有其他方式的多媒体应用实例不再一一罗列。

以上所表述的课程设计，体现了尽量充分利用散落于不同主体与对象的特性之间存在一致性，如多媒体技术与应用课程自身的娱乐性和活泼特性，学生对于娱乐元素、游戏元素、体验元素等快乐学习的偏爱，以及应用型大学对于操作能力追求等存在一致性。

（三）特性分析的流程

多媒体技术与应用相关主体与对象的特性分析过程，可以经过提炼形成比较程式化的流程。以下提出一个参考流程。

步骤 1：罗列课程相关的各个主体或对象，尽量全面。

步骤 2：罗列各个主体与对象的特性、个性等，不一定全面，但一定要突出重点。要求次要的特性不求全，主要的特性求不缺。

步骤 3：选择适合的方式，比如用表格、关键词、词组、短语等把特性表述出来。尽量短小简练，不求表述精确全面，能理解即可。

步骤 4：寻找反义词或类似反义词的关键词语，用连线连接，形成冲突性特性组（比如可以红色笔做连线）。

步骤 5：寻找同义词或类似同义词的关键词语，用连线连接，形成一致性特性组（比如可以用蓝色比作连线）。

步骤6：对于各个连线对应的特性组，分别设计相应的教学方案和教学方法（比如课程的娱乐性、艺术性和学生的个性追求，快乐学习的需求等特点的一致）。

以上过程，可以浓缩为三个字，即"列、连、创"，分别对应：列表，即步骤1、步骤2和步骤3；连线，即步骤4和步骤5；创意，即步骤6。对于最后的一步，主要是尽量有创意，这一点没有固定程式可言，同时也是一个可以进一步研究和探讨的内容。

本文在研究冲突性特性关系和一致性特性关系的时候，几乎没有花文字说明这两种之外的特性关系，这不是说不存在这两者之外的弱相关关系（可以把冲突和一致称为强相关关系），而是从实用角度看，这两种关系更加需要关心，更具备创意的空间和机会。

四、结语

以上是通过多媒体技术与应用的课程设计这一实例，表述了通过特性分析，找出冲突性特性和一致性特性，然后用特性分析来指引出课程的"改进点"，"改进点"可以是教学内容，也可以是教学方法，还可以是作业等方面。从教学实践效果看，其正面效果又相当明显，当然也还有许多进一步改进的地方。

通过改进的实践，初步有了一定的成果与效果：①积累了一定数量的学生作品光盘集，实践指导样例等；②学生的参与积极性高，课堂更为活泼热烈；③学生的课堂纪律更好，相对以前迟到早退的很少；④师生交流更顺畅，学生更愿意交流，课堂互动明显增多。还有其他无形的效果，比如学生的个性得到舒展，创造性得到发挥，实践能力和处理问题的能力通过任务驱动有更多提升，这些效果在观看学生作品后就会有所感受。

如果设想把现有的课程设计做循环优化，同时注意积累学生的作品形成作品库，让每一届同学从中学习借鉴提高，这些创意创新能力和实践能力的积累，对于学生各种科技活动、科技大赛以及创新能力的培养都会有益处。从长期看，对于学生创新意识的培养，对于个性化的形成和操作能力的习得，都将起到培育的作用。

📖 **参考文献**

[1] 唐少情，刘春玲，孙鸿飞. 基于学生特点的教学模式探索 [J]. 中国大学教育，2010（9）：20-22.

[2] 王婧. 关于提高大学生动手实践能力的研究 [J]. 网络财富，2010

（8）：14-15.

[3] 王美丽. 多媒体技术与应用课程教学方法改革探析 [J]. 黑龙江教育，2014，2（1092）：37-39.

[4] 叶含笑，江一法. 多媒体技术及应用课程多学科交叉融合教学 [J]. 计算机教育，2014，3（6）：84-86.

[5] 杨剑宁，蔺坤. 多媒体技术及应用课程实验教学探索——以云南师范大学商学院为例 [J]. 计算机光盘软件与应用，2013（2）：197-198.

[6] 陈婕.《多媒体技术及应用》实验课程教学改革探索与研究 [J]. 湖北经济学院学报：人文社科版，2013，11：159-160

[7] 岳红原. 应用型本科教学中的多媒体技术课程探索 [J]. 中国教育技术装备，2014（24）：119.

[8] 陈建娇. 高等学校多媒体技术及应用课程的教学探索与思考 [J]. 科技信息，2012（5）：252-253.

第三部分

教学方法改革与教学环境改善

移动通信技术对高等教育及
实验教学的影响

◉董　焱

摘要：移动通信技术的兴起，对社会文化乃至教育都产生了深刻的影响，本文分析了基于移动通信技术的移动学习在高等教育中应用的主要特点，具体探讨了移动学习环境下的高校教学新模式，包括在教师、学生、课程、方法、目的、反馈、环境等要素方面所产生的变革，同时也研究了经管类实验教学应用移动通信技术深化改革的具体做法和实施方案。

关键词：移动通信技术　移动学习　高等教育　教学模式　实验教学

一、移动通信技术及其对社会文化的影响

近期，国内外信息技术值得关注的主要方面是移动通信技术特别是手机的广泛普及。根据中国互联网络信息中心（CNNIC）的调查："截至 2015 年 12 月，中国手机网民规模达 6.20 亿元，较 2014 年年底增加 6 303 万人。网民中使用手机上网人群占比由 2014 年的 85.8% 提升至 90.1%。""手机不断挤占其他个人上网设备的使用。移动互联网塑造了全新的社会生活形态，潜移默化地改变着移动网民的日常生活。新增网民最主要的上网设备是手机，使用率为 71.5%，手机是带动网民规模增长的主要设备。"

可以讲，以手机为代表的移动通信技术及信息处理装置，将日益普及并对社会文化的方方面面产生革命性的影响，手机重新整合了人们的资源和时间，改变了娱乐、教育和商业方式，塑造了手机依赖性的人格和公众文化形态。

二、基于移动通信的移动学习在高等教育中的应用

移动通信技术的发展和移动应用的普及也影响到高等教育领域，其主要

表现是高校学生更频繁地使用智能手机和平板电脑等便携式信息设备进行移动学习。

移动学习，是利用无线设备、通过无线移动通信技术和网络互联技术不受时间和地点限制，自由地获取学习内容和资源及学习服务的一种全新的在线学习形式。

移动学习与传统学习不同，主要有以下特点：①移动性。学习者不需要固定时空，可随时随地学习，学习者和学习资源都是移动的。②便携性。基于网络云存储技术以数字媒体形式存在的学习资源可通过便携终端学习。③交互性。移动学习具有双向交互性，可进行生师、生生的双向交流。④即时性。学生可以即时获取信息，表达和分享自己的观点，教师可以即时进行指导。⑤广泛性。高校学生获取的教学资源突破校际甚至国界限制，获取教学资源。⑥微型化。移动学习是利用碎片化时间学习，比传统学习方式时间短，知识传递效率高，因此学习材料必须微型化。⑦非线性。移动学习相比传统学习，系统性的线性学习减弱，利用网络材料链接的关联性开展非线性学习。

三、移动学习环境下的高校教学新模式

我们可以将教学要素归纳为七大项：教师、学生、课程、方法、目的、反馈、环境。在移动学习环境下，高等教育模式将发生根本性的革命，具体表现如下。

（一）教师

①教师可通过移动交互技术，实现学习地点整合，突破教室的物理时空限制，组织教学；②教师通过移动终端等，组织、发送教学材料，引导学生开展交互式学习；③通过移动教学管理平台，实现学生签到、考勤、成绩登录、学习效果评价等教学管理活动；④通过移动应用，教师发布微博、微信等网文，对教学进行反思；⑤教师可通过移动学习发展自身的专业能力。

（二）学生

在移动学习环境下，学生通过短信息、在线信息浏览、在线实时信息交互等开展学习，体现出学习个性化的特点，学习者自主选择课程的内容、学习进度和学习难度。

具体来讲，可以将学习过程分为四个大的环节：课前自学、课堂教学、课后复习、考试测验：①课前自学阶段，学生根据教师指定的教学任务，获取相关教学资源，进行预习；②课堂教学阶段，依照教师的教学设计，通过师生互动、生生互动，开展探究性学习；③课后复习阶段，根据复习要求，

调取教学资源深化学习，并随时进行自我评价；④考试测验，在线获取随机生成的个性化试卷、答题并可即时获得成绩反馈。

（三）课程

在移动学习环境下，除常规性教学资源外，重点应做好微课程建设。微课程简称"微课"，其主要载体为视频，核心内容是课堂教学视频，时间长度一般为10分钟左右，支持网络在线播放的流媒体格式，可借助移动终端使用。

（四）方法

在移动学习时，可以采用翻转课堂的教学方式，即学生根据自己的情况在课前自定步调学习新知识，在课堂上通过交流互动等形式促进对新知识内化的教学模式。在课堂上，学生与教师角色发生变化，教师由知识的传播者变成学习的引导者，教学中教师为教学活动的主导，学生为学习的主体。

（五）目的

在移动学习环境下，课堂教学的目的不再是单纯的传授和学习专业知识，而是要引导学生按需求学习（系统性减弱），促进学生独立思考的能力、团队协作能力及个性化发展。

（六）反馈

通过移动学习APP，可将学生学习效果输出、班级学习效果统计分析、群体学习行为特征等实时反馈给师生，便于教师掌握学生的收获，也便于学生根据反馈调整自身的学习投入和学习行为等。

（七）环境

在移动学习的环境建设方面，主要是建设基于云计算技术和移动互联技术等先进信息技术的移动学习平台。由于传统网络平台的局限性，越来越多的师生放弃对传统网络学堂等平台的使用，因而必须将网络学堂移植到移动互联平台上，开发并使用移动教学APP平台。

四、移动学习环境下经管类实验教学的变革

当前，国内经管类专业日益重视实践教学和创新创业活动，特别是基于云计算技术的实验教学平台建设及实验教学组织也日渐成熟，实验教学的实效性大为提高。

移动学习的兴起对经管类实验教学提出了新的要求，同时也为新环境下经管类实验教学改革提供了技术条件。移动学习环境下的实验教学与课堂教学有共同之处，同时又具有自身的一些特点，如更重视实践操作、团队协作、

实际成果输出等。

移动学习环境下实验教学建设的主要思路应当是：吸收慕课、翻转课堂等理念，采用最小化资源、知识导航地图、表格式课程标准、嵌入式案例、在线测试、学习输出的过程性评价等方式组织实验教学。

移动实验教学体系主要有终端、网络、平台、资源、内容、活动等要素。其中，移动终端和无线网络在高校的普及，使开展移动实验教学的条件已经成熟，不做赘述。我们重点研究其他几个要素。

（一）搭建移动共享平台，创造稳定便捷环境

首先，要在原有的网络化实验教学平台基础上，运用移动通信技术及无线网络技术，搭建移动实验教学平台，并通过信息迁移手段将原有实验教学资源转为可在移动环境下使用的资源，为实验教学提供移动学习信息和学习服务支持。

（二）建设适用教学资源，提供开放协同接口

移动学习环境下，实验课程资源建设的标准要求主要应包括：①运行稳定，搜索和查询方便、快捷；②数据资料编辑与存储标准规范、分类清晰，方便编辑、使用以及数据资源库的持续性建设；③资源存放与调取均在云端，避免占用本地资源；④资源库操作界面友好，便于控制和处理。

为便于教师学生对实验课程的了解，应通过结构化模板，将实验课程标准以表格化形式展示，包括实验课程信息、教师信息、课程定位、课程目标、学分学时、课程设计、课程内容、课程实施和考核方式等。通过对实验教学大纲、实验教案、实验指导书、多媒体课件、教学录像、模拟仿真系统、虚拟仿真系统等在内的在线资源加以合理组织，方便学生自主学习和协同工作。

（三）开发新型仿真项目，改变实验行为模式

在移动学习环境下，应以最小化资源为内容建设理念，将实验教学涉及的概念、方法、原理、程序、案例、训练项目等划分为基本的单元，进行知识的碎片化处理，建设实验课程教学项目资源库。可采用嵌入视频案例的组织方式实现视频化教学。可以以资源协同组织和动态发展为基础，由教师、学生共同建设和组织教学内容、案例演示、课外链接、作品展示、授课视频、在线练习等实验教学资源。在实验教学内容建设方面，要特别重视 3D 虚拟仿真实验项目的开放和集成。

实验课程及项目展示。通过超链接技术，形成课程地图，进行实验资源课程导航，通过动态地组织实验教学内容，以个性化的方式完成实验课程及项目的教学文件、教学资料等资源信息的展示和下载，并向学生提供不同的

学习路径，提供个性化的知识导航和内容推送，提供以学习者为中心的个性化实验教学内容包让学生选择和学习。

（四）灵活教学组织方式，变革运行管理机制

1. 远程开展实验教学。可以有更多的实验课程和实验项目以远程的方式实现。在具体的实验课程实施中，学生可以利用类似电子游戏通关的流程自主完成内容的学习；通过在线测试与管理功能，帮助完成学习效果的评价；通过组合形式多样的交流互动方式，面向实验教学，加强师生交互沟通和反馈。

2. 远程实验教学组织。学生可以脱离实验室的物理空间限制，协作小组的学生也可以远程组建，突破行政班的局限，跨学院、跨学校甚至跨地区组建。

3. 远程动态教学管理。通过移动云平台的动态监控机制，实现实验教学质量的过程管理。通过对教师及学生参与实验教学活动的监控，可形成对学校、课程/项目、教师和学生的多层教学质量过程管理；通过学生活动和学习效果评价的跟踪，可了解用户学习偏好，优化学习路径，提高学习的效率。

4. 分布式竞赛协同。依托云平台开发经管类专业竞赛协同系统，利用该系统，可以组织分散在异地高校的学生在虚拟赛场内同场竞赛，减少常规竞赛所需的旅行和食宿支出等成本。

移动学习正方兴未艾，将给高等教育和实验教学带来更多的冲击和惊喜，需要我们以开放的心态接受并研究利用移动通信技术促进人才培养模式的改革，以提高人才培养的规格和质量。

 参考文献

［1］中国互联网络信息中心（CNNIC）. 中国互联网络发展状况统计报告［R］. 2016.

［2］李秉德. 教学论［M］. 北京：人民教育出版社，2000.

［3］郭玲玲，等. 移动实验教学模式的研究与实践［J］. 教育教学论坛，2014（9）：25-26.

从管理学的视角探讨计算机
网络技术应用课程的教学方法

◉杜　梅　梁　磊

摘要：主要讨论对于非计算机或通信专业类的学生教授计算机网络技术与应用这类课程时遇到相当大的困难，提出新的教学思路与方法。把信息管理思想、管理方法与手段等运用到计算机网络技术教学中，这样做的好处是理论能与实践相结合，把课程学习内容时刻与管理专业认识融合在一起，既学会了计算机网络技术又理解了管理学、信息管理电子商务专业的实质，可以更好地发挥专业基础课的作用。

关键词：管理学　课程教学方法　网络技术与应用

引言

对于电子商务或信息管理专业的学生来说，学习网络知识总是一件令人头疼的事情，因为在进入大学经过一年半的学习后，虽然也学习过一些关于计算机类的课程，但是在大学计算机基础课程里，学习的却是办公软件如何使用的内容，根本没有涉及计算机硬件的一些基础概念，也不涉及计算机的一些基础知识，在这样的背景下，经大类分流进入专业学习的学生直接接触计算机网络技术专业基础课，面临的困难可想而知，所以本人从多年的教学中总结了一些方法。

一、计算机网络技术课程的特点

计算机网络是计算机与通信技术结合的产物，主要研究解决的是计算机之间如何实现数据通信的问题，以及怎样利用协议管理具体实现完成的过程。计算机网络是一门理论性较强的课程，教学内容集中了大量的概念，这些概念理解起来比较抽象，且教学内容大多是后续课程学习的理论基础。学生在学习过程中既要理解其内容和实质，又要建立起正确的理论模型，没有实际的经验可以借鉴，要想在今后的实际应用中做到得心应手，教学环节必定要进行大量的研究，对教师的教学能力与实践也是极大的考验。

计算机网络教学面临的困难也较多，受开展课程教学环境的限制，学生感受的网络环境不足，实际动手机会不多，教学内容多，学时少，所以研究教学方法，改善教学环境始终是教师的必修课。

二、现有环境下找有利条件，提出管理学、信息管理、计算机网络技术的相通性

学生进入专业学习之前的课程有 VB 程序设计、拓展、大学计算机基础和管理学等，其中管理学与大学计算机基础这两门课程特别重要，涉及的内容与后续的专业课程相关度极高。

管理学是一门综合性的交叉学科，是系统研究管理活动的基本规律和一般方法的科学。管理学是适应现代社会化大生产需要产生的，管理学是一门建立在经济学、心理学、行为学、社会学、数学等基础之上的综合性和实践性很强的应用性学科，是学习经济、管理专业的入门课程，学习和掌握管理学是掌握完备的知识体系的重要基础。管理学是研究和探讨各种社会组织管理活动的基本规律和一般方法的科学。这些基本规律和科学方法对于所有管理领域具有普遍适用性，是管理学科群中最为基础的学科，它涉及的范围广，影响面大，是理论性与应用性较强的专业基础课程，所以管理学是管理的基础，普适性强，不论信息管理或电子商务专业的学生都应该学习并学好这门课程。

管理是指在特定的环境下，管理者通过执行计划、组织、领导、控制等职能，整合组织的各项资源，实现组织既定目标的活动过程。它有三层含义：

（1）管理是一种有意识，有目的的活动，它服务并服从于组织目标。

（2）管理是一个连续进行的活动过程，实现组织目标的过程，就是管理者执行计划、组织、领导、控制等职能的过程。由于这一系列职能之间是相互关联的，从而使得管理过程体现为一个连续进行的活动过程。

（3）管理活动是在一定的环境中进行的，在开放的条件下，任何组织都处于千变万化的环境之中，复杂的环境成为决定组织生存与发展的重要因素。

随着科学技术的进步，计算机网络技术在人们的工作和生活中发挥着重大的作用，计算机网络技术是时代发展的产物，是社会进步的必然趋势，代表着生产力的发展和社会的进步。计算机网络技术是一门综合性应用科学，除直接利用通信理论与技术、计算机科学与技术之外，还涉及逻辑学、运筹

学、统计学、模型论、图论、信息论、控制论、仿真模拟、人工智能、认知科学和神经网络等多种学科。

计算机网络体系结构是一组用于规划、设计、组建计算机网络所需遵循的原则和依据，包括层次结构、功能划分、协议规范、过程描述等内容。对计算机网络发展最有影响的网络体系结构是国际标准化组织（ISO）建议的开放系统互连（OSI）参考模型，它是通过体系模型、服务定义和协议规范三个抽象级别，逐步深入、逐步细化加以制订和描述的。体系结构模型是 OSI 最高级别的抽象，它从功能和概念上建造了一个抽象的、具有层次结构的体系模型，刻画了开放系统的整体性能、结构要素、行为特征、层次关系、数据格式等内容。

计算机网络技术、通信技术涉及的主要内容是对信息的处理管理，计算机将信息处理成数据，数据又借助信号在网络中传输。对信息数据"活动"的管理，直观的解读为数据从一台计算机传输到另外一台计算机，其间要经过各种网络设备，以交换数据的形式将数据传递出去，在数据的传递过程中还需要网络设备，特别针对因特网来说就是以路由器为数据交换寻找最短路径，以便实现高速交换。数据的组织也有规定的格式，针对不同的协议制订不同的数据格式，例如分组、帧、比特流、TCP 报文段等。此外还可以从管理对象、方法、手段、思想等方面一一做对比，建立管理学与计算机网络技术之间的联系，见表 1。

表 1　计算机网络技术与管理学课程对比分析

管理项目 课程	对象	管理目标	理论	管理方法	研究内容
计算机网络技术	计算机信息	使计算机保持高度协调一致的工作，实现资源共享，互联互通	体系结构协议分层	TCP/IP 协议参考模型	计算机网络在规划设计、实施测试、运行应用、维护管理等过程中的典型性问题及其解决方法
管理学	工厂的生产活动	如何通过合理的组织和配置人、财、物等因素，提高生产力的水平，提高工厂的生产效率	决策理论 运营管理 系统理论 控制理论	五力模型 双因素理论 期望理论 SWOT 分析法	从管理的二重性出发，着重从三个方面研究管理学：生产力、生产关系、上层建筑

管理学是从一般原理、一般情况的角度对管理活动和管理规律进行研究，不涉及管理分支学科的业务和方法的研究；管理学是研究所有管理活动中共性原理的基础理论科学，无论是"宏观原理"还是"微观原理"，都需要管理学原理做基础来加以学习和研究，管理学是各门具体的或专门的管理学科的共同基础。从课程的组织实施来说，管理学这门课程是管理学院大类分流学生的必修课，通常在第一学期完成，计算机网络技术应用课程是专业基础课，安排在第四学期上，这样学生就有了管理学的基本知识，为后续的课程打下了基础，所以教师应该抓住这一机会，在教授计算机网络技术时，主动地多从管理的角度分析问题，特别是碰到难点时，引导学生站在管理者的角度理解网络管理的目标、制定的各种协议、所依据的参考模型，以及管理数据传输的过程，还有各种概念的理解。

三、实现计算机网络技术课程改变的途径

首先在计算机网络技术课程大纲选修课里增加管理学，其次大学计算机基础教学中应该规定一定学时的关于计算机硬件、二进制、数据的逻辑运算相关内容，与基础部的教师加强沟通联系与协调，取得他们的理解与支持，将这部分内容落实到大学计算机基础课程中。

在计算机网络技术教学中发现学生有一个较薄弱的点，就是计算 IP 地址、子网划分时，对子网掩码与 IP 地址求逻辑与计算，总是不够清楚，究其原因是不会逻辑计算。所以在大学计算机基础教学中应该补上数据的逻辑计算内容。

对于抽象概念的解读可以利用生活的事例加以说明，例如局域网的 CSMA/CD 协议，理解起来也不是很容易。首先运用动画演示，直观显示数据传输的过程，进一步还可以把生活中一些生动的例子拿过来，通过类比的方法来讲解。采用情景教学模式，让学生以管理交通者的身份，思考在一段单行道上行车，会遇到什么问题，如何解决。可以把 CSMA/CD 协议比喻成一段单车道的行车方式，如果两个方向同时来车，就会发生碰撞，这个时候谁也不能通过，引申为导致发信息的双方所发的信息都无效，那么就需要双方都倒车退出这段单车道，进行退避，让一方的车先通过该单车道，一方通过后另一方才能通过。这样形象的比喻与体验会使理解更加容易。

四、课程改变效果

电子商务专业基础课主要包括经济学、管理学、财务管理、统计学、数据库原理与应用、网络技术与应用、管理信息系统等。在对 2014 届电子商务专业毕业生的调查中，学生们认为收获比较大的专业基础课是网络技术与应

用，学生满意度达 60%，是这些课程满意度最高的。

五、结论

管理学是基础，管理学也是信息管理电子商务专业的基础课，学习计算机网络技术要以管理的思维，以管理者的身份学习网络技术。对于教师来说，增加了教学难度，教师在分析组织课程内容上应该更多地从管理学的角度思考，选择合理的案例。对于学生来说，学习中应采取积极的态度，将计算机网络技术学习作为一次管理实践活动，增加一次历练机会，提高一份管理能力，掌握一门技术。

 参考文献

［1］百度百科．http：//baike. baidu. com/item.

［2］罗珉．管理学范式理论研究［M］．成都：四川人民出版社，2003.

［3］达夫特，马西克．管理学原理［M］．北京：机械工业出版社，2010.

［4］GREENWOOD, WT. Future management theory：A comparative evolution to a general theory［J］. Academy of Management Journal, 1974, 17 (3)：503–513.

［5］武忠远，马勇．管理学［M］．北京：高等教育出版社，2012.

［6］李立威．基于学生需求调研的电子商务专业教学计划修订研究［C］．陶秋燕．经管类创新人才培养探索与实践．北京：知识产权出版社，2015.

基于网络的案例教学过程
设计与评估体系

摘要：案例教学法以其独特的以案例为基础的教学方法，在创新型应用人才培养中越来越受到广泛的重视。本文首先论述了基于网络教学环境下的案例教学的特征，然后基于建构主义理论设计了基于网络的案例教学过程，并从网络环境、教师导学和学生自主学习三个方面讨论了基于网络的案例教学评价指标体系。

关键词：案例教学　网络教学　过程设计　评估体系

案例教学是一种以案例为基础的教学方法（case-based teaching），教学过程中提倡启发式、讨论式和互动式。它以典型案例为载体，引导学生阅读、思考、讨论案例，在互动讨论中帮助学生掌握和运用理论知识，并培养学生分析、判断、表达以及运用所学知识处理问题的能力。从培养创新型应用人才的角度出发，案例教学法不失为一种值得推广的方法。随着计算机科学的飞速发展，网络技术和多媒体技术在教育教学中的应用越来越普遍。网络学习平台所提供的自主探究、协作学习的学习环境可以提高学生的参与度、增加学习的灵活性和互动性以及学习资源的共享性等，使得案例教学的开展更具有环境和条件的优势。

一、基于网络的案例教学特征

基于网络的案例教学是指借助于网络教学平台，在网络上开展案例教学活动。对于网络案例教学的应用研究早期以开发在线案例教学工具为主，多关注于案例库的建设。而教学实践显示利用网络教学环境中的交互功能，是学生建构知识和发展能力必要和基本的途径。学生能够在网络学习中进行一系列特定的学习活动，如阅读、探询、回答、操作、使用、建构和创造等。

一般认为案例教学是教师、学生和案例三者之间互动的过程，案例是学习的对象和情景，案例学习以学生对案例的分析和讨论为主，教师只是讨论分析的引导者、协调者。案例教学是以学生为中心的教学方法，其特色如下。

1. 鼓励学生独立思考

在案例提供的特定场景下，学生要自己思考、提问，设计解决方案，还要在小组中发表意见，与同学交流。在学习过程中学生始终处于主动发现的状态，较之传统教学中的被动接受知识更能够提高学习效果。

2. 引导学生从注重知识掌握转向注重能力提高

现在的大学教育有一种观点认为学校对学生的培养与企业的用人标准之间存在所谓的"最后一里路"问题。实际就是指学生从课堂里学到的书本知识还不足以成为解决实际问题的能力。案例教学的现实真实性有助于培养学生分析实际问题的能力，答案的多元化和最佳化有助于培养学生对实际问题的理解能力，教学活动的互动性有助于锻炼学生学会解决实际问题的能力。

3. 重视双向交流

传统的教学方法是老师讲、学生听。在案例教学中，学生拿到案例后，先要进行阅读理解，然后查阅必要的理论知识，经过缜密的思考，提出解决问题的方案，再通过与教师的不断沟通，逐步优化和完善解决方案。在这个过程中，学生需要老师的及时引导，同时学生提出的问题或方案也促使教师加深思考，而不断补充新的教学内容。

而基于网络的教学平台提供了可以共享的学习资源、实时交互工具等，使得上述三个方面的案例教学特征得到更充分的体现。网络案例教学的优势如下。

1. 有利于提高课堂教学效率

可以将案例教学中准备、组织、讨论等费时环节通过网络平台放到课外完成。把课堂内容集中在关键问题上，这样既提高了课堂效率，又能督促学生更好地利用课外时间，增强学生自主学习的积极性。

2. 有利于实现资源共享和案例扩充

设计良好的案例及相关问题答案是案例教学实现预期目标的前提。基于网络的案例教学可以支持并记录案例教学的整个过程，并将案例教学过程中产生的各种资料分类存储管理，这些资料都是案例库的有益素材，经过整理后，可提炼出新的案例或案例问题，实现案例扩充和优势积累。

3. 有利于提高案例教学中学生参与的深度和广度

案例教学需要学生掌握较为广泛的背景知识，同时同学之间、师生之间需要较为深入的交流才能碰撞出思想火花。利用网络环境可以解决传统案例教学课堂交流不够深入、课下交流时间成本高等问题，突破时空限制，提升案例教学的效果。

二、基于网络的案例教学模式

（一）基于网络的案例教学的理论基础

建构主义理论（Constructivism）认为，学习发生在学习者和外部环境相互作用的过程中。"情境""会话""协作""意义构建"是学习环境的四个要素。案例教学中的教学案例就是一个生动的问题情境，学生在案例讨论的过程中不断探索，提出假设并加以验证，最终构建个人的认知结构。建构主义理论对基于网络的案例教学的启示是：把所有的学习任务都置于为了能够更有效地适应客观世界的学习中，让学生在仿真的案例情境中进行学习；注重学生之间的合作，形成学习共同体；注重学生具有个性差异的"自我构建"过程；支持学生对自我观点的反思。

与建构主义学习理论相适应的教学模式为，"以学生为中心，在整个教学过程中教师起组织者、指导者、帮助者和促进者的作用，利用情境、协作、会话等学习环境要素充分发挥学生的主动性、积极性和首创精神，最终达到使学生有效地实现对当前所学知识的意义建构的目的"。

（二）基于网络的案例教学的过程设计

基于网络的案例教学过程包括案例编写、课程学习组织，最重要的是能够引导学习者探究案例问题、讨论交流、共享资源、完成案例分析报告、对案例和案例学习过程进行反思等。案例库的建设是网络案例教学的基础，设计真实性、实效性强，信息含量丰富、难易适度的案例对激发学生的学习兴趣，提升案例的讨论和深入思考的空间，其教学价值才能得到充分体现。案例库的建设应提前于教学活动，并在教学过程中不断加以补充和完善。因此基于网络的案例教学教程（如图1所示）可以分为三个阶段：准备阶段、实施阶段和巩固阶段。学生和教师在三个阶段中各自完成相应的任务。

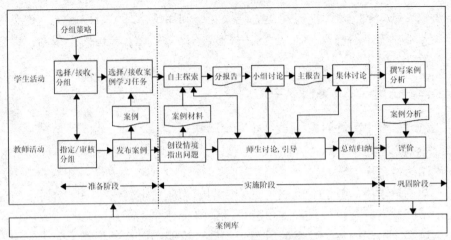

图1 基于网络的案例教学过程

1. 准备阶段

教师应根据教学目标从案例库中精心选择案例或设计新案例，发布案例。学生在准备阶段首先在教师的监督指导下完成分组，接收学习任务。

2. 实施阶段

实施阶段是案例教学的主要阶段。在实施阶段，首先，教师利用网络多媒体创设情境，提供案例相关材料，提出问题；然后，学生根据老师提供的资料自主探索，独立思考，形成个人关于案件的分报告；接下来学生参与小组讨论，小组成员相互交流分报告并形成小组的主报告；最终全体同学参与集体讨论；集体讨论完毕后，教师进行总结归纳。

案例教学应力求做到开放、创新，并提倡学生自主学习和协作探究，但在这个过程中教师的引导作用不能忽视。教师应在教学实施过程中与学生保持交流并予以指导。教师作为教学活动的促进者，对学生进行答疑解惑；在讨论出现冷场时提出富有启发性的问题；在出现精彩观点时，适时进行鼓励，并将其添加到经典发言区。同时还应对教学活动进行监督，组织学生进行各阶段的学习。

自主探索、小组讨论、集体讨论是案例学习的核心环节。在这些环节中，学生与学生之间，学生与教师之间的沟通交流是非常重要的。这些交流可以在网络上进行，所有成员都可以在小组的讨论区（如聊天室）或公共讨论区中发表意见。网络教学平台能够记录学生参与讨论的发言情况，并作为学生学习评价的依据之一。

3. 巩固阶段

学生在充分讨论、吸收借鉴教师和其他学生观点的基础上，进一步完善自己的解决方案或丰富自己的观点，撰写案例分析报告。教师则根据学生的学习参与度和学习成果进行综合评价。学生的学习成果包括分报告、主报告、案例分析报告。其中分报告和案例分析报告是个人学习成果，主报告是小组学习成果，小组成员的主报告成绩原则上应相同。

案例学习既是个体积累反思的过程，也是围绕案例学习共同体成员之间协作探究的过程。在案例学习过程中，学生一方面可以享用和受益于外部的资源（例如案例作者编写的原始案例、同学推荐的资源等），同时又可以将自己的成果作品（例如学习日记、案例分析报告等）发布出去，将自己的见解、思想表达出去，从而贡献于外部信息资源和社会性资源，丰富案例资源库。

三、基于网络的案例教学评价指标

基于网络的案例教学需要有一定的基础才能实现预期的教学目标。首先，要有丰富并及时更新的案例资源，即案例库作为前提。案例资源包括案例情境、案例问题、问题答案，以及优秀的解决方案报告等。其次，计算机网络多媒体技术是支持。适合资源共享、实时与非实时的交流平台等搭建的功能完善的网络学习平台是实现网络案例教学的技术基础和支撑。此外，教师与学生运用网络信息技术的能力和积极性是关键因素。从教学管理的角度出发，应建立相应的激励机制鼓励教师在新教学模式中投入更多精力。

因此，基于网络的案例教学评价应包含网络案例库建设评价、教师导学评价、学生自主学习评价。

（一）网络案例库建设评价

案例教学首先需要有好的案例。案例的设计和选择应遵循以下原则：①针对性。教学案例要针对教学目标的需要，涵盖教学目标所要求掌握的知识和技术。②典型性。案例需能反映客观现实的一般规律，应具有代表性和较大影响力。③启发性。案例中应有针对性地设置一些问题，这些问题可能是外露的，即明确提出问题让学生思考，也可以是隐含的，即把问题隐藏在案例中留待学生挖掘处理。以上是对案例本身的评价。案例库的评价还可以通过教学资源的丰富性、资源有利于自主学习和资源更新程度等方面来评价。

（二）教师导学评价

教师导学在案例教学中起着相当重要的作用。对教师导学的评价主要包括两个方面：一方面，对教师参与网络交互的评价，主要从教师答疑和作业反馈方面进行；另一方面，对教师网络案例教学组织能力的评价，包括提供学习资源的能力、创设问题的能力、学生组织和调动能力等。

（三）学生自主学习评价

在案例教学中，学生的学习情况应从对案例分析报告和对学生学习参与度等两个重要指标来进行评估。一般来说，案例分析报告反映了学生对于关键问题的把握能力、运用相关知识解决问题的能力以及决策能力和创新能力等。学生的学习参与度主要应从该生参与小组讨论和集体讨论的参与程度、发言的数量和质量进行评估。学习参与度一方面从客观上反映了学生学习的积极主动性，另一方面从发言质量也可以反映学生对问题的理解力和表达能力。对案例分析报告的评估和对学生学习参与度的评估这两个评估指标之间的权重关系，可由教师根据教学情况自行确定。表1给出了一个基于网络的案例教学的评价指标体系示例。

表1 基于网络的案例教学学生学习评价指标体系示例

一级指标	二级指标	评分方式	得分
对分报告的评估（10%）	对关键问题的把握，分析问题的能力、语言表达能力等	教师主观评分	
对主报告的评估（10%）	对关键问题的把握，分析问题的能力、决策能力、语言表达能力等	教师主观评分，小组成员原则上得分相同	
对案例分析报告的评估（40%）	对关键问题的把握，分析问题的能力、决策能力、创新能力、语言表达能力等	教师主观评分	
对学生学习参与度的评估（40%）	小组讨论参与度（10%）	根据系统用户跟踪记录客观评分+教师主观评分	
	集体讨论参与度（8%）	根据系统用户跟踪记录客观评分+教师主观评分，小组成员得分相同	
	按时上传分报告（7%）	根据系统用户跟踪记录客观评分	
	按时上传主报告（7%）	根据系统用户跟踪记录客观评分，小组成员得分相同	
	按时上传案例分析报告（8%）	根据系统用户跟踪记录客观评分	

　　基于网络的案例教学能充分利用网络多媒体技术补充课堂教学施展不开的内容。通过课堂与网络环境的结合，能为教师多角度探讨案例，学生从不同方面了解案例提供更加广泛的空间，同时能够使学生学习的自主性和学生之间的互动性得到很大提升。

 **参考文献**

　　[1] 钟毅平，叶茂林．认知心理学高级教程 [M]．合肥：安徽人民出版社，2010.

　　[2] 刘亚彬，朱亚莉，章方炜．基于网络的案例教学模式的研究 [J]．教育信息化，2006（9）：71-73.

　　[3] 刘雯，臧小莺．网络案例教学的评价指标研究 [J]．开放学习，2008（1）：42-48.

互联网时代如何让学生回归课堂

◉陈 岩

摘要： 在互联网时代，大学生逃课或者在课堂上玩手机已经成为一种普遍现象。本文讨论了大学生逃避课堂的主要原因，分析了目前高校让学生回归课堂的几种常见做法，就维护大学课堂的品质和大学教师的尊严提出了自己的思考。

关键词： 互联网 慕课 课堂 吸引力

随着智能手机与网络的不断普及，大学生逃课或者在课上玩手机已成为一个普遍现象。在"互联网+"的时代，所有大学教师都面临一个共同的挑战：你站在讲台上的价值和意义是什么？如果你传授的知识和信息，学生们都可以问"度娘"，甚至你还没有"度娘"知道得详细明白、准确无误，学生们为什么要听你的课？如果你讲授的课程，哈佛耶鲁或者北大清华的某著名教授也在讲，所有人都可以通过 MOOC 直接听课，学生们为什么要捧你的场？在这个崇尚毫不费力的成功、热衷于娱乐至死的年代，如果不动脑筋不费力气就能混到学分，还有谁会去听那些"没有用"的"费脑筋"的课程！

一、学生逃避课堂的原因分析

学生不愿上课的原因是多方面的。

（一） MOOC 等给学生自主学习创造了条件

部分学生逃课并不是因为不爱学习，相反，他们有强烈的求知欲，不上课的时间用来在网上自主学习。比如近些年非常火的 MOOC。所谓的 MOOC 是 massive（大规模的）、open（开放的）、online（在线的）、course（课程）四个词的缩写，指大规模的网络开放课程。它是由很多愿意分享和协作以便增强知识的学习者所组成，目前其主要构成仍然是课堂演讲视频。关键是，视频可能会中途暂停数次，以测试学生对知识的掌握（比如弹出一个小测试，或者让学生写一段程序代码），然后系统自动给出反馈。该课程的助教可能会查看、管理在线论坛。另外，有些课程也会有作业和考试。学习者通过 MOOC 可以及时了解自己学习的效果，可以通过反复学习直到取得满意的得分，MOOC 提供的在线辅导让学习者不用通过教室学知识，坐在家里就可以享受全国乃至全世界优质的教学服务。对于教师来说，只要技术支持，教学对象覆盖面可由原来的几十上升到几百、几千、几万甚至全球。据网易统计，最热门的哈佛"幸福"等课程的点击率均突破百万，公开课视频专区已成为视频中回访率最高的部分，达到 80%。当代大学生不仅是网民群体中重要组成部分，更是网络淘课中的主体力量，以至国内部分高校的校内论坛上也出现了公开课视频专区。由此，"网上淘课族"在大学生中也渐渐兴起，"今天你淘课了吗"也成为大学生间相互问候的流行语之一。

（二）课堂缺少吸引力

高校职称晋升或者其他对教师的评价机制，往往是侧重科研不侧重教学，侧重定量的标准（如在核心期刊发表论文的篇数）不侧重定性的标准。大环境对教师评价标准的偏颇，让部分教师基本上不在教学上投入。老师越不上心讲课，学生越对课堂失望，就这样形成了恶性循环。

（三）学生对待知识的功利态度

在名牌大学，情况大概好一点，求知欲强的学生多一些。在我们这样的学校，大多数学生是慵懒碌碌无为的，对未来充满了迷惘，对待知识的态度非常功利，眼睛看得见的"有用"，是他们判断的标准。这样就会导致一些在学生看来"没有用"的课，导致部分思想性、理论性较强的课程"门前冷落车马稀"。

二、如何让学生回到课堂

为了让学生回归课堂，不少高校都陆续推出了很多"怪招"。

（一）强制学生回到课堂

有些学校推出了"无手机课堂"，即要求学生上课时必须上交手机，下课时再归还手机。还有些学校采取加大课堂考查的力度，以挂科等手段来强制学生不敢旷课。靠点名、取消考试资格来维系出勤率，靠现场提问来提升抬头率，靠加大平时成绩的比重来逼迫学生上课，如此等等，不一而足。

（二）增加课程的娱乐性

还有部分教师努力把课程搞成娱乐节目来吸引学生。甚至有更奇葩的，教师靠秀"颜值"和身材来维持课堂出勤率。刚刚做老师的时候，为了吸引学生，真的花费了很多的心机。每节课都要加上各种各样的热点吸引眼球，为了让他们听着不累，课越讲越浅薄越讲越热闹。没多久，我们就知道这不是我们做老师的初衷，这样走下去是死路一条，耽误了学生也荒废了自己。大学教师毕竟不是娱乐界人士，你的课讲得再花哨、再善于炒作也比不过学生手机里的游戏和电视剧。学生的功利，和像我们这样热爱讲台，因为热爱选择了教师行业的"资深理想主义者"对比，真是痛苦。我们又没有南怀瑾先生的气度和能量："这个老师我们就不要当了！"挂鞭而去，我们还得靠这个职业养家糊口。

三、让学生回归课堂的一点思考

（一）听课是学生的权利而不是义务

始终坚持听课是学生的权利而不是义务，尽量不用强制的手段让学生坐在教室里充人头。这与其说是出于自信，不如说是出于这个职业最后的一点尊严。那些靠恐吓威胁和讨好学生维持出勤率的老师，内心是多么无力啊！"牵马河边易，强马饮水难。"即便能把学生留在课堂上，也是"留住人，留不住心"。这种学习是低效率甚至是无效率的。高等教育应该坚持学生的自主选择权利，上课应该是学生的权利而不是义务。在这方面，华中科技大学某学院尝试的自由课堂非常值得借鉴。这种自由选择的权利一方面让学生有了主动性和自觉性，另一方面也对教师的教学水平提出了更高的要求，如果教师没有过硬的教学技能技巧，很难吸引学习对象，教师势必从教学手段、教学方法上赢得学习者的支持才能拥有更多的学习者。

（二）坚持大学课堂应有的品质

改变自己，讨好学生是一条绝路。大学的讲台上，应该有严肃、深刻的理论探讨和对金融与社会的系统分析与思考。如果把大学的讲台搞成各个专业的科普园地，大学就没有存在的价值。深入浅出是一码事，浅入浅出又是一码事。合格的大学老师，应当有学问，深度是必要的条件，即使因为功力不够，做不到深入浅出，也应该深入深出。媚俗、功利、投机取巧，当力戒之。

妥协能妥协的，坚持该坚持的。判断什么是该坚持的，体现出一个人的价值观和品格。比如，能写出《父亲》《老男孩》那样好歌的筷子兄弟，为了红，创作了神曲《小苹果》，果然红遍了大江南北。为了继续红，他们又推出了《小水果》，再接再厉。在他们看来歌手的风格和歌曲的品质并不重要，是可以妥协的，重要的是迎合市场的需求。也有一些歌手，似乎从来没有红过，却始终唱自己想唱的歌，坚持自己对音乐的理解，比如丁薇、许巍。在这些歌手看来，对音乐的信仰是重要的，不能妥协，可以妥协的是名利。这个没有什么对和错，你是什么样的人，就会做出什么样的选择。

在"中国之星——梦之声"里，那个叫杨乐的老男人，一上来就说："我们不是来讨好谁的。"然后他弹着吉他，自顾自表达着他对生活对音乐的理解，没有技巧，没有惊艳，只是用流淌的音乐表达，只是平静。刘欢说的没错，他是一位行吟诗人。每一期我们都以为这是他的最后一期，因为这样的人不可能有多少人喜欢。他的票数一直垫底，但是，居然一直走到了最后。当然走到最后对于他是一个负担，他不想被很多人关注和打扰。杨乐用音乐告诉我们，这个世界上有很多美好的东西，不需要围观，不需要点赞，不需要刻意讨好谁。安静地做你自己，践行自己的使命，表达你需要表达的东西，上帝总会给你留一条生路。

（三）赋予课堂打动人心的力量

讲台早已堕下神坛，信息也早已泛滥成灾，在这个时代，一个大学教师如何能够有尊严有价值地活着？这是一个值得深思的问题。大学课堂只有以思考和探索为大学课堂的使命，以帮助学生厘清思路、辨析概念为自己存在的价值。只要有一个学生认可、受益，我们就有坚持下去的理由。我们可能无法拯救我们爱的讲台，但是可以捍卫它，捍卫它的纯净和神圣。

只有更加深刻地理解知识的精髓，把握纷繁现象后面的本质，真心付出，赋予知识以个性和灵魂，展示出理论应有的难度和高贵，才会让课堂具有打动人心的力量。当然，你能打动的，一定不会是全部人，甚至一定是少数人。大学的课堂，不应该以吸引眼球为目的。但是，我们对学生的判断力还是有信心的，真的好课，总会有人选的。

对大学教师而言，最美好的事情就是把知识的暖和光照进那些年轻的心灵。毕淑敏说："心里的光是对事物有明细清澈的判断，对自己的目标有庄严的把握，对世界的善恶有恰如其分的辨析，对人间的苦楚既不夸大也不掩饰，充满从容应对的勇气。"做一个心里有光的老师，真心实意地站在讲台上，哪怕只有一个学生，这课也要好好讲。

参考文献

[1] 程宇．课堂应比手机更精彩 [J]．教育与职业，2014 (7)：92.

[2] 崔爽，温恒福．大学生课堂效率低下的原因及改进策略 [J]．现代教育管理，2014 (9)：100-103.

［3］施一满．慕课（MOOC）背景下高校思想政治课教学改革研究［J］．学术论坛，2015（9）：177-180.

［4］王明伦．高职院校课堂吸引力提升须"三心"合力［J］．职业技术教育，2015（11）：26-28.

浅析学生个性化发展支撑平台建设

◉徐　燕

摘要：为促进学生的个性化发展，为适应经济和社会发展对人才多样化的需求，培养复合型应用型人才，进一步调动学生学习的积极性，管理学院主要在两方面为学生个性化发展搭建平台。本文主要分析辅修专业支撑平台和课程选修支撑平台的建设情况以及在实行过程中遇到的问题及对策。

关键词：个性化　支撑平台　建设　辅修　课程选修

个性，指一个人整个精神面貌，包括能力、气质、性格、动机、兴趣、理想、信念等诸方面因素。个性发展，不同于现实教育中存在的划一化、标准化的传统观念，而是以每个学生不同的兴趣、能力、素质和性格特点来因材施教，使其在思想品德、智力水平、劳动习惯和身心素质等方面得到生动活泼、健康协调的发展，形成自己的个性特长。个性发展和全面发展不是矛盾的，而是一致的，二者统一于生命个体可持续发展过程的始终。在班级授课制条件下，实现个性化教育，必须进行课程改革，建立与之相适应的课程体系。而传统课程体系，课程结构单一僵化，课程管理模式过于死板，课程的内容目标陈旧，已无法满足学生个性品质和谐发展的要求，丧失了课程应有的现代教育价值，培养目标也就无从体现。因此，改革现行课程，构建现代化的课程体系，是培养学生创新个性、实施个性化教育的关键。

为适应经济和社会发展对人才多样化的需求，培养复合型应用型人才，进一步调动学生学习的积极性，按学校相关文件精神，管理学院主要在两方面为学生个性化发展搭建平台。

一、辅修专业支撑平台搭建

1985 年 5 月 27 日，中共中央颁布的《关于教育体制改革的决定》中首次提到"双学位"一词，明确指出"减少必修课，增加选修课，实行学分制和双学位制……"，从而为辅修及双学位本科教育提供了理论基础和办学依据。

在这样的环境和政策背景下，部分重点高校在试行学分制的基础上，开始在部分学科探索辅修及双学位本科教育。

为让学有余力的学生充分利用学校综合性大学的教育资源，学到更多的知识技能，提高就业竞争能力，2014年9月学校首次开设双学位、第二专业和辅修专业。

北京联合大学管理学院和商务学院率先作为试点学院，面向2013级在全校范围内率先招收双、二、辅专业学生。管理学院主要招收金融学和会计学两个专业，计划招生均为70人。全校学生踊跃报名，经过筛选，金融学专业实际录取91人，会计学专业实际录取71人，均圆满并超额完成计划招生人数，并顺利开课及考试。

次年，管理学院成为唯一一所继续开设双、二、辅专业学院，面向2014级学生在全校范围继续招收金融学和会计学两个专业学生。金融学专业完成招生96人，会计学专业完成招生67人。

双、二、辅专业的开设为广大同学提供了选择专业的机会。很多同学认为自己主修所学的专业不符合自己的兴趣，学习没有动力，缺乏热情；也有部分同学并不想毕业以后从事自己专业的相关工作。通过辅修，能够拓宽自己所学，增加知识面，满足了大学生们的求知要求，为学生自身的全面发展，以适应社会和科技迅速发展对复合型人才的需求提供了条件。

而作为目前我校辅修专业平台搭建的试点，在很多方面还有待进一步调整和完善。例如教务管理系统，现代化的管理手段在教务管理方面至关重要，但目前的教务管理系统仅能实现系统报名，而学籍管理、教学运行（如任务、排课、考试等）、学生成绩均在系统外手工操作完成，预计双、二、辅专业毕业生的毕业资格和学位资格审查届时也无法应用系统。因此下一阶段，我们可以在两方面考虑完善双、二、辅的管理。

一方面是正方教务管理系统的进一步完善。目前的正方教务管理系统设有辅修模块只是未开发利用，希望学校能够实现系统管理，使其能够像学校的主修专业管理一样，无论在排课、考试，还是成绩等方面均可以通过系统完成，这样无论是任课教师、学生，还是管理人员都可以根据所需进行查询，避免人工管理及查询带来的不便与疏漏。

另一方面是学院尝试开发部分程序以缓解后续工作的压力。如学校暂时无法对主修和辅修专业实现正方教务管理系统的统一管理，那么学院在辅修管理上可通过开发程序，单独建立管理系统以实现系统管理。这方面目前学院已开始尝试实行：第一阶段，系统要求、预期实现的目标和功能已与学院信电系的老师、同学有过沟通；第二阶段，会尝试编写程序、完善并试运行系统，使双、二、辅专业能够在一定程度上实现现代化管理。

二、课程选修支撑平台搭建

课程选修，一般是指允许学生在一定范围内自主选择专业、课程、教师等，并自主安排学习进程。选课的特点是"三个自主"：一是自主选择任课教师，在一学期内有多位教师同时开设同一门课程，学生可根据自己的学习特点，选择适合自己的授课教师；二是自主安排学习进程，学生可以根据自己的学习精力及身体状况等，在导师的指导下，根据专业教学计划自主确定是否超前选课、滞后选课，多选或少选，甚至不选；三是自主选择课程，学生参考本专业教学计划和本学期开课课程表，参考导师意见，自主选择课程。

提到课程选修，我们就会联想到学分制，学分制以选课制为基础，保证选修课的应有数量和质量，是学分制的精髓。学分制要求学校和教师能够开设大量的选修课，用以满足不同学生的不同选择，因而灵活性好，有利于学生知识结构趋于多样化。

我校目前还没有实行完全学分制的教学制度，学生的课程选修也只是在一定范围内进行。2014 年 12 月，管理学院作为学校试点，专业任选课率先尝试在全院范围内以学生在系统选课形式进行开课。2013 级普通本科工商管理类共 370 名学生，共涉及"管理沟通""创业管理""服务外包概论"和"多媒体技术与应用"四门课程。由于初次试行，上述四门课程的系统选课工作由学院组织全体学生完成，具体选课情况如下。

"管理沟通"选课学生 206 人；"创业管理"选课学生 122 人；"服务外包概论"选课学生 78 人；"多媒体技术与应用"选课学生 151 人。

随着专业任选课的课程选修工作的顺利进行，自 2015 年 9 月开始，我院全面试行选课制，选课范围自专业任选课推广至所有课程。学校教务处会在每个学期末开放学生选课系统，学生根据要求选取下一个学期的课程。

选课时，学生可以根据系统生成的课表，根据任课教师、开课时间、课程容量等信息，自主选课并生成课表。系统生成上课学生名条供任课教师使用。

第一，由于很多因素所限，课程选修平台的搭建也遇到很多问题，如某些课程开课教师少，学生选择教师的自由度不大；第二，某种程度上，学生暂时还不能自主安排教学进程，除部分选修课（如任选、校选）外，其他课程的选课及学习要在培养计划规定的学期内完成；第三，对于大部分课程暂时还无法实现每个学期的滚动开课；第四，课程代码因培养计划调整而发生变化、学生学籍处理后学籍的调整等，影响了学生重修的选课；第五，网上选课系统的平稳运行等还需进一步完善。上述多方面原因使得系统选课一直无法离开手工操作。

上述问题的解绝不会是一朝一夕，学校会通过不懈努力与尝试，使其能够顺利发展。同时，我们也需要体制与教学理念的多方转变。学分制作为一种较为先进的教学管理制度，是各高校教学管理的发展方向，选课制是学分制的实现载体，贯穿于学分制的始终，我院课程选修支撑平台的搭建无疑是学分制实现的探路者。而作为教学理念的一种变化，个性化教育是与传统教学理念有着重大区别的新的教学理念。它所强调和重视的是人的个性与个性化发展，以对个人的独特性及其价值的尊重为最高原则。目前我院双、二、辅专业支撑平台和课程选修支撑平台的搭建，均是为促进学生个性化发展，实现本科教学培养目标。那么更应该从尊重和培养个体的个别性、特殊性、差异性立场出发，为发展个体具有的某些先天与后天优势创造条件。

 **参考文献**

[1] 李琳.发挥网络优势搭建选课平台实现跨校选课 [J].中国现代教育装备，2008 (2).

[2] 朱芳.基于大学生个性化发展的金融学本科教学模式改革研究 [J].高教探索，2013 (3).

[3] 许松.高校学分制条件下的选课制存在的问题与对策 [J].改革与开放，2011 (10).

[4] 杨宗仁.复合型人才培养模式多元化——辅修及双学位本科教育研究 [J].江苏高教，2011 (3).

经管实验教学中心云计算体系建设思考

◉ 陈 晨

摘要：云计算技术可使经管实验教学中心在建设中避免资金投入大、资源难以共享、数据存储不安全、实验教学管理繁杂等问题。本文分析了基于云计算的经管实验中心的优势特点，并从实验教学云构架、实验教学管理平台、实验室运行管理、资源管理等方面探讨了经管实验中心环境建设和管理构想。

关键词：云计算　实验中心　建设

一、引言

云计算是通过网络提供可伸缩廉价的分布式计算能力，主要通过虚拟化技术来实现各种应用。云计算因其具有的超大规模、虚拟化、高可靠性、通用性、高可扩展性、按需服务等优点，自 2006 年 Google 首席执行官 Eric Schmidt 首次提出云计算概念以来，越来越广泛地用于各行各业。高校经管专业利用云计算技术构建实验教学平台、共享实验教学资源，构建个性化的实验教学环境，在支持教师教学和学生自主学习、促进学生创新思维和能力提升方面发挥着越来越重要的作用。

二、基于云计算的经管实验教学环境架构

（一）云计算实验教学中心的基本架构

搭建实验教学云构架需要考虑软硬件资源等基础信息设施的虚拟化以实现资源的集成共享，同时还要实现在统一的虚拟化环境下提供更加丰富多样的应用服务以满足实验教学对实验环境的需求。因此，云计算下的实验教学中心基本架构分为硬件设备层、软件平台层、基础应用层和多端接入层等四个层次，如图 1 所示。

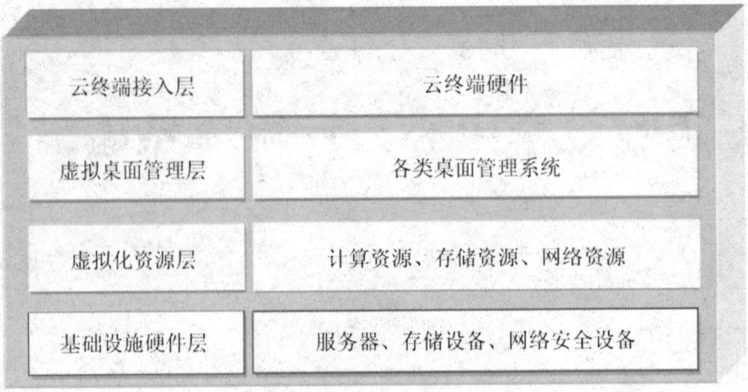

图 1　实验教学中心云构架模型

（二）经管类实验教学中心的云架构搭建

经管实验教学环境涉及诸多实验信息系统和实践场景，对实验环境有灵活部署、及时响应、快速搭建的需求；同时，实验教学中心的管理需要兼顾高效、便捷、安全和稳健，因此，北京联合大学经济管理实验教学中心在整合原有系统和设备的基础上，利用云技术，建设了开放且能够满足各类经管实验课程和学生自主实验活动的实验教学中心云架构，如图 2 所示。

图 2　经济管理实验教学中心云架构

IaaS（基础设施即服务）：以服务的形式提供虚拟硬件资源，如虚拟主机/存储/网络/安全等资源。用户无须购买服务器、网络设备、存储设备，只需租用硬件进行应用系统的搭建即可。

PaaS（平台即服务）：提供应用服务引擎，如互联网应用编程接口/运行平台等。用户基于该应用服务引擎，可以构建各类应用。

SaaS（软件即服务）：用户通过标准的 web 浏览器来使用云计算平台上的软件。用户不必购买软件，而是按需租用软件。

三、云计算给实验教学中心建设带来的优势

利用云技术搭建的实验教学环境在计算机系统配置架构、计算服务方式和存取数据的透明性等方面比传统实验环境的性能更加优越，也使得经管实验中心在实验教学模式、实验教学管理、实验设备维护和安全保障等方面有所不同。基于云计算的实验教学中心具有以下优势特点。

（一）能够解决硬件资源利用率低、硬件建设成本高的问题

一方面，传统经管实验教学中心实验软件的服务器端安装在指定的服务器上，一台服务器只服务一个或少数几个应用，当学生在同一时间进行相同实验、运行统一软件时，服务器计算需求很大，但在实验空闲时服务器又处于闲置状态，造成硬件资源利用率不均衡；另一方面，随着系统或软件升级，需购置性能更高的服务器以满足软件运行的需求，造成了中心服务器数量不断增多、购置成本增大。云计算下的实验教学架构，由于有一系列服务器、存储设备等设备形成的资源池，通过云计算管理平台，可以将运行任务合理分配到各种资源上，使其能够协同工作，从根本上解决了硬件资源利用率低的问题。

（二）能够满足多校区、全天候、多类终端的实验需求

传统实验中心因独立部署实验应用、各实验室服务器资源不能共享、实验室工作时间固定等条件限制，学生只能按指定的地点和时间进行实验；实验中心云架构的实现使得实验软件和实验数据均可在云端运行和存储，数据和应用可以共享，学生和教师利用网络即可在不同时间、地点使用自己的终端设备进行实验和实验研究，从根本上解决了我校实验教学对多校区、全天候、多类终端进行实验的需求。

（三）能够实现快速部署、统一管理、及时除障的环境保障目标

传统架构下的经管实验教学中心，实验教学环境部署和软硬件维护会因实验用计算机批次、配置、性能不同而进行不同的操作，同时，不同的专业实验对操作系统和应用软件的版本要求不同、软硬件的兼容性不同等也使得

实验环境的更新和维护工作量急剧增大。利用云技术，实验教学中心的技术人员能够通过对云端的软硬件、系统进行更新和维护，就可以实现实验环境的快速部署和统一管理，这大大降低了实验室管理的工作量，提高了实验环境维护的效率。

（四）能够提高实验环境的安全可靠性

云构架可以为实验教学中心提供安全、可靠的数据存储中心，减少和避免学生、教师通过移动存储设备存储实验数据文件造成的病毒传播；同时还能通过专业人员的统一从存储层来保障实验系统和数据的安全，确保数据的隐秘和完整。

四、基于云计算的实验教学中心综合保障体系

云计算下的实验教学中心综合保障体系主要涉及实验教学运行管理、实验教学平台管理、实验教学师资队伍建设、实验教学资源建设等方面。

（一）实验教学平台管理

1. 资源系统管理：综合应用各类存储设备、硬件设备、服务器集群、由虚拟技术构建虚拟实验室及实验环境，实现数据、存储、软硬件设备等资源的统一管理、调度功能。

2. 服务器虚拟机管理：利用虚拟机技术，在服务器群中构建数目不同的虚拟计算机，可运行不同的操作系统以及与实验或科研相关的系统软件，从而构建满足个性化需求的实验环境。

3. 实验教学平台管理：在系统管理层，进行用户行为监控、系统管理及资源管理。其中，行为监控系统主要是监控系统的运行状况、异常的检测以及用户行为、流量的监控。对于系统出现的异常情况及时做出相应的处理。

（二）实验教学运行管理

1. 梳理、建立云构架下的实验教学运行管理体系，利用云平台、门禁系统、远程桌面系统、远程监控系统等进行实验课程日常运行管理和实验室开放管理。

2. 建立一系列较为完善的实验中心运行管理制度。如，实验教学中心运行管理制度、实验教学中心开放管理办法、实验设备与软件管理实施细则、实验中心安全管理制度等，并把管理的责任落实到人。

（三）实验教学资源管理

实验教学资源主要包括实验教学课程、实验项目、专业教学软件、实验教学案例等，通过云平台对教学资源进行管理可以为教师、学生提供规范的实践教学模板和共享，促进实验教学课程建设，创新实验教学模式，提高教学质量。

1. 实验教学课程和实验项目管理。通过云平台提供的结构化模板，教师可以个性化地完成各类实验教学文件、实验用教学资料的展示和传播。与此同时，基于云平台搭建的实践教学资源库，会不断积累和更新各类实验课程和实验项目资源，提供给资源需求者。

2. 实验教学组织管理。通过云教学平台，教师应提供满足学生个性化学习需求的学习指南、教学视频、案例演示、学生作品展示、在线练习等教学资源，与学生进行各类形式的教学互动，完成教学过程。

3. 实验教学质量管理。通过云平台的动态监控机制，可以对教师和学生的实验教学活动进行监控，记录和跟踪学生的学习活动，对学生的学习效果进行综合评价，教师应通过教学效果评价系统了解学生的学习状况，动态调整教学内容，合理组织教学，提高实验教学效果。

（四）实验教学师资队伍建设

构建一支结构合理、有较强责任感、实践经验和管理水平较高的实验教学师资与管理队伍是充分发挥实验教学中心云平台作用的基础和保证。云构架下的实验教学中心师资队伍应由专业实验教师、实验技术人员、实验管理人员组成，还可吸收有丰富企业工作经历和较强实践能力的校外专家和教师参与实验教学工作、聘请专业公司的技术人员作为技术指导和技术支持。中心的师资队伍应定期接受相关专业技术的培训，不断更新技术知识，以做好中心技术环境建设和管理。

五、结束语

基于云计算的经管实验教学中心建设和管理还处于探索和发展阶段，需要各方面的支持和协作。为使云计算实验教学中心发挥更大的作用、取得更好的效果，我们还将继续进行不断的研究和探索。

参考文献

[1] 姚占雷，许鑫，叶德磊. 云计算架构下经管类实验教学环境搭建与应用实践 [J]. 现代教育技术，2013，23（7）：111-116.

[2] 王梅源，郑双怡，张劲松. 基于"云"的信息管理实验室建设分析与思考 [J]. 实验技术与管理，2015，32（11）：251-256.

[3] 张明. 基于云计算实验中心的建设与管理研究 [J]. 电脑知识与技术，2015，11（10）：59-62.

［4］于瑞强．知识服务云平台下个性化学习机制研究［D］．南京邮电大学，2013．

［5］崔虹燕，韩金仓．基于云模式的优质教学资源服务平台建设研究［J］．现代情报，2013，33（1）：43-46．

基于物联网的实验教学
中心管理运行探讨

◉ 郭　峰

摘要：物联网的深度应用突破了物理设施和数据管理之间相互独立的管理模式，为实验室管理提供了新的视角和方法，分析了实验中心运行管理特点和物联网技术，在物联网相关理论和应用技术的基础上，设计基于物联网的实验中心拓扑结构，讨论实验中心实施设备管理和教学管理的新思路和方法，有利于加快实验中心的智能管理、配置优化和资源共享。

关键词：物联网　实验教学中心　智能运行

一、引言

物联网（The Internet of Things）是新一代的信息技术，通过 RFID 红外感应器、全球定位系统、激光扫描器等信息传感设备，按照约定的协议，以有线或无线的方式把任何物品与互联网连接起来，以计算、存储、分析等处理方式构成所关心事物的动态和静态的信息知识网络，用以实现智能化识别、定位、跟踪、监控和管理的一种网络。

物联网具有全面感知、可靠传递、智能处理、无处不在的特点，被誉为是继计算机、互联网、移动通信网之后的又一次信息化产业的浪潮，物联网拓展了互联网应用的发展空间，推进了 RFID 等新兴产业技术的发展和应用领域技术的创新研究。

未来物联网技术将在各行各业中得到充分运用，把物联网技术装备到电网、道路交通设施、建筑设施等各种物体中，然后利用物联网与现有的互联网整合起来，从而实现人类社会与物理系统的整合。在这个网络当中，有一个强大的中心计算机群，对整合网络内的机器、人员、设备和基础设施实施实时的管理和控制，从而，我们可以以更加细致的方式管理生产和生活，提高资源利用率和生产力水平，改善人与自然间的关系。

物联网的问世，打破了传统思路。传统思路一直是将物理设施和信息设施分开，物理设施方面是电网、各种电器，而信息设施是数据中心、计算机、互联网等。而在物联网时代，家居、电缆将与电子芯片、互联网整合为统一的基础设施。

物联网的深度应用突破了物理设施和数据管理之间相互独立的管理模式，为实验室管理提供了新的视角和方法。传统的实验室管理工作在很大程度上停留在物联网的网络层，所以其大部分管理功能局限于设备和资产管理，这种局限性给实验室管理工作带来了一定的困难，也导致实验室功能的单一性。在物联网感知层、网络层和应用层的架构基础上，结合信息获取技术和实际应用需要，将物联网技术贯穿于实验室管理中，从而加快实现实验室管理的信息化和智能化。

二、实验教学中心运行管理特点

好的实验室不仅要求具备好的资源，更需要拥有好的管理方法和管理模式。"资源"与"管理"这两大问题是必须要越来越重视的两个焦点问题，只有结合了优秀的管理方法，资源才能实现最有效的整合，才能获得最大化的利用，进而创造出最高的效益。

高校的实验室，就功能角度而言，可主要分为教学实验室、科研实验室、演示实验室三大类，教学实验室是高校实验教学的载体，是整个教学体系的主要组成部分，是高校培养高素质人才的重要基地。科研实验室是各类科研项目的攻关地，承担着国家和国际的各类前沿研究。演示实验室主要是用于展示各类创新型产品等科研成果，用于参观和考察。

当前，我国高校的实验室管理主要存在信息系统自动化程度低、管理制度监督力度不够、小型仪器设备容易丢失、大型仪器设备较难维护、仪器设备使用率较低、资产共享开放程度不够、实验环境不够安全等问题。各高校采取的面向提高实验室管理效率的方法可谓多种多样，如加强实验室规章制度、完善人工监督评估方案、实行仪器设备"标签化"、租赁大量实验室管理和技术人员以及投入大量运行维护经费等。总而言之，当今高校实验室管理常用的方法不论是上述哪种具体的方案都主要依赖于"人"或"制度"来管理，即依赖实验技术和管理人员的手动操作管理以及依靠实验室规章制度的硬性约束管理，上述的这些管理方法都没有从根本上实现实验室管理的自动化、智能化和实时化。

三、物联网技术

物联网的关键性技术主要有 4 项，即 RFID 技术、WSN 技术、智能技术和纳米技术。RFID 技术主要用来标识物体，WSN 技术主要用于感知事物，智能技术主要是针对事物的智能化，纳米技术主要是实现事物的微缩。

物联网从技术架构上来看可分为三层：感知层、网络层和应用层。

感知层由各种传感器以及传感器网关构成，包括二氧化碳浓度传感器、温度传感器、湿度传感器、二维码标签、RFID 标签和读写器、摄像头、GPS 等感知终端。感知层的作用相当于人的眼耳鼻喉和皮肤等神经末梢，它是物联网识别物体、采集信息的来源，其主要功能是识别物体、采集信息，该层的基本特征就是感知的全面性。

网络层由各种私有网络、互联网、有线和无线通信网、网络管理系统和云计算平台等组成，相当于人的神经中枢和大脑，负责传递和处理感知层获取的信息，该层的基本特点是传递的可靠性。网络层是实现以数据为中心的物联网核心技术，包括传感网数据的存储、查询、分析、理解以及基于感知数据决策和行为的理论与技术，现今高速发展的云计算平台将是物联网快速发展的一大助力。

应用层是物联网和用户（包括人、组织和其他系统）的接口，主要是利用云计算、模糊识别等各种智能化技术手段，实现对物体的智能化识别、定位、跟踪、监控和管理等，它与行业需求结合，实现物联网的智能应用，该层的基本特点是处理的智能化。应用层通过将物联网技术与行业专业技术对接来提供各种解决方案，以实现广泛的智能应用。应用层实现了信息技术在各种行业中的深度融合，关键问题是如何实现信息的共享和安全。

在物联网三层结构的基础上，将物联网与实验室管理相结合，利用现有的软硬件条件，实现实验室管理的自动化、智能化和实时化。

四、基于物联网的实验中心智能管理

（一）基于物联网的实验中心拓扑结构

基于物联网的实验中心智能运行管理主要体现在监测和控制两个方面，监测主要包括对于实验室环境信息的采集和学生实验情况的监视，控制主要是指基于网络的远程监控和学生身份的认证。

从物联网的三层结构出发，在现有实验教学中心管理结构的基础上，建立基于物联网的管理模式，其拓扑结构如图 1 所示。

图1 基于物联网的实验教学中心拓扑结构

（二）物联网基础实施

针对性地对不同设备仪器选择不同无线接入手段，如红外、WiFi、蓝牙等，对于现有仪器仪表中集成无线设备问题，可先从利用成熟的 RFID 技术着手，再逐步深入拓展融合多种无线传感器，以提供实时的、多样性的监测与控制信息。

对于大型和复杂仪器设备安置一个高容量的电子芯片，前来实验的师生只需手持一个阅读器便可轻松了解到该仪器的使用说明和操作步骤，迅速实现人机对话。

（三）基于物联网实现统筹管理

结合实验中心环境信息、资源信息、仪器状况信息等进行统筹安排，给出合理的指导和仪器使用机时分配。

搭建一个设备信息共享平台，使得实验中心资源能够实时展示，可以为供求双方根据不同需求，解决设备共享问题。

（四）制定基于物联网的实验中心管理制度

对于标签的规范化制作和贴标，以及对人员身份 ID 和对仪器及时的 ID 信息扫描的规范化管理也相当重要，只有真正形成一套完善的管理制度，在操作过程中将对这些信息的扫描登记纳入实验操作规范中，才能真正有效地采集数据，并以此实现对信息的有效整合和处理，实现实验中心的数字化无人化管理。

五、结语

把物联网技术应用到高校实验教学中心的管理中来，结合云计算技术，将从根本上改变我国高校一贯运用"人"和"制度"这两个传统的方法来管理实验中心的传统局面，真正实现实验教学管理的自动化、网络化、信息化、智能化和实时化。物联网技术在高校实验室管理中的应用，综合运用了以趋成熟的射频识别、WSN 技术、智能技术、纳米技术等知识，将实验中的所有资源，包括仪器设备、办公用品、实验耗材、实验环境、实验人员等，与网络连接起来，与移动信息网连接起来，真正实现实时的远程控制、智能运行，期望做到"地尽其利，物尽其用"，使得实验教学中心能真正成为教学、科研和服务社会的技术支撑平台。物联网技术的新时代必将为我们带来生活上、工作上的全新体验。

 **参考文献**

[1] 孙其博，刘杰. 物联网：概念、架构与关键技术研究综述 [J]. 北京邮电大学学报，2010，33（3）：19.

[2] 王瑾. 基于物联网的实验室管理技术 [J]. 电脑知识与技术，2010，21（6）：5741-5742.

[3] 李如年. 基于 RFID 技术的物联网研究 [J]. 中国电子科学研究院学报，2009（6）：594-597.

[4] 肖克辉. 无线传感器网络开放实验室建设 [J]. 实验室研究与探索，2011，30（1）：140-157.

[5] 张鼎昱. 基于信息科技实验室智能管理系统功能研究 [J]. 科技传播，2014（7）：218-219.

[6] 崔贯勋. 基于云计算技术的计算机实验教学平台 [J]. 实验室研究与探索，2013，32（10）：447-450.

基于数据挖掘的教师评议分析系统的设计与实现

◉王　耀

摘要： 本文论述了在基于数据仓库和数据挖掘的技术基础上设计了针对学生评议任课教师主题的数据挖掘和分析系统的过程，通过本系统的数据分析发现影响教师教学效果的重要因素，进而优化教学过程，提高教学质量。该系统以 SQL Server 2008 为工具建立了数据仓库，在对学生档案库、教师档案库、教师评议库等历史数据分析的基础上建立了数据仓库的维表和事实表，并进行了数据的抽取、清洗、转换和加载工作，然后在 SQL Server Analysis Services 服务器平台上，以 BI Dev Studio 结合 DMX 为开发工具，采用决策树算法建立数据模型，对评议教师主题的教务信息进行数据挖掘和分析，并以 Visual Studio. Net 2005 为开发工具，设计 ASP. NET 的 WEB 网页程序展示数据挖掘的结果。

关键词： 数据挖掘　数据仓库　DMX　决策树

一、前言

本文以某中专学校教务系统现有的数据为基础，进行了针对学生评议教师主题的数据挖掘和分析处理。在进行此次数据挖掘处理之前，先对学校现有的数据系统进行了分析。目前学校存有四个不同的数据系统，即学生档案系统、教师档案系统、学生成绩库和教师评议成绩库。但是这四个教务管理信息系统仅能为教务管理人员提供查询、修改、删除、添加等数据信息的操作，却不能揭示数据内在的联系。比如在学生对教师的评议中，作为教务人员可能需要知道教师评议分数的影响因素是什么，教师的学历和职称对学生成绩有何影响等等。

因此，采用涉及到数理统计、人工智能以及知识工程等领域的数据挖掘技术是解决上述问题的最好途径。利用数据挖掘技术，能够从大量的教务数据中获取有意义的信息，并经过科学的分析得到可靠的有价值的结论，然后将这些有价值的结论提供给教务决策者供其参考。

二、相关概念

（一）数据仓库

美国著名信息工程学家 W. H Inmond 系统地阐述了数据仓库的概念：数据仓库（Data Warehouse）是一个面向主题的（Subject Oriented）、集成的（Integrate）、相对稳定的（Non-Volatile）、反映历史变化（Time Variant）的数据集合，用于支持管理决策。

数据仓库环境最重要的三个环节是抽取（extract）、转换（transform）及加载（load），即 ETL 过程。数据的抽取是从不同的网络、不同的操作平台、不同的数据库及数据格式、不同的应用中抽取数据到一个可称为"数据集结区"的地方。数据的转换是在数据集结区对数据进合并、汇总、过滤和转换等。数据的加载是将数据从数据集结区加载到数据仓库中。

（二）数据挖掘

数据挖掘是从大量数据中提取或"挖掘"知识，也被称为数据库中的知识发现，也就是从大量数据中获取有效的、新颖的、潜在有用的、最终可预测的模式的过程。

数据仓库是数据挖掘的基础，而数据挖掘为数据仓库提供了更好的决策支持。这二者是相互影响、相互促进的。

（三）数据挖掘的决策树算法

1. 决策树的相关概念

决策树也称为判断树，它可以解决分类问题和回归问题。决策树是一个类似于流程图的树结构，其中每个内部结点表示在一个属性上的测试，每个分支代表一个测试输出，而每个树叶节点代表一个类或类的分布。决策树的算法中具代表性的是 ID3 和 C4. 5 算法。ID3 算法用来解决以离散型变量作为属性类型的学习方法。连续型变量必须被离散化才能被学习。

设 S 为训练集，训练集中每个训练样本有 n 个描述属性，表示为（A_1，A_2，…，A_n），|S| 为样本总数；|U_i| 表示 U_i 类例子数；特征 A_k 处有 m 个取值，分别为（V_1，V_2，…，V_m）。

（1）出现概率 U_i 类出现概率为 P（U_i）= |U_i|/|S|；

（2）条件概率 U_i 类在特征 A_k 处，取值 V_j 的样本集合 V_{ij} 的条件概率为 P

$(V_j | U_i) = |V_{ij}| / |U_i|$;

(3) 信息期望 $I(|U_1|, |U_2|, \cdots, |U_m|) = -\sum_{i} P(U_i) \log_2 (U_i)$

(4) 信息熵 设描述属性 $A_f(f = 1, 2, \cdots, d)$ 具有 q 个不同的取值 $\{a_{1f}, a_{2f}, \cdots, a_{qf}\}$，利用 A_f 可将 S 划分为 q 个子集 $\{S_1, S_2, \cdots, S_q\}$，其中 $S_i(i = 1, 2, \cdots, q)$ 中的样本在 A_f 上具有相同的取值 a_{sf}。设 n_i 表示子集 S_i 中的样本数量，n_{ji} 表示子集 S_i 中属于类别 U_j 的样本数量。则由 A_f 划分数据集 S 所得的熵可按下面的计算式计算：

$$E(A_f) = \sum_{i=1}^{q} \frac{n_{1i} + \cdots + n_{mi}}{|s|} I(n_{1i}, \cdots, n_{mi}) \quad \text{其中} \quad I(n_{1i}, \cdots, n_{mi}) = -\sum_{j=1}^{m} p_{ji} \log_2 (p_{ji})$$

(5) 信息增益 $Gain(A_f) = I(|U_1|, |U_2|, \cdots, |U_m|) - E(A_f)$

2. 决策树的算法

(1) ID3 算法。

输入：给定训练集 S_{train}，其中每一个训练样本都是由一组描述属性的具体取值表示的特征向量，并且每个训练样本都有类标号；给定描述属性组成的集合，作为决策树中根结点和各内部结点上的分枝属性的候选集。

输出：决策树。

①如果训练集 S_{train} 中的样本都属于同一类别，则将根结点标记为叶结点，否则进行第②步。

②如果描述属性集为空集，则将根结点标记为叶结点，类标号为 S_{train} 中包含样本数量最多的类标号，否则进行第③步。

③根据信息增益评价标准，从给定的描述属性集中选择一个信息增益的值最大的描述属性作为根结点的分枝属性，之后进行第④步。

④按照根结点中分枝属性的具体取值从根结点进行分枝，假设测试属性有 L 种取值，则 S_{train} 被划分为 L 个样本子集，每个样本子集对应一个分枝，而且其中的样本具有相同的属性值，之后进行第⑤步。

⑤对于根结点下面的各个内部结点，采用递归调用的方法重复①-④，继续选择最佳的分枝属性作为内部结点，直到所有的样本都被归类为某个叶结点为止。

(2) C4.5 算法。

C4.5 的算法与 ID3 算法的步骤类似，只是将第③步中的信息增益改为信息增益比。

三、教师评议主题的信息分析系统的设计与实现

(一) 系统体系结构设计

本系统将从实际的教务需求出发，利用数据仓库和数据挖掘技术对分析

影响教师评议分数的因素。根据这个设计目的，本系统由应用层、数据分析层、数据层、数据源层组成。

（二）数据层设计

根据系统的需要，在设计数据仓库前应确立如表1所示的数据分析主题描述。

表1　教务信息分析系统主题的详细描述

主题名	公共键	属性组
学生成绩	ID	ID，学年学期，学生编号，课程编号，教师编号，课程分数
评议分数	ID	ID，学年学期，学生编号，课程编号，教师编号，评议选项，评议分数
教师	教师编号	教师编号，教师姓名，性别，职称，工龄，学历
学生	学生学号	学生学号，学生姓名，学生性别，生源地区，班级编号
课程	课程代码	课程代码，课程名称，课程性质，课程类型
班级	班级编号	班级编号，班级名称，入学时间，专业编号
专业	专业编号	专业编号，专业名称，专业大类

然后，建立如表2至表4所示的维度表和表5所示的评议分数分析事实表。

表2　学生维表（student）

字段名称	数据类型	作用描述
学生学号	Char（11）	主键
学生姓名	Nvarchar（10）	—
学生性别	Char（2）	有男、女两种值
班级编号	Char（10）	—
生源地区	char（6）	北京的各个区县

表3　教师维表（teacher）

字段名称	数据类型	作用描述
教师编号	Char（5）	主键
教师姓名	Nvarchar（10）	—

字段名称	数据类型	作用描述
教师性别	Char（2）	有男、女两种值
从教年份	int	从事教师工作的年份（四位数字）
职称	Nvarchar（4）	有助理讲师、讲师、高级讲师三类
学历	Nvarchar（5）	有大学本科、硕士研究生和博士研究生三类

表 4　课程维表（course）

字段名称	数据类型	作用描述
课程代码	Char（5）	主键
课程名称	Nvarchar（20）	—
课程性质	Char（1）	课程性质有四类：0 必修专业基础课，1 专业课，2 必修基础文化课，3 任选课
课程类型	Char（1）	课程类型有两类：0 理论，1 实践

表 5　评议分数分析事实表（pf）

字段名称	数据类型	来源	作用描述
ID	Numeric（18, 0）	—	主键
学年学期	Char（10）	来源于教师评议库	—
学生学号	Char（11）	从 student 表抽取	—
课程编号	Char（5）	从 course 表抽取	—
教师编号	Char（5）	从 teacher 表抽取	—
教书育人	float	从教师评议库中计算得到	评分指标
板书安排	float	从教师评议库中计算得到	评分指标
师生关系	float	从教师评议库中计算得到	评分指标
备课情况	float	从教师评议库中计算得到	评分指标
教学内容	float	从教师评议库中计算得到	评分指标
时间安排	float	从教师评议库中计算得到	评分指标
课堂讲解	float	从教师评议库中计算得到	评分指标
课堂纪律	float	从教师评议库中计算得到	评分指标

续表

字段名称	数据类型	来源	作用描述
作业批改	float	从教师评议库中计算得到	评分指标
教学辅导	float	从教师评议库中计算得到	评分指标
评议分数	float	来源于教师评议库	——

（三）数据分析层设计

数据分析层是在 SQL Server Analysis Services 服务器平台上进行的，要完成对数据的挖掘和分析过程，首先要搭建 SQL Server Analysis Services 服务器。BI Dev Studio 是针对数据挖掘技术提供的比较完整的开发环境。利用它，可以方便地创建和布署 Analysis Services 数据库。本系统采用 DMX 辅助 BI Dev Stduio 完成数据分析层的设计和实现。DMX 的目的是为数据挖掘定义统一的概念和统一的查询表达式，类似于 SQL 语言所起的作用。DMX 进行数据挖掘的步骤依次是创建挖掘结构、创建挖掘模型、填充挖掘结构（也称为训练）、对挖掘结果进行检索分析和预测。

可以在 BI Dev Studio 提供的挖掘模型查看器中查看生成的决策树，如图 1 所示。该决策树图形以直观的形式展示了在教师评议分数决策树分析过程中对评议等级的影响因素。如果把鼠标移到每个树的结点（用矩形框表示）上时，查看器就会在挖掘图例中显示详细的数据信息（包括事例数和概率），如图 2 所示。

如果想找某一类（比如想看评议等级为 Y）的概率，可以在查看器的背景中进行选择。

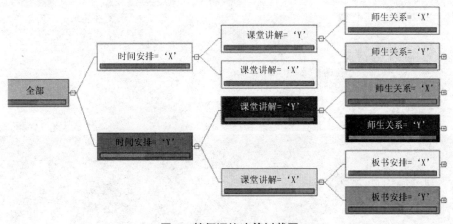

图 1　教师评议决策树截图

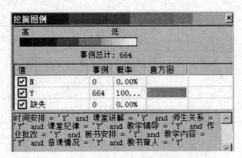

图2　数据挖掘查看器中的挖掘图例

图2是选择评议等级为 Y 颜色最深的一枝树的叶结点的挖掘图例。它表示影响评议等级为 Y（优秀）的因素依次是时间安排、课堂讲解、师生关系、课堂纪律、教学辅导、作业批改、板书安排、教学内容、备课情况和教书育人。

（四）应用层设计

应用层的本质是提供人机交互接口，通过应用程序将数据分析层的结果展示给决策者。本系统的应用层采用 Visual Studio. NET 开发工具设计并开发 Web 界面的 ASP. NET 网页程序。采用 ADOMD. NET 编程接口访问 Analysis Services 数据库。通过微软提供的 DMDecisionTreeViewer 控件可在前端网页程序中实现该决策树的图形化显示。

运行后的程序界面如图 3 所示。

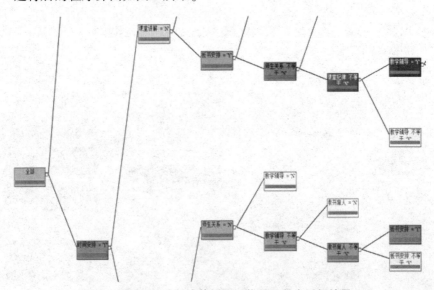

图3　教师评议分析决策树图形化显示程序运行结果

四、结语

本文利用 Analysis Services 数据库进行了数据挖掘的建立和处理，并采用 Visual Studio. NET 工具利用 ADOMD. NET 对象编程完成了网页前端的展示工作，具有较好的可行性。教师评议分数的决策树分析结果对教学决策起到了一定的作用，对学校的教务活动有着一定的指导意义。

由于系统采用了 Microsoft 决策树算法，它是基于 ID3 算法的，而 ID3 算法使用信息增益选择属性时偏向于取值较多的属性，这使得分析出来的信息存在一定的缺陷。此外，前端展示的形式还比较单一，有待于加强与改善。

 **参考文献**

［1］陈安，陈宁，周龙骧，等．数据挖掘技术及应用［M］．北京：科学出版社，2006.

［2］吕慎敏．基于数据挖掘的高校教学管理决策支持系统研究［D］．山东：山东师范大学，2012.

［3］杨宏颖，罗桓，等．基于决策树的网络教学数据挖掘应用［J］．电脑知识与技术，2010，6（10）：2313-2314.

［4］梁盾．数据挖掘算法与应用［M］．北京：北京大学出版社，2006：5-7.

［5］姚玉阁．探究数据挖掘技术在教学工作中的应用［D］．内蒙古大学，2011.

［6］朱娟，杨丰华．改进的决策树算法在教务管理数据挖掘系统中的应用［J］．软件导刊，2010，9（4）：78-79.

高校物联网智能门禁方案探讨

◉ 郭建平

摘要： 物联网被称为继计算机、互联网之后，全球信息产业的第三次浪潮，是典型的多学科交叉的综合研究，作为物联网应用的重要发展领域，打造物联网实验中心必将成为高校物联网发展的重要方向，也是各高校实现物联网人才培育和提升管理的必要途径。

关键词： 物联网　实验室　门禁方案探讨

一、引言

物联网被称为继计算机、互联网之后，全球信息产业的第三次浪潮，是典型的多学科交叉的综合研究，物联网被称为是下一个万亿级的通信业务。2011 年教育部公布 140 个新专业，物联网成为高校新增热门。

随着科学技术的不断进步，人们对工作、生活的自动化水平也提出了越来越高的要求，智能门禁管理系统就是为了满足人们对现代化办公和生活场所更高层次安全管理的需要应运而生的。目前智能门禁管理系统已广泛应用于工厂、学校、写字楼宇、物业小区、商店、金融系统、电信系统、军事系统、宾馆等多种场合，大大提高了整体的工作效率及系统安全管理需求。传统的方法是工作人员对出入人员进行登记放行，这种方法费事、费力又容易出错，而且管理不严格。因而智能、安全、高效的现代化门禁管理已经成为社会发展的必然趋势。

二、物联网智能门禁技术

门禁系统，又称为出入口控制系统，是一套现代化的、功能齐全的门禁系统不只是作为进出口管理使用，而且还有助于内部的有序化管理。门禁所用的感应卡也就是非接触式 IC 卡，非接触式 IC 卡相对于以往传统的接触式卡类（如 IC 卡、磁卡、条码卡、TM 卡等系统），具有更多的优点。通过这套智能门禁管理系统，可以实现对人员权限的明确限定，无论是内部人员或外部人员，都可以通过对权限的设置，并可达到在提高安全度的情况下节约人力的效果。而且我们还可以结合考勤、卡证制作、电子巡更、就餐、停车场管理等功能，实现"一卡通"功能。

非接触式门禁系统采用个人识别卡方式工作，给每个有权出入的人发放一张非接触式个人识别卡，相当于一把钥匙。系统根据该卡的卡号和当前时间等信息，判断该卡持有人是否可以进出，如果可以，则系统自动开门，否则，不开门。对于工厂、机关等需要考勤的场所，门禁系统还可以记录每个职工是否按时上下班。门禁系统的另一优点是可以随时增加和删除某一卡，而不必担心某一卡丢失后造成什么损失。

（一）非接触IC卡在现代生活中的应用

目前非接触IC卡在智能建筑中应用已经覆盖了人员身份识别、宾客资料管理、教职工考勤、电子门锁管理、出入口门禁管理、水电气三表数据远传和收费管理、车场收费及车辆进出管理、教职工食堂售饭管理、教职工工资及福利管理、人事档案及人员调度管理、商场及餐厅娱乐场所的电子消费管理、图书资料卡及保健卡管理、电话收费管理等。

智能卡的使用者主要是机房管理的教职工和保安员、客户、外来贵宾和游客。

（二）智能卡的分类

智能卡一般可分为接触式和非接触式。

接触式智能卡读卡器必须要有插卡槽和触点，以供卡片插入接触电源，有使用寿命短、系统难以维护、基础设施投入大等缺点，但发展较早。

非接触式智能卡又称射频卡，是近几年发展起来的新技术。它成功地将射频识别技术和IC卡技术结合起来，将具有微处理器的集成电路芯片和天线封装于塑料基片之中。读写器采用磁感应技术，通过无线方式对卡片中的信息进行读写并采用高速率的半双工通信协议。其优点是使用寿命长，应用范围广，操作方便、快捷，但也存在成本高，读写设备复杂，易受电磁干扰等缺点。目前，非接触式卡片的有效读取距离一般为50~200毫米，最远读取距离可达数米（应用在停车场管理系统）。

非接触式IC卡功能性较强且种类繁多。由于企业、校园及酒店日益关注非接触式IC卡的使用，使得许多新增领域明确提出使用非接触式IC卡，同时，条码、磁卡系统也由于使用不便、容易受损等原因，面临替换的命运。

（三）非接触式 IC 卡特点

（1）无源、免接触、免操作、使用寿命长。数据交换不受除射频屏蔽介质的影响，使用方便。防水、防尘、防静电干扰，适应各种恶劣环境，感应距离远，一般可达 5~15 厘米。安全可靠、误读或不读卡的概率几乎为零，成百上千亿的密码，无法破译。

（2）IC 卡挂失十分简单。如果使用的 IC 卡丢失，可立即用新卡替换，即换发新卡。旧卡随即自动失效。

（3）强大的系统管理功能，以门禁为例，管理部门可通过电脑对持卡人开门权限和进出时间进行设置。可设置多个权限级别，必须要有各级授权卡和发卡设备结合使用才能对空白 IC 卡赋权，增加了整个系统运行的安全性。

三、智能门禁优势

（1）可以树立高校实验室规范化管理形象，提高高校实验室的管理档次，同时规范内部的管理体制。

（2）一张感应卡可以替代所有的门钥匙，而且可以将每张卡设置不同的开门权限，授权持卡教职工进入高校实验室内其职责范围内可以进入的门。所有的进出情况在电脑里都有记录，便于针对具体事情的发生时间进行查询，落实责任。

（3）可以将不受欢迎的人员拒之门外，例如可以杜绝传销、保险等行业的业务员在未经许可的情况下擅自闯入您的办公室，干扰您正常的办公秩序。同行的竞争者不会轻易地进入您的办公或开发场所顺手拿走您的业务资料或核心技术资料。

（4）如果教职工的感应卡遗失可以在系统内即时挂失，这样即使其他人捡到了该感应卡也无法进入高校实验室，这样相对于普通机械锁要方便得多，您不必为了安全起见重新换锁，为高校实验室的每个人重新配钥匙。对于辞职或开除的教职工感应卡采用禁用的方式，该教职工以后就无法进入高校实验室，如果您不采用感应卡门禁管理方式，您恐怕为了以防万一必须多次更换高校实验室大门的锁。

（5）采用先进的分体式结构控制，即读卡部分与控制部分进行分离，外人无法通过机械或其他高科技方法打开您的电锁进入您的办公场所。而其他诸如密码门禁，机械锁都无相应安全机制，可以通过电路短路或万能钥匙轻易进入您的办公场所。

四、高校物联网智能门禁方案设计依据

（一）以人为本

"人"是企业管理的主体，系统设计应紧紧围绕着人们的实际需求，以实用、简便、经济、安全的原则，同时照顾到不同职务层次、不同部门的需要，满足企业管理这一特定使用功能。

（二）适用性和先进性

当今科技发展迅速，可应用于门禁系统的技术和产品可谓层出不穷，工程中选用的系统和产品都应使用户得到实实在在的受益，并满足近期使用和远期发展的需要。在多种实现途经中，选择最经济可行的途径。

系统的设计和产品选用在投入使用时应具有一定的技术先进性，但不盲目追求尚不成熟的新技术或不实用的新功能，以充分保护用户的投资。

（三）标准化、开放性

标准化、开放性是信息技术发展的必然趋势，在可能的条件正点，设计中采用的产品都尽可能是标准化、具良好开放性的，并遵循国际上通行的通信协议。应用软件尽量采用已商品化的通用软件，以减少二次开发的工作量和利于日后的使用和维护。

五、门禁管理系统的显著特点

（1）直接基于计算机以太网络通信，控制器自带独立 IP 地址及 IP 指向。每个控制器均带安全验证密码。

（2）可以实现多卡组合开门，即设置为多个持卡人同时刷卡才能实现开门的高层次开门方式，主要应用于高度机密及安全级别特别高的场合，可以设置卡片组合的有序性及无序性。

（3）通道功能：在人员进出频繁又不必使用卡片的场合可以将门设置为通道状态，这样，门处于常开状态，无须刷卡，就直接可以开门，可以通过刷带通道功能的卡片来切换门的通道状态，同时也可以通过电脑直接切换门的通道状态。

（4）可以与计算机联机运行，也可以控制器单机运行，联机使用时系统自动进入实时运行状态，实时数据反应灵敏，所有门的开关状态、反锁状态、人员刷卡进出情况一目了然。

六、结语

综上所述，网络化门禁系统应用在高校实验室的优点在于通信速度快、

网络不受距离限制、网络资源容易获得、系统可管理的控制器数量庞大等。实验室网络化门禁系统应用表明，采用该协议作为联网模式的门禁设备已经成为大型门禁系统项目和远程管理门禁系统项目的主流产品。它与传统门禁相比，在通信和实时监控、数据传输、组网等方面有了很大提高，改善了实时性不足的缺点，在组网上它已经突破了早期总线接入控制器的限制，从总线型网络改成星形结构，任何一点出现问题都不会对系统构成影响，系统故障也很容易查找并排除。

随着智能化、集成化、网络化的不断发展，门禁系统将会走出一条全新的道路，与其他子系统如视频监控系统和防盗报警系统以及与消防报警系统等的整合是业内专业人士普遍认同的一个观点，将会是门禁系统未来的发展方向。

 **参考文献**

[1] 远程网络门禁系统行业深度研究报告 [R]. 中国报告大厅，2015，03.

[2] 我国门禁系统行业发展趋势分析. http://www.safe10000.com/news/79538.html.

[3] 视频门禁发展报告 [R]. 中国报告大厅，2013，04.

[4] 电子门禁系统行业发展趋势分析 [R]. 中国报告大厅，2014，11.

[5] 2012 年中国网络门禁控制器行业产业链发展前景深度分析研究报告 [R]. 中国报告大厅，2014，10.

第四部分

学生管理与教师队伍建设

大学生党员发展的思考与对策

——以北京联合大学管理学院学生党支部为例

◉田小兵

摘要：随着高等教育的不断发展，高校学生党建工作的形势、任务和矛盾也随之发生了一些变化，党建工作面临着新的挑战和任务。因此，在为新一批加入党组织的新鲜血液骄傲的同时，还应清醒地看到高校党员发展过程中存在的问题。本文以北京联合大学管理学院学生党支部的实际情况为例，浅析了在党员发展过程中存在的问题，并根据发展党员和党员管理服务工作的实施意见提出相应可行的解决办法。

关键词：大学生党员　党建工作　党员培养教育

一、大学生党员发展过程中存在的问题

（一）动机多元化

当前，社会各领域发展速度飞快，伴随而来的是各种价值观念涌现，多元化的价值观之间存在差异。大部分学生申请入党是怀着对党的向往，希望加入党组织，为崇高的事业而奋斗；但同时，由于受实用主义思潮的影响，也存在部分入党动机并不纯正的学生。有些学生把入党看作是达成某种目的的阶石，有些学生入党是为了找到满意的工作，还有些学生表现出盲目的从众心理。究其自身原因过后，我们在想有多少学生对党完全没有概念的时候就被强行灌输它的种种价值了？来自家人陈旧思想的、来自亲戚一言一语的、来自周边同学纷纷议论的。无论哪方面的原因，对党组织的发展壮大及学生本人的综合素质提高都会有阻碍。此外，严谨的入党流程被不正确的动机变质成为"捷径"。有些大学生平时表现一般化，但为了早日入党，或是临近毕

业时入党，以便达到个人的某些目的，就想方设法通过种种渠道寻找关系，联络感情，以种种方式博取领导和师生群众的好感，求取在入党程序的各个环节中大家投票通过，幻想走"入党捷径"。这种人，在要求入党的大学生中为数不多，就其追求进步、要求入党本身来说，无可非议，但其动机不纯，行为不端，影响极坏，是社会不正之风在大学生党员发展工作中的反映。

（二）评价不完善

目前对学生入党前的考察往往偏重于某一方面的表现。要么过分注重学习成绩，要么过分注重工作能力，一些成绩优异但不热心班级事务或者担任干部但成绩不好的学生往往也能轻易地加入党组织，而这些学生很难让人信服，无法获得群众基础。另外，当下的组织考察往往偏于形式化。由于申请入党的大学生人数很多，而学生党建工作队伍人数少，有的党龄也较短，加上针对入党积极分子的特点实施教育培养缺乏经验，因此教育培养工作常常流于形式，不利于入党积极分子在政治上走向成熟。同样，大学生入党后的再教育也呈弱化趋势。在发展大学生入党的组织考察方面，有的党组织单凭看学生的思想汇报材料，有的甚至只看思想汇报的份数。临到拟定发展对象时，开个座谈会听听意见，找几个支委、党员填写考察意见，考察工作就算完成了。由于缺乏平时的指导、培养，学生写的思想汇报内容也多是抄书抄报，真正写自己思想变化进步的不多。这样的考察完全是走形式，根本不符合发展党员的程序要求，也完全脱离了现阶段社会转型时期党员发展工作的实际，起不到保证党员发展质量的作用。大学生党员发展工作出现新问题，而且新问题日益凸显，说明了大学生党员发展工作正面临着新的挑战。

（三）重心出偏倚

大多数高校党组织把培养和发展学生党员作为工作的重点，相对于学生入党前的学习、申请、考察、政审工作的重视程度，学生入党后的继续教育则显得相对薄弱，可以说在重视对积极分子进行培养教育的同时，却忽视了对学生入党后的继续教育和管理。面对大学生在校时间相对较短、学生党员入党前的培养考察期也较短的状况，学生入党后的继续教育就显得至关重要。有些党员入党后便放松对自己的要求，非但不能发挥模范带头作用，更有甚者，入党后反而出现各种"不如从前"的滑坡现象。被确认加入党组织后，一切行为都需要谨言慎行，因为在享受权利的同时也必定要履行义务。特别是在发展后的一年预备期间，所作所为都应该是样样谨慎。

（四）模式不对等

高校对学生入党严格把关是无可厚非的，但只以一个框框硬套，很显然不再适应当前发展大学生党员的需要。有些党支部的工作脱离了学生党员的思想和工作实际，形式和方法单调呆板，缺乏针对性和实效性。有些党支部只注重传统的理论教育，忽视对学生党员进行实践锻炼；有些党支部组织生活形式缺乏创新，令学生党员感到枯燥乏味。大多数党支部未能真正利用丰富且受学生欢迎的网络资源去开展党建工作。

（五）力度不均衡

以我院大学生为例，一般学生在入校后才向党组织提交第一份入党申请书，经过一段时间的考察后才能列为入党积极分子。再要至少经过一年的积极分子培养和教育，最快也要到大学二年级下学期才能发展为中共预备党员，大学三年级下学期才能转为正式党员。因此，就出现了大部分高校都存在的大学一年级的预备党员和正式党员人数比例极低，大学二年级个别发展，大学三、四年级成批发展的现象。由此可见，基层学生党支部的积极分子培养的人力和精力严重不足，高年级学生党员对低年级积极分子的培养在强度上相对薄弱，使低年级积极分子的培养和教育管理较为松散。

二、对策

（一）营造积极发展环境

入党动机是一个人要求入党的基本出发点和目标。目前高校学生大多数实践能力差，不愿深入基层。对此，党组织应该多实施实践活动，为发展党员创建一个良好积极的环境，而不是从别人的介绍中弥补对党组织认知的缺乏。以我院系党支部为例，可到周边的志愿事务所做一些服务工作，有利于他们树立为社会、他人服务的意识，在亲身实践中体验基层生活，同时可以提高其实践水平；此外，在发展党员过程中不仅仅跟本人聊天，更要注意所处环境带去的影响。正确的动机可能就是在一言一语中偏离了方向。宿舍是学生的主要活动范围，向宿舍同学们了解情况，既可以了解群众基础，也可以了解所处环境状况。

（二）严格党内组织生活

健全党建工作的要求制度，使得基层党组织生活制度化。要根据《关于加强新形势下发展党员和党员管理服务工作的实施意见》，加强对党支部各项组织生活制度落实情况以及党员参加组织生活情况的监督考核，不断完善考评体系。对不开展组织生活的党组织要及时督促改正，对无故不参加组织生活的党员要及时批评帮助。再根据各支部的实际情况，加强完善各项活动、学习的制度，落实组织制度情况，健全党内法规执行机制，加大党内法规执行力度，以法规制度的严肃性和权威性严格党内生活，推进党内生活的制度化、规范化、程序化，使基层党组织生活走向正规化轨道。

（三）强化工作指导检查

严格发展党员工作程序和纪律。在入党积极分子和发展对象的确定、预备党员的接收和转正等关键环节，严格程序、认真把关。健全和落实发展对象政治审查制度，主要审查发展对象对党的理论和路线方针政策的态度。政治审查要形成结论性材料。凡是未经政治审查或政治审查不合格的，不能发展入党。对违反规定吸收入党的，一律不予承认，切实维护发展党员工作的严肃性。同时，为了避免片面地了解任何一名被发展同学，开展三级评议项目。即班级评议、班主任评议、支部评议三级评议项目，借此可以达到调查群众基础的目的。

（四）创新党建工作方法

针对完全学分制的实施、学生住宿公寓化管理、学生社团的兴盛等情况，可考虑在不违背党章前提下调整学生党支部组建模式，利用计算机及其网络技术的发展，为学生党建工作提供新的手段和途径，我们应抓住学生关注网络信息的心理，充分发挥网络无时间和空间限制的优势，将党建工作延伸到网上，改变传统党建工作的局部性、相对封闭性的不足。学会用年轻人能接受的方式来宣传马列主义意识形态，使网络为学生党建服务。

（五）加大积极分子培养力度

建立"早启发、早选苗、早培养、早发展"的工作机制。在发展上要将重点放在发展二、三年级学生上，同时加大一年级学生入党积极分子培养力度，调整好毕业生党员发展计划，争取做到一、二年级有完善的党小组管理，三、四年级有成型的党支部。入党积极分子队伍是大学生党员发展工作的基础，要做到"早启蒙、早选苗"，不断壮大积极分子的队伍。对于其中各方面均比较优秀的同学，其入党积极分子的时间应该直接连接计算，列入党积极分子满一年后，其他条件均达到党员标准的可列为发展对象，这样就可以解决一、二年级发展比例低的问题，有效地解决了党员发展的年级不平衡。

三、坚持统筹发展　提高党员质量

（一）统筹发展数量与质量之间的关系

党员数量多，并不一定代表组织的战斗力就强，党员数量不是决定党的先进性和执政能力强弱的最重要标志。党的先进性要通过党员的先进性体现出来，党员质量才是决定党的先进性和执政能力强弱的最关键因素，党员质量事关党的生命和未来。在具体工作过程中，要坚持科学培养、全面考察、规范程序，准确贯彻中组部关于发展党员工作"坚持标准，保证质量，改善结构，慎重发展"的十六字方针，及时将符合党员条件的大学生发展为党员。

（二）统筹年度发展计划与入党积极分子、发展对象之间的关系

党员发展要以年度发展计划的制订和执行作为有效抓手，不断提高发展大学生党员的质量。第一，通过对上一年度发展计划执行情况的分析，准确查找教育、培养、考察以及发展过程中的问题，并以此作为今后工作的有益借鉴。第二，对本年度发展工作进行深入的梳理，明确工作目标，不断增强发展工作的预见性、严肃性和科学性。第三，高校党委组织部门可以有效地进行宏观把握，促进院（系）党委（党总支）和学生党支部切实按照规范和程序开展工作，做实积极分子和发展对象的考察工作，把"入口关"进一步向前推进。第四，拓展对入党积极分子的教育、培养和考察的广度和深度，调动广大同学的积极性。

 **参考文献**

［1］甘露．大学生党员发展中存在的问题及对策分析［J］．2009，1-3.

［2］李川，张丹，李特．高校学生党员入党后后续教育体系的研究［J］．东方企业文化，2014（3）：15-21.

［3］龚国成．当前大学生党员发展中存在的问题与对策［J］．天中学刊，2004，19（4）：105-107.

［4］丘伟光，张耀灿．思想政治教育学原理［J］．北京：高等教育出版社，2001.

［5］庄辉，杨松．高校学生党员发展数量与质量的探索［J］．云南师范大学学报，2002（12）：198-200.

［6］杨德强．当前大学生党员工作存在的问题及对策［J］．教育前沿，2007（5）：50-51.

高校学习型学生党支部
建设现状调查与思考

◉ 郭开宇

摘要：高校学生党支部建设是党建工作的基础，是党的各项方针政策在高校最基层的贯彻者、组织者和实施者，是党保持活力和战斗力的根本所在。设立高校学生党支部是党的基层组织建设工作的一个突破，是全面推进学校党的建设的一项战略性、整体性和根本性的重要工作任务。本文通过分析目前我国高校学生党支部建设的状况，以及学习型学生党支部建设中的制约因素，从而得出高校学习型学生党支部建设的几点意见与建议。

关键词：高等学校　学生党支部　建设

高校学生党支部建设是党建工作的基础，是党的各项方针政策在高校最基层的贯彻者、组织者和实施者，是党保持活力和战斗力的根本所在。设立高校学生党支部是党的基层组织建设工作的一个突破，是全面推进学校党的建设的一项战略性、整体性和根本性的重要工作任务。

本次调查以问卷为主，采用自行编制的《高校学习型学生党支部建设现状调查问卷》，共发放调查问卷 650 份，回收了 595 份有效问卷，有效回收率为 91.5%。另外，通过查阅书籍和资料、网上查询、咨询个别学生党支部进行资料收集与分析。调查内容主要包括，调查学生党员的学习情况、学生党支部的学习情况、学习型学生党支部建设情况等，以及对创建学习型学生党支部的建议。

一、调查的结果分析

（一）学生党员对学习型党支部的认知情况调查

1. 党员对学习型党支部的认识程度

此次调查中，26.4% 的学生党员选择"我知道这些概念，深入学习过"，

51.3%的学生党员选择"我知道这些概念，但理解不深，想进一步了解"，8.1%的学生党员选择"知道这些概念，但兴趣不大，因对工作没有太大的意义"，10.6%的学生党员选择"我只听说过这些概念"，3.6%的学生党员选择"没听说过"。由此可以看出，一方面部分学生党员深入了解过学习型学生党组织的理论，超过一半的学生党员有进一步了解党的理论知识的愿望；另一方面也说明学生党员对政治理论知识的掌握情况普遍不够。

2. 党员对学习型党支部的建设内容预期

学生党员认为学习型党支部需要加强的方面有：服务群众、促进和谐的能力占49.8%，凝聚力的建设占44.5%，学习能力建设占41.4%，活动方式的创新占37.9%，应对突发事件、维护安全稳定的能力占36.2%，党员的国际化素质提升占33.6%，廉政文化建设占32.8%，党内民主建设占27.6%。大多数学生党员认为学习型党支部应加强综合能力的建设，包括为人民服务、促进和谐的建设，学习能力建设，凝聚力的建设，等等。这说明学生党员对学习型党支部的建设有着很高的关注度，希望学生党支部在各方面均起到先锋模范带头作用。

3. 党员对学习型党支部建设中问题的认识

学生党员认为建设学习型党支部过程中存在的主要问题有：成员主动性不够占59.5%，观念保守、思想引领创新不足占54.9%，教育内容陈旧、与社会脱节占40.8%，认识不到位占42.4%，组织涣散、凝聚力不强占33.3%，管理制度不够健全、执行不严格占26.4%，支部书记作用不明显占18.7%。也就是说，大部分党员对支部的学习内容、学习观念、学习制度等满意度较低。

（二）学生党员对学习型党支部学习建议的调查

1. 学习形式

对于建设学习型学生党支部的学习形式，有56.8%的学生党员希望通过观看教育影片，48.6%的学生党员希望通过参观考察等社会实践，46.4%的学生党员希望通过党课、报告会，33.9%的学生党员希望通过短期集中培训，32.8%的学生党员希望通过团队训练，31.2%的学生党员希望通过学习论坛、读书会，29.3%的学生党员希望通过自学，26.1%的学生党员希望通过课题专题研讨，17.9%的学生党员希望通过手机短信接收新知识理论，15.3%的学生党员希望通过网络在线学习。由此可以看出，在学习型学生党支部的建设学习过程中，大部分学生党员希望通过除传统的党课、报告会的形式学习外，希望通过观看社会影片、参观考察等形式多样的学习方式来进行学习型党支部的建设。

2. 学习内容

对于建设学习型党支部的学习内容，73.1%的学生党员选择"当代世界经济与政治形势"、53.1%的学生党员选择"新知识"、40.3%的学生党员选择"学习训练能力"、40.2%的学生党员选择"马列主义中国化的最新成果"、31.8%的学生党员选择"党的理论知识"、30.3%的学生党员选择"马列主义经典著作"。由此可以看出，学生党员在学习过程中，渴望将理论知识和中国实际相结合，用马列主义的最新成果结合学习训练能力来进一步分析当代世界经济与政治形势。

二、学习型学生党支部建设中的制约因素及其对策

（一）学习型学生党支部建设中的制约因素

1. 学习制度在学习型学生党支部建设中不规范

调查中反映学生党支部在支部建设过程中，支部学习时间随意性较大、学习内容枯燥、学习途径拘泥于传统等形式，出现这种结果的因素有很多，但是最主要的原因是支部在组织学习活动时缺乏有效的方法和规章制度。调查显示，很多学生党员认为在学习政治理论的过程中存在的问题就是"没有制度要求"，因此在学习型学生党支部建设中常会出现党员理论学习放松，学习热情不高，阻碍党员自身的发展和成长的现象出现。

2. 党支部对党员的激励监督机制不健全

学习型学生党支部在建设过程中，应该建立健全的激励机制、完善的评价体系和有效的党员管理制度，这是学生党支部制度化、规范化的内在要求。但是，党支部对于党员的管理制度还存在不健全，表现在激励监督机制不完善和考核评价体系不完备。调查显示，学习型学生党支部建设过程中，党支部没有形成一套完整的激励监督机制。调查显示，54.29%的学生党员认为学生学习型党支部建设迫切需要解决的问题是"建立奖惩激励制度"、42.4%的学生党员认为应该"完善党员管理制度"、41.2%的学生党员认为应该"完善考核评价体系"。由此可以看出，学生党支部的建设过程中，没有制定出切实可行的奖惩激励制度、评价体系，对党支部的建设和发展起到了一定的阻碍作用。

3. 学生党支部工作方式创新不够

学生党支部建设需要不断创新，不断创新的学生党支部才能充满生机与活力。从总体上看，由于学生党支部在构建学习型学生党支部过程中，不能

及时调整支部工作模式，仍然沿用过去的工作形式，缺乏有创造性的工作局面，对学习型学生党支部建设产生不利因素。调查显示，超过一半的学生党员认为，工作方式创新不够是学习型学生党支部建设中存在的主要问题，这说明在学习型学生党支部建设中，学生党员普遍认为支部建设创新欠缺，没有形成符合学生党员学习实际情况的学习方式、学习途径、学习内容等方式，对学生党员缺乏吸引力，在一定程度上削弱了党组织的政治影响力。

（二）学习型学生党支部建设的对策

1. 拓宽学习内容

学习型学生党支部建设，需要丰富学习内容，拓宽视野，提高学生党员的政治理论水平以及综合素质。这就要求：一是要系统学习好马克思主义的科学理论，这是建设学习型学生党支部的基础。认真学习马克思列宁主义、毛泽东思想、邓小平理论、"三个代表"重要思想和科学发展观，用马克思主义的科学理论来武装头脑，切实有效地解决工作、学习、生活中遇到的问题，提高自身的理论和实践水平；二是不断更新学习内容。学生党员要与时俱进，紧跟时代潮流，在学习政治理论的同时，要努力钻研先进的科学文化知识、先进的理念，更新知识、更新观念，要具备国际化的视野，立足现在、放眼未来，走在时代前列。这是时代发展变化和学生党员自身成长的需要，也是巩固党的执政地位、提高执政能力的必然要求。

2. 创新学习方式

学习方式的好坏，直接关系到学习效果的显著与否。随着时代发展变化，党支部传统的学习内容、学习方式、方法和学习途径已经不能适应环境的变化，必须采取新的学习方式，才能提高学生党员学习政治理论的兴趣，提高党员素质。这就要求：一是拓宽学习载体，充分利用网络，建立党支部网站，利用网络平台，组织活动，加大交流，提高学习效率。二是开展主题实践，结合学生党员学习理论的实际，开展志愿服务、服务基层、社区活动、企业实践等丰富多彩的实践活动，创新党组织的活动方式，促进理论学习的效果。三是组织学习研讨。学生党支部一方面可以邀请专家、学者上党课、作报告，也可以根据宣传影片、讲座等形式，组织学生党员讨论；另一方面，在开展组织生活会时，可以结合党员的专业特点，将理论知识和专业学习相结合，组织学生党员研讨，提高学生党员学习兴趣，有利于学生党员学以致用，塑造学生党员为学生服务、促进校园和谐的品质。

3. 健全学习机制

一是健全学习制度。一方面，制定学生党员学习能力的规章制度，促使学生党员转变观念，由"要我学习"转变为"我要学习"，引导学生党员自主学习，提高自身素质来适应社会发展的需要；另一方面，通过规章制度，固定学习时间，探求新的学习方式、学习途径和学习内容等，使支部学习规范化、制度化，进一步完善支部学习活动的组织程序。

二是完善保障机制，在支部内完善激励约束机制和考核评价体系。一方面实行目标激励，用支部的共同愿景引导党员学生，激励党员学生实现共同价值的同时，实现自我价值。另一方面，健全考核评价体系。加强对党支部学习方面情况进行考核，建立促学、考学、评学制度，完善考核细则和评价指标体系，将学生党员学习考核与学生党员民主评议紧密相连，考评出学生党员的学习效果，防止学习流于形式，从而促进学生党员学习，在支部内营造渴望学习、处处争先创优的良好氛围。

总之，学生党支部工作是高校党建工作的重要部分，学生党支部建设的好坏直接关系到能否培养高素质的社会主义建设者和接班人。因此，在今后工作中需要不断研究新情况、新问题，理论联系实际，创新工作思路与方法，就能提升学习型学生党支部建设质量，开拓学生党支部工作新局面。

 参考文献

[1] 徐建慧，韩志伟. 浅论学习型党支部的创建 [J]. 河北青年管理干部学院学报，2006（3）.

[2] 徐旻鹰. 创建学习型党组织探索高校党建工作新路 [J]. 中国校外教育，2008（8）.

[3] 禤推翎，唐文红. 学习型大学生党支部构建要素和途径创新研究 [J]. 黑龙江史志，2009（4）.

[4] 袁晓梅，齐讴歌. 探索构建学习型党支部 [J]. 学理论，2009（9）.

高校新生恋爱观的现状及对策研究

◉许　擎

摘要：大学生恋爱已成为普遍现象，并且随着互联网的发展、社会宽容度的增加以及大学生恋爱观念的改变，大学生恋爱已经越来越呈现低龄化、随意化趋势。尤其对新生来说，刚走进大学还没适应角色转换，如果没有树立正确的恋爱观，没有正确的价值观和人生目标而急切地开始恋爱，很有可能因为处理不好学习和恋爱的关系而荒废学业，也很难谈一场美好又成功的恋爱，严重者会造成不良后果，这是高校必须重视的问题。本文从目前高校新生恋爱观的现状、特点及形成原因分析，并从管理方式、教育及沟通方法等角度提出相应的对策研究。

关键词：高校新生　恋爱观　对策

一、高校新生恋爱观的现状与特点

（一）普遍存在

如今大学生恋爱已经是很正常的一件事情，在校园中随处可见三三两两的情侣，他们一起吃饭、学习、散步。即便是在社会公共场合，年轻的大学生情侣也随处可见，比比皆是，其中不乏新入学的学生情侣，有一部分甚至在军训还没结束就已经出双入对了。

（二）低龄化趋势明显

很大一部分新生情侣，都不是第一次恋爱，而是在高中，甚至是初中即已经品尝了初恋的味道，更有甚者已偷尝禁果，到读大学时恋爱之于他们已然是轻车熟路。因此大学生恋爱已经有了明显的低龄化发展趋势，"早恋"在他们眼中已是稀松平常之事，"早早恋"也并非鲜有。

（三）主体意愿强烈

95后的大学生普遍比较自我，自主性很强。对于恋爱这件新鲜、刺激而又私人的事情，更是表现出了极大的自主性，即对恋爱的渴望。绝大多数的新生，都希望能在大学期间发展一段浪漫而又难忘的恋情。他们认为，在最美的年龄谈一场最美的感情是理所当然的，即使分手了也是人生一笔宝贵的财富，一份美好的回忆。

（四）"闪恋闪散"式多见

部分大一新生入学后，学校组织的团体活动比较多，同学接触较为频繁，再加上强烈的恋爱意愿，所以很容易因为最初的几次接触和一张帅气或者漂亮的面庞就迅速展开一段恋情。表达爱的方式也比较热烈，在朋友同学面前也毫不避讳两个人的关系，在朋友圈"秀恩爱"的画面时有发生。但是两人不甚了解就迅速恋爱，加上不懂得如何与人相处，恋爱关系经营上有很多欠缺，几个月、半学期迅速分手的事例也屡见不鲜。

（五）性观念开放，生理知识匮乏

按照正常的6周岁小学的时间推算，大学新生入校时候的平均年龄基本为18岁左右，此时正处于青年的初期和青春期的末期。这个时期的学生第二性征发育完成，对性有着异常的好奇和渴望。随着时代的发展，媒体时代的盛行，学生们性观念也得到了前所未有的解放，大学生们对婚前同居、婚前性行为等敏感话题不再像以往一样羞涩，大部分同学都不再强烈表示反对，而是持"真爱至上"的观点，表示如果遇到的是真爱，完全可以接受；部分同学公开表示接受，并能列出此种想法的种种理由；只有少部分同学仍然把持传统的观念，坚决抵制。然而在性观念开放的同时，他们却对性生理知识处于无知或一知半解的阶段。大多数同学对性所带来的不良后果知之甚少，甚至连正确的避孕方法也不曾掌握。

二、原因分析

（一）经济基础的变化

经济基础决定上层建筑，这是我们政治经济学领域一直都遵循的规律，放在大学生身上也同样适用。随着时代发展进步，人们生活日趋富足，加之这一代年轻人大多都是独生子女的现状，使得家长对子女格外宠爱，对其生活费用及各类花销都是尽量满足甚至富余。有一项调查显示，50%学生的大学生其经济来源全部靠父母，经济来源中又有60%以上用于恋爱消费，而在恋爱消费中主要花费用于吃饭、购物娱乐、外出游玩、礼物赠送等。更为重要的是，他们实际为恋爱消费买单的时候都不会考虑很多，很少有人觉得为恋爱开支过度。

(二) 互联网的发展

网络的发展使得人们的生活发生了翻天覆地的变化，移动终端的进一步发展更是大大地改变了人们的生活方式。我们从之前坐在电脑前聊天、刷网页，到现在"无时无刻"地用手机、平板等移动终端来服务于我们的生活；从之前盛行的 QQ、人人网，到现在的微信、陌陌等社交软件，交流突然变得省时省钱又省力，这种交流不仅体现在熟人之间的日常联系，更有根据相同兴趣爱好、根据所处地理范围，甚至是随机认识陌生人的多种途径。交流方式也不再局限于静态的文字或图片，而是以分享、互动的形式出现。

(三) 观念的变化

社会发展的车轮飞快地滚动，科技带来的变化日新月异，新生事物、新概念层出不穷，人们接受度也在随之提高，变得越来越开明、开化、温和。从最传统的恋爱观，到现在对非常态的恋爱形式的接受，如姐弟恋、同性恋到变性人结婚等。人们对于大学生恋爱，认为更是再正常不过的事情了。

父母的态度对孩子的影响是不可忽视的。父母对于大学生恋爱，认为只要不耽误学习，普遍都持支持的态度，这种支持不仅停留在言语上，同样在经济上给予大力的支持。部分父母在得知儿女恋爱后，还会在生活费中专门拨出一项"恋爱经费"。

在高中因为有高考这把利刃悬在脑袋上，所以校园恋情被老师得知后，会立刻通知家长然后分别找两个人谈话，让当事人以学习为重。但到大学，却完全不同。没有一个老师会干预、阻挠正常学生的恋爱，相反，有的老师还会提倡大家在这个年龄去发展一段亲密关系，有利于健康心理的培育。

在大学期间至少要谈一场轰轰烈烈的恋爱，这已经成为当下大学生的一种共识。"不在乎天长地久，只在乎曾经拥有"已成为现在大学生普遍的恋爱态度，谈恋爱的方式也由保守的吃饭、逛街、看电影，慢慢地变成拉手、接吻、上床。即使一些大学生自己不认同这样的恋爱态度，对其他同学有类似恋爱态度也持不反对甚至包容态度。

(四) 校园环境的变化

漫长的 4 年大学生活，离毕业还看似遥远，目标感的缺乏让大一新生放松了对未来的设想和梦想的追逐，很容易在刚入学的时候松懈下来。背负了12 年的高考重担突然卸除，让大一新生来到大学这个新环境后好像一下子撒了欢儿，谈恋爱也自然成为放松的一种形式。

来自五湖四海的新生，一方面离开父母的照顾会不太适应，对陌生城市所感到的孤独和对家乡的思念，很容易促使他们在同学中、老乡中找到一个知己，让对方倾听自己的心声，让对方变成一种精神上的依靠从而发展一段亲密关系；另一方面离开父母的监管，获得了空前的自由和个人空间，做很多事情都可以由着自己的喜好，包括谈恋爱。

大学的学分制改革从客观上给了大学生更多认识异性的机会和空间，大家每天辗转于各个教室，接触不同的同学，交际从原先以班级为单位到现在以系、院，甚至校为单位，接触面的增加，使得同学们更容易遇到那个让自己心动的他（她）。再者，大学对学习成绩要求没那么严格，很多同学都抱着60分万岁、多一分浪费的心态对待学习。

三、对策

（一）正确认识恋爱与学习的关系

必须认清一个事实，学生走进大学首要的任务是掌握专业知识技能，为将来走上工作岗位打下良好的基础；其次要根据自己的兴趣爱好，充实自己的业余生活，处理好同学朋友之间的人际关系，为将来走进社会积攒处理各种社会关系的能力。恋爱和学习两者之间本身是不矛盾的，一段好的恋爱关系，是各方面都相互促进的。但是作为大一新生来说，我们并不建议过早恋爱。一方面是新生入校时，还没有树立正确的爱情观，男女之情在很大程度上都是出于好奇；另一方面，认真经营一段感情是要花费大量的时间和精力的，新生从中学到大学的身份转变没有一个正确的认识，过早谈恋爱花费大量的时间，基础性的学科学不好导致荒废学业。

（二）培养正确的恋爱观

培养大学新生正确的恋爱观，应该从以下几个方面入手。

首先，要理解爱情的真正含义。爱情是双方建立在共同理想基础上，由相互倾慕到渴望对方成为自己终身伴侣的一种特定的社会关系和强烈的专一的感情现象。爱情从一开始，就是以寻找能陪伴终身的情投意合的伴侣为目的，必须是两情相悦的产物。爱情是责任和担当，是信任和相互扶持，是两个人在充分了解以后发自内心的相互爱慕。我们并不排除一见钟情的可能性，可是这种感情概率实在是太小了，大多只存在于小说和童话故事中。

其次，要培养良好的道德意识。恋爱双方一定要真诚对待，恋爱中最忌讳的就是欺瞒行为，这样的爱情是不道德也不能持久的；要文明谈恋爱，恋爱双方有亲密的行为也是在所难免的，但一定要注意时间场合，注意尺度；要正确看待两性关系，尽量避免婚前性行为。尽量做到发乎情而止乎礼，不能为了好奇或一味追求身体感官的刺激而过早地发生性行为甚至同居。

最后，要提高学生的感情受挫能力。一方面，很多学生由于之前在父母的呵护下很少遭遇挫折；另一方面，现在很多年轻人都是独生子女，不能很好地处理情侣之间出现的问题和矛盾，爱情很容易遭受挫折。因此，提高学生受挫能力是非常必要的。要相信爱情是美好的，但所有的爱情都不可能是一帆风顺的。一是要教育学生有准备接受挫折的心理，在遭遇挫折时要以正确的态度和方式去处理，要以宽容的心态对待爱情。二是要教会学生走出挫折的一些方法，且不能剑走偏锋。庄子有云："相濡以沫，不如相忘于江湖。"大家对前半句都很熟悉，觉得是很浪漫的爱情体现，可是后半句却教人们不要勉强，放手何尝不是一种更好的方式呢。

（三）开设性知识课堂

目前大学生的性观念相对开放，但是对应的性知识比较匮乏，也没有正规的性知识获取渠道，尤其女大学生缺乏自我保护的意识，这是高校教育不容忽视的一个问题。高校应当开设相应的性知识选修课目，让大学生能正大光明地了解性知识，注意生理卫生，教育学生洁身自好，自尊自爱，树立正确对待性观念的态度，引导大学生正确对待恋爱过程中的两性关系。

（四）加强学生管理

要给予新生及时的辅导和相关培训，刚入校时，新生对角色不能尽快转变，对自己所学专业也没有清晰的认识。一方面作为辅导员要尽职尽责，要及时予以辅导；另一方面可以请一些同专业高年级代表座谈，帮助新生树立正确的人生观和价值观，明确目标，尽快走出迷茫期，尽早地规划人生并为之奋斗。

要建立良好的师生沟通渠道，及时掌握学生的动向，有问题能尽早发现并解决，防患于未然。老师和学生之间沟通要注意方式方法，以疏通和引导为主，建立亦师亦友的良好关系。同学之间要互相关心和帮助，树立主人翁意识和发扬集体主义精神。在校园里面发现有不文明的行为，老师或同学一定要适时地给予提醒和制止。

要多组织一些集体活动，增进同学、师生之间的感情，让新生能尽快地融入集体，在学习为主的前提下，引导学生多参加一些社会实践活动，提高综合素质，加强社会责任感。

总之，大学新生要先树立正确的恋爱观和人生目标，应当在正确处理恋爱和学习关系的前提下再考虑谈恋爱。但是，恋爱的过程中一定要遵守大学生道德规范和纪律，摆正心态，并能正确处理恋爱中遭遇的矛盾和挫折，只有积极健康的一段爱情才有助于丰富大学生的情感，有助于促进大学生对自我各方面的提高和完善。因此，对于大学生的恋爱问题，学校必须高度重视，加强管理，同时通过各种教育教学活动加以正确引导。

 **参考文献**

[1] 马建青. 我国大学生心理健康10年研究得失探析 [J]. 中国心理卫生杂志, 1998, 12 (1).

[2] 吴鲁平. 中国当代大学生心理问题报告 [M]. 南京：江苏人民出版社, 2003.

[3] 葛操. 当代大学生心理分析 [M]. 北京工商出版社, 2000.

[4] 梁鹏. 大学生恋爱失德问题分析 [J]. 教育探索, 2009 (4)：112-114.

[5] 倪芳, 王莉. 大学生恋爱状况分析及正确恋爱观的树立与引导 [J]. 内蒙古农业大学学报, 2008 (1)：27-29.

[6] 潘绥铭, 曾静. 中国当代大学生的性观念与性行为 [M]. 北京：商务印书馆, 2000.

[7] 宋迎秋, 曾雅丽, 姜峰. 大学生恋爱与情感问题应对方式分析与研究 [J]. 廊坊师范学院学报, 2007 (10)：95-97.

[8] 李建明. 90后男女大学生恋爱观对比分析 [J]. 宁波教育学院学报, 2010 (12).

[9] 刘永生. 新建本科院校大学生恋爱现状及对策研究 [J]. 学术论坛, 2012 (9).

[10] 许萍. 基于网络文化的大学生恋爱观探究 [J]. 湖北科技学院学报, 2013 (10).

构建新型师生关系，提高教育效果

◉王 项

摘要：前不久看了一篇报告，公布了一份关于大学生心理状况的调查，报告中显示：当心理存在问题时只有 2.06% 的同学愿意向老师倾诉；在对待老师批评这个问题上有近三成的同学认为老师是可恨的，有意挑自己的毛病。虽然这份调查存在一定的局限性，但联想到在许多学校部分师生之间公开对立，学生对老师出言不逊，甚至扬言报复（有的确实做了），这样的事情时有发生，让我们不得不重新审视师生关系这一古老而崭新的话题。

关键词：师生关系　教育改革　综合素质

教师是一种专门化的职业，有自己的理想追求，有自己的理论指导，有自己的职业规范和成熟的技能技巧，具有不可替代的独立特性。"师者，所以传道、受业、解惑也。"教师不仅是知识的传递者，而且是道德的引导者，是思想的启迪者，是心灵世界的开拓者，是情感、意志、信念的塑造师；教师不仅需要知道传授什么知识，而且需要知道怎样传授知识，知道针对不同的学生采取不同的教学策略。师生关系，是社会关系体系中一个多因素的关系体系，既反映了社会经济、政治、道德关系，又包含为达到教育目标，完成教学任务中教与学的关系，也有情感行为的心理关系等。

一、构建新型师生关系是时代发展、教育改革的必然

师生关系必然同一定的经济基础相联系并为之服务。在农业经济时代、工业经济时代的大部分时期教师处于"传道、受业、解惑"的主体，是主宰、是权威，学生只能被动地接受知识，师生关系必然体现着"师道尊严"。到了后工业经济时代，由于知识经济的到来，对个性发展的要求已日益强烈。教育途径的不断拓宽，教育管理和教育手段已逐步现代化、科学化，以教师为主体的活动舞台已逐渐被学生占领。因此，旧的师生关系势必遭受强烈的冲击甚至瓦解。

从教育改革的角度看，现代教育思想更注重"以人为本"，更注重培养学生能力和开发学生的智力，教育的过程是双方互动、共同促进和提高的过程。师生关系作为学校环境中最重要的人际关系贯穿整个教育教学过程，这一关系处理得好坏直接关系到教育教学的效果、学校培养目标的实现，关系到学生的心理健康和全面发展。

在教育教学过程中，如果师生关系处于一种平等、信任、理解的状态，那么它所营造的和谐、愉悦的教育氛围必然会产生良好的教育效果；从学生的发展角度看，拥有交流能力、合作意识是事业取得成功的必要条件。优化师生关系可以为学生健全人格的形成与综合素质的提高打下基础。

所以构建新型师生关系是时代发展、教育改革的必然。

二、新型师生关系构建的理念

随着社会的不断进步，科学技术从不间断地创新，作为教师，也不能秉承恒久不变的教育理念和方法来教授一代又一代的学生，一定要从"新"、从"变"，方能培养出适合飞速发展的社会需要的合格人才，那么首先需要更新的，就是教育理念。而构建新型的师生关系是教育改革的桥梁和纽带，因为任何举措的实施都是从人出发，以人为本。

新型师生关系应该是教师和学生在人格上是平等的，在交互活动中是民主的，在相处的氛围上是和谐的。它的核心是师生心理相容，心灵的互相接纳，形成师生至爱的、真挚的情感关系。它的宗旨是本着学生自主性精神，使他们的人格得到充分发展。它应该体现在：一方面，学生在与教师相互尊重、合作、信任中全面发展自己，获得成就感与生命价值的体验，获得人际关系的积极实践，逐步完成自由个性和健康人格的确立；另一方面，教师通过教育教学活动，让每个学生都能感受到自主的尊严，感受到心灵成长的愉悦。

三、对影响构建新型师生关系因素的分析

知识的传授渠道在不断地拓宽，而感情的大门却在不断地缩小，这不是危言耸听。多年来因受"天地君亲师""师徒如父子"和"严师出高徒"等传统思想的影响，尤其是在"应试教育"、就业紧张的沉重压力下，师生关系被扭曲、师生对立的现象屡见不鲜主要体现在以下几个方面。

第一，"师道尊严"的传统观念在个别教师中仍然存在，他们放不下架子，不能平等对待学生导致师生关系紧张。同时部分教师在管理、沟通上缺乏艺术，以管代教、以堵代疏，以批评代替教育的做法挫伤学生的自尊心，

使得他们的行为得不到理解，拉大了师生间的距离，并造成学生的封闭心理或逆反心理。

第二，虽说到了大学阶段，考试已不再像初高中时期"老师的法宝"，大学生更不会以分数当命根儿，而是更多元化地偏向实际应用能力的培养，参加科技活动，带学生打比赛，以赛代学，提高学生的创新、创意、创业能力。而且在目前社会就业困难的大环境下，在就业这座大山的重压下，学生、教师都承受着巨大的心理压力。而大学生的突出特点，就是已经有了一定的独立思考和判断能力，但是由于接触社会毕竟尚浅，很多对事情的处理能力相当不成熟，却又听不进老师的指导和建议。一边是负有责任心的教师在催促学生尽早做好毕业就业的相关准备，另一边是抱着追寻自由自主就业前景的学生把教师的行为看成是压抑、侵犯，久而久之师生关系紧张、尖锐。

第三，由于网络教育的到来，使得学生接受信息的渠道拓宽，从学校教学渠道获取信息的比例降低。而教师由于繁忙的工作获取社会信息量相对不足使得学生对教师的信任度和满意度降低。

第四，成绩至上的评价方式在大学阶段仍然根深蒂固，虽然评奖评优融入了更多更全面客观的评价体系，但仍显不足，使得部分学生的全面发展和个人潜能被忽视了，也造成师生关系的疏远。

第五，大学生思想独立，尤其现在的90后，思想行为往往特立独行，不愿受约束，更不受管制。所以，对待现在的学生，只采取说教的教育方式显然是行不通的。这也对教师和辅导员有了更高的要求，不能再一味地照书本传输知识和理论性说教，而是要多了解、多沟通、多引导。

扭曲师生关系的因素有种种，但它的根源在于我们教育思想观念的偏差和行为方式的不当。长此以往势必严重影响素质教育的开展。可以说，构建新型师生关系是素质教育必须具备的先决条件。

四、构建新型师生关系的几点体会

在几年的教育教学活动中，我体会到要构建新型师生关系应注意以下几点。

（一）要热爱学生

"教育不能没有爱，没有爱就没有教育。"爱是教育的灵魂。只有热爱学生，才能正确对待、宽容学生所犯的错误，才能耐心地去雕塑每一个学生。刚当班主任时，对那些所谓的"差生"我一直不知道怎样才能让他们保证出勤按时上课，也不知道怎样才能让他们能主动学习，多参加实践活动。直到我刻意地多找这些学生到我办公室，让他们参与一些学生活动的组织工作，并让他们参与一些策划、指挥工作。慢慢地，让人惊喜的事情发生了：这些学生不仅开始积极参与活动，更会动员周围同学一起参与进来。迟到的现象少了，成绩也有了一定的提高。看到那些学生的进步我才发现，原来爱学生虽然很难，但它是多么重要。

（二）给学生以尊重

尊重比热爱更为重要。因为给学生以尊重学生才能感受师生的平等，才能感受自尊的存在。一旦他们认为失去自尊就会失去向上的动力，精神的支柱，由此导致消沉。反之，他们就会获得向上的动力源泉。我所在的学院，贫困生数和优秀学生的比例都是最高的，而恰恰这些来自全国各地的贫困生涵盖了大量的优秀学生。成绩优异的学生容易自负，而家庭贫困的学生又容易自卑，当这两点集中在同一个孩子身上时，问题就来了。好强和自尊心强本来都是好的品质，但由于在集体里，每个同学的地域、家庭环境都不太一样，而来自贫困地区的学生内心深处就带着一股子自卑心理，对于他人对自己的评价、说话语气都会很敏感。所以在遇到这样的学生时，和他们的第一次谈话都要格外用心，首先是要让学生信任老师，不会产生畏惧感和距离感，先了解清楚学生的心理状态，从闲话家常开始再慢慢深入学习、生活、工作中，再到思想。可能一句鼓励的话、一次不经意的表扬就会打破他的自卑心理，改变他朝更好的方向发展。为此，我们要尊重学生的人格、意愿、隐私权等，采用一切方式肯定学生，赏识学生。

（三）对学生要有研究

正如苏霍姆林斯基所讲的"尽可能深入地了解每个孩子的精神世界——这是教师和校长的首条金科玉律"。只有了解学生的社会、家庭背景、个性差异、兴趣爱好、心理变化、发展特点，我们才有与学生相处的基础。有一次我得知班上有几位家庭经济困难的学生就决定替他们向学校申请困难补助，当我通知他们去领困难补贴时，看到他们那惊讶而又感激的神情，我也感受到了分享幸福的快乐，我一直认为那是我做得最成功的一件事。

（四）让学生当主人

知识最终要靠学生自己去掌握，做人最终要学生自己去做。这就决定了学生的主体地位。因此应该让学生主动参与实践，学会自我教育、自我管理、自我成才，才能使学生的个性得到全面展示。我们学校有很多班级采用了多套班干部轮流制，让更多的学生参与民主管理，获得了学生的好评，并收到良好的效果，避免了师生间被动的关系。

（五）改变自己

师生关系是对立统一的，教师处于矛盾的主要方面，在运动变化中起着主导作用。因此，构建良好的师生关系关键在于教师。作为教师，首先应该结合自身的工作转变观念，加强自身修养，提高师德素养和教学能力，以高尚的品格和过硬的素质去感染学生，赢得学生的尊重。很多教师就是因为这点让他们每到一个新的班级都会获得学生的一片欢呼。其次应该做好角色的转换。在素质教育中，教师不再是独奏者而应是伴奏者，舞台的中心应该是学生，教师的任务是激发学生学习的兴趣而不是学生的监督者。

时代向我国教育的发展提出了整体的、创造性转换的要求，需要形成一个教育发展的创新体系。未来社会综合国力的竞争，归根结底是知识创新的竞争，是创新人才的竞争，是教育能否有效地培养创新人才的竞争。为此，我们必须以新的人才观念审视我们的教育，确立新的教育培养目标。

综上所述，新型师生关系的确立更多地有赖于教师自身观念的更新和素质的提高，人格的不断健全和完善；有赖于教师对学生无微不至的爱和时时刻刻的尊重。相信新型师生关系的建立将会迸发出强劲的教育能量，促进教育效果的不断提高。

应用型本科院校就业工作创新的思考

●詹小冷

摘要：随着高等教育规模的迅速扩张，大学毕业生就业难问题日益突出。应用型本科院校是以就业为龙头，以市场为导向的人才培养模式，根据学校所在地区经济和社会发展的需求，来定位人才培养目标为区域经济和社会发展服务。本文是以北京联合大学为例，分析应用型高校就业工作开展中存在的主要问题，探索应用型本科院校就业工作创新。

关键词：应用型　本科院校　就业工作

一、应用型本科院校学生就业难的主要原因

（一）劳动力市场对人才需求的学历层次逐年提高

中国经济的快速发展、各领域对高科技的重视，更加速了社会对理工类专业高学历毕业生的需求，使得对其本科生的需求减少。

（二）专业学习与社会实践结合不密切

部分用人单位明确要求招聘有工作经验的员工，造成本科毕业生与劳动力市场的需求不匹配，造成就业困难，不得不进行第二次求学选择。

（三）大城市就业情节较重，加速就业的竞争力

大多数学生毕业选择在一线城市发展，而城市户籍有限，使其就学趋向越来越浓，加速了同行业竞争力，影响了部分学生的顺利就业。

（四）就业服务体系不完善，就业指导缺乏针对性

就业指导工作更多是停留在提供信息和心理咨询的层面上，各部门间缺乏相互协同促进机制，因此根据学生个人特征和社会需要，帮助学生规划职业发展、培养职业能力，选择适宜职业，以促进学生个人和社会的和谐发展是各职能部门共同努力的方向。

二、就业工作开展中存在的问题

（一）就业服务体制不完善

就业服务机构要发挥最大功效，必须完备内部结构，以实现教育、管理与服务于一身的职能，目前招生就业处或学工处设置就业指导中心，虽然不缺少对学生的就业服务事项，但在具体实际工作中，由于就业教师人员少，任务重，不能很好地完成每一项工作任务。而且各职能部门之间没有形成相互促进机制，就业信息反馈没能更好地运用到人才培养和课程设置方面。

（二）专业就业服务人员少，流动性大

北京联合大学是北京市一所应用型综合大学，其管理学院在就业方面开展的工作近年来在学校一直是名列前茅，然而就业工作中表现出专业就业服务人员少、流动性大的特点。管理学院 2015 届和 2016 届毕业生均超过 800 人，除了专门负责就业工作的辅导员是 4 名专业的就业服务人员外，各毕业班班主任虽是直接指导学生就业的工作人员，但流动性较大，每年的毕业班班主任大都不同，经常出现现学习现指导的状况。

（三）就业技能指导大众化

职业发展与就业指导课程一般安排在大一、大三两个学期，总学时为 16 学时，主要采用大班化教学，有时也会采用个别解答和网络化教学相结合的教学方式。但由于就业技能指导是一门实践性、实用性、参与性很强的课程，目前这种大班教学起不到很好的效果。

（四）就业工作行政化倾向严重

各学院就业工作部门都是按照校级领导制定的总目标为导向，以完成任务量为目标，重视毕业生的签约率和就业率，而忽视就业质量。

（五）就业信息传递不通畅，信息传递滞后

就业信息虽然能够通过就业信息网、班级邮件、微信公共平台、微信群发布，但在实际工作中，就业信息发布的叠层关系造成信息传递的滞后。比如就业办接收到用人单位的招聘信息后将信息转发给系就业负责人，系就业负责人转发给系就业负责的同学，系负责就业的同学发给各班主任，各班主任再转发到各班级群里面，这种信息的叠层传递，某一环节出现问题，都会导致信息的滞后或不能顺利传达。学生不能及时关注各学校、学院就业信息动态和班级邮箱等传播途径，也是就业信息传递不通畅的重要因素。

三、就业工作创新的建议

（一）深入解读就业政策，主动规避"政策壁垒"

学校通过就业指导课或班会等形式，指导毕业生掌握当年相关的就业政策和规定，依法就业，在关键时刻抓住稍纵即逝的机会，少走弯路，避免不必要的损失，主动避开部分省、地的"政策壁垒"，顺利实现自己的理想。也只有掌握就业政策和法规，在毕业生就业过程中才会减少不必要的纠纷和违约现象，实现顺利就业。

（二）加强就业队伍建设，转变就业指导理念

转变指导理念是实行应用型大学就业工作创新的前提，就业队伍建设是就业工作创新的保障。在学校或学院就业工作评比过程中，往往注重就业率、签约率，而忽视就业质量与过程中的就业能力培养。即使有些学校已经开始重视了，由于指导人员缺乏新的指导理念或专业水平不够，也很难付诸实践。因此及时更新就业指导人员的观念，引导他们以职业生涯发展理念为思想导向，树立一种注重人的全面发展，强调人的潜能开发，以人的可持续发展为第一需要的指导理念，更加重视培养学生自我设计、自我决策、自我发展和自我心理调适的技巧和方法，并在实际的演练过程中，帮助他们提升职业素养和职业发展能力，鼓励和引导他们积极寻求就业渠道或自主创业，从而实现高质量就业。

（三）强化网络化管理，提高服务效率

就业政策和及时有效的就业信息是助推毕业生就业的毕业要件，信息的网络化管理成为就业指导工作全程化和专业化的推动力。因此，应用型本科院校不仅应该集中各方面的力量，密切关注就业市场的发展动向，加强与用人单位的联系与合作，广泛收集各类就业需求信息，而且还应充分应用学校学院就业动态、微信公共号、微信群、短信平台等现代化管理手段，加强教师与学生、用人单位与学生之间的联系，减少信息传递的叠层关系，提高获取信息的效率。

（四）校企合作，搭建实习就业平台

学校与用人单位合作，形成真正意义上的"校企联动"，有利于把握就业市场的发挥态势，有针对性地提高学生的就业竞争力。因此，大学应增强开拓市场的意识，充分发挥自身优势，在产学研项目开发、企业员工专业培训、实习基地建设等方面加强与用人单位的合作，密切彼此间的联系，为更多的学生提供参观、见习与实习的机会；同时还可以增强就业指导服务的力度，

与用人单位共同制订学生培养方案，充分运用暑期社会实践，将理论学习与实践锻炼相结合，让学生及早适应工作环境，培养职业能力。

（五）增设就业实践活动，提升就业能力

就业能力是指获得与保持工作的能力，即指劳动力在劳动力市场上自由流动通过持续就业而实现潜能的能力。谋职是毕业生向社会推销自己的过程，在这个过程中，就业技巧对毕业生求职成功十分重要。因此应充分运用就业指导中心、学生会、就业社团等团体开展就业实践活动，邀请专业就业指导教师和企业人力资源招聘人员参与到活动过程之中，烘托氛围，使学生在活动实践中锻炼技能提升能力，增加就业筹码。目前开展较好的活动有简历大赛、职业规划大赛、模拟招聘大赛、校园招聘会、校园宣讲会等。

（六）发挥和强化反馈作用及附属功能

高校学生就业情况势必成为评测教学质量和社会对高等教育投资回报最有力的评价标准之一。因此，高校应加强对毕业生的跟踪调查，了解毕业生在社会上的工作情况，听取用人单位对高校人才培养质量的意见和建议，加强对社会职业发展态势和人力资源市场供求变化的调研分析，并将这些信息及时汇总，反馈给教学、管理等人才培养部门，促进专业结构、学科结构、招生数量、人才培养模式等的有效改革。

 **参考文献**

［1］楼仁功，赵启泉．大学生职业生涯规划指导的探索与实践［J］．中国高教研究，2002（6）．

［2］王东星．应用型本科院校毕业生就业指导工作新探讨［J］．怀化学院学报，2007（11）．

［3］张光辉．大学就业模式研究［D］．上海师范大学，2007．

［4］龙鹏举．大学生就业指导工作创新研究［D］．大连理工大学，2006．

［5］黄哲琼．大学生就业指导工作项目化管理研究［D］．南京理工大学，2013．

［6］袁传立．地方综合性大学大学生就业服务研究［D］．延边大学，2009．

加强高校青年教师师德建设的思考

◉周春丽

摘要：随着我国高校的不断扩招，高校规模越来越大，高校教师中青年教师的比例也不断增加。但在我国社会转型加快，市场经济飞速发展的背景下，各种社会思潮和价值观念不断冲击着处于时代先锋的高校青年教师，也因此高校青年教师师德方面出现了新特点和新问题。本文主要讨论了高校青年教师师德出现的问题，分析了问题存在的原因，并提出了加强高校青年教师师德建设的途径对策。

关键词：高校　青年教师　师德建设

师德是高校教师从事职业活动中应遵循的道德原则规范和必备的道德品质，是教师素质的核心。高校青年教师是指在高校从事教育、科研、服务以及相关工作年龄在 40 周岁以下的专业人员。之所以要把青年教师与中老年教师区分开来研究，是因为青年教师具有其自身的特点。首先是高校青年教师在教师人数中所占的比例日益增大，占高校专职教师总数的比例达到了 50%以上。其次高校青年教师是青年和知识分子的结合体，他们通过线下的课堂和线上的网络平台传达自己的思想，已经成为一个具有很强社会影响力的群体，并且他们与学生年龄接近，距离近，与学生接触多，他们的思想和言行也影响着新一代的青年人。所以，研究高校青年教师的师德现状是促进高校大学生思想道德养成、提高高等教育质量的重要途径。

一、高校青年教师师德存在的问题

目前，我国高校青年教师师德主流是好的，呈积极向上的健康势头。例如，高校青年教师学历较高，学习能力和认知能力较强，思想解放，勇于创新，善于与学生交流，他们为高等教育事业的发展和社会主义现代化建设培养了一大批高素质的人才。大部分高校青年教师崇尚教师职业道德，爱岗敬业、乐于奉献、严谨治学、团结协作、为人师表，得到了广大学生的充分肯定。但是也有一些青年教师师德出现了这样那样的问题。具体问题如下。

（一）理想信念淡化，价值标准失衡

在全球一体化的环境下，一小部分青年教师由于政治信仰不够坚定，再加上社会价值多元化的影响，导致他们在做价值判断时容易选择失衡，他们在个人利益和集体利益、物质享受和精神追求、名利与荣誉、实用主义和理想主义等问题上，倾向于个人利益、物质享受、名利和实用主义等方面，追求过于世俗化，缺乏积极向上的道德情操。

（二）重科研，轻教学，缺乏敬业精神

教学和科研是高校青年教师的两大重点工作，教学是基本，科研是发展，要成为一名合格的高校教师，需要两项工作并驾齐驱。但是，目前大部分高校青年教师重视科研，忽视教学。对教学工作投入不足，将过多的精力和时间投入科研中，而对于课堂教学采取应付的态度，把上课仅仅只当作是完成教学任务，备课不认真，不及时更新教学内容，与学生缺乏应有的互动。当然造成这种现象，除了跟教师本人的责任心有关，也跟相关的政策有很大关系，比如，职称评定政策，奖励政策，等等。

（三）学术道德失范，功利化严重

作为高校青年教师应当具备求实创新的学术精神和严谨的治学态度。但是国内高校屡屡曝出学术不端的案例，甚至很多知名高校教师也有，之所以出现这样的问题，一方面与高校青年教师缺乏扎实的专业理论研究水平有关，另一方面在于高校现行的以学术成果为标准考评激励机制。功利化的学术思想，致使部分青年教师放弃深入的理论研究和真理探索，对现有研究成果进行改编、整合成自己的思想予以发表，还有部分青年教师为了完成科研任务，擅自使用学生的学习研究成果。这些学术失范现象的存在一方面会影响良好学风的形成，另一方面也严重毁坏了高校教师的信誉和形象，不利于高等学校教育质量的提高。

（四）育人意识缺乏

师生关系良好，是高校教师教书育人顺利开展的基础，是高校"立德树人"教育目标得以实现的必然要求，同时也是反映教育质量的重要指标之一。爱学生，应该是教师职业道德的核心和精髓。高校青年教师有自身优势，应该多与大学生交流思想，但是实际中有些青年教师为了个人利益而忙碌，疏于与学生交流。对学生缺乏正确的教育引导，育人意识有待加强。

二、高校青年教师师德问题的原因分析

近些年，尽管教育部门和高校都很关注青年教师师德建设，并制定和出

台了一系列改善青年教师师德现状的方针政策和规范条例，但是青年教师师德失范现象仍然层出不穷。究其原因，是多方面的，既有社会环境、高校制度等客观原因，也有部分青年教师自身的主观因素。

（一）社会因素

1. 发达网络削弱了传统的教师权威

过去，闻道有先后，术业有专攻。但是如今随着知识信息时代的到来，知识信息以加速度的方式递增，新形势下，网络无所不含，无所不知，导致一些新的知识在同一平台呈现在教师与学生面前。进而导致传统的教师权威大大下降，使得大众特别是高校教师的教育对象——大学生随时随地能够获得各种所需知识，甚至有时超过教师所知。这无形之中就削弱了青年教师的知识和道德优越感，使得高校青年教师不得不花费大部分时间来增长自己的知识，扩宽自己的研究视野，从而助长了部分青年教师重业务、轻道德的思想形成。

2. 市场经济的功利取向影响师德养成

市场经济的快速发展，虽然有利于形成人人争优的竞争环境，激发人的潜能，促进人的全面发展，但同时也造就了功利主义、拜金主义和个人主义的盛行。"大学教师在大学的主要生活与生存方式，并非治学与治世的结合，而是学术达尔文主义支配下的'不出版，即死亡'的铁的律令。"导致部分青年教师不注重教学和育人，唯科研是从，一切工作都是为了经济利益服务，而忽略了师德的养成。

3. 高校扩招对师德建设提出新的挑战

随着高校的扩招，在校大学生人数激增，很多高校为增强师资力量，也增加了对青年教师的选聘工作，但在引进人才上却过于看重应聘者的学历学位和科研成果，而忽略了教学能力和思想道德水平的考察，使得一些教学技能和师德水平不高的人加入了高校教师队伍。而且还有部分高校，缺乏对新入职教师职业道德素养和教学技能的培训，从而大大影响人才培养质量的提高。

（二）高校因素

目前，高校已提高重视并加强高校青年教师师德建设，也采取了相应措施，却未能达到预期成效。可归结出高校师德建设机制如培训机制、评价机制、考核机制、领导管理机制等不健全甚至错误导向是影响高校青年教师师德水平的重要原因。

1. 高校师德培训形式化严重

各高校虽然都积极组织青年教师进行师德培训，但是培训效果却不明显。其主要原因在于：很多情况只是浮于表面，不追求学习的结果是否能够指导教师的实际工作，缺乏有效性和持续性。培养更多地倾向于教学技能和科研水平两方面，专门的师德培训相对较少，自然培训效果不佳。

2. 高校教师评价体系的不良导向

评价具有导向、鉴定和改进功能。目前我国高校现行的教师评价体系存在许多问题，影响高校青年教师在教学、科研以及社会服务各方面质量的提高。首先是教师评价的管理方式上，重评价主体，而轻评价客体的参与功能，使得部分教师有不受尊重、不被信任的感觉。其次是教师评价内容片面，评价指标存在局限性。过度重视科研水平和组织业绩效率的提高，重视数量而轻视质量，使得高校教师仅围绕指标做文章。而且，随着社会经济的快速发展，社会对高校的声誉评价主要在于大学生的就业情况和科研成果，这一评价标准使得高校为了适应社会发展的需要，把更多精力放在学生的培养和学术科研的成果上，在一定程度上降低了对青年教师的师德要求。最后，在教师评价结果的运用上，过分强调短期效益，不注重教师隐性潜质的激发和可持续发展。

3. 高校管理的行政色彩不利于师德养成

一方面，目前高校组织内部，行政化色彩浓重，在部分高校，党委领导下的校长负责制逐渐演变成校长决定制。如一些关乎教师切身利益的聘任、选拔、考评和奖惩等各项政策的制定，并不是通过处于教学第一线的教师来商讨决定，而是由校长和教辅人员制定，以致青年教师缺少了表达民主意识的途径。另一方面，由于高校教学与科研资源相对匮乏，而一般是行政部门掌握了学校的资源和机会。此外，虽然很多高校制定了师德规范和师德建设方面的规章制度，但是很多情况下这些制度形同虚设，不能发挥其规范教师行为的作用，从而直接影响了高校青年教师师德建设的实效。

4. 高校师德考核奖惩机制的乏力

"科学的考核机制可以调动教师的工作积极性，增强教师的竞争能力和忧患意识，激励教师开拓创新、锐意进取。"但是当前高校在对青年教师师德进行考核时，倾向于以考核青年教师的政治思想和基本的道德品质为主。另外，高校对于师德失范教师的处罚力度不大。虽然很多高校都在实行"一票否决制"，但在实际操作上，缺乏具体的评价标准。

（三）自身因素

师德属于意识层面，要加强师德建设仅靠外部制度约束很难达到预期效果，必须从青年教师自身修养入手。

1. 角色转换意识不强

高校青年教师是高校教师队伍的生力军，但是由于他们开始执教生涯一般是从学生到教师的单纯角色转变，他们既有的年龄特征和职业素养使得他们不能较快适应角色转换，容易引发其心理困惑，严重影响青年教师的自我师德养成。特别是进入高校后较大的职业压力与原来工作设想的不一致性，容易产生职业倦怠。而长期的职业倦怠容易降低青年教师的工作热情和激情，不利于青年教师的师德水平提高。

2. 职业素养有待提高

教师职业素养包括职业道德、专业素质、教学与科研能力以及心理素质等。教师职业素养的高低影响着人才培养素质和高等教育质量。首先，高校青年教师成长环境优越，缺乏吃苦耐劳、艰苦奋斗的精神，人文修养较为薄弱，道德责任感不强。其次，在青年教师队伍中，大多数是非师范类毕业生，而且即使是师范类毕业生，在研究生期间很大程度上都没有学习系统的教育理论和进行专门的师范技能培训，教学经验不足，还有一些青年教师在语言表达、思想传递上存在问题，不能有效地实施教育引导。再次，部分青年教师心理承受能力差，情绪波动大，抗压能力低，不能较好地进行心理调节。最后，部分高校青年教师理论修养不够，缺乏师德自律意识，容易受外界不良因素影响，出现职业信念动摇、敬业精神淡化的师德失范现象。

3. 自我情绪调节能力不强

对于青年教师来说，其压力主要源于科研、教学和收入三大方面。部分青年教师面对三大压力，缺乏有效的应对方式和自我情绪调节，而且由于青年教师过于注重个人发展的本性，而缺乏良好的人际交流，使得他们在压力面前只能自我消解，从而容易出现焦虑、紧张和疲劳的情绪状态，不仅不利于其个人加强自身修养，而且会给所在集体和所教学生带来消极影响。

三、加强高校青年教师师德建设的途径对策

高校青年教师师德建设是一项艰巨而长期的工作。做好这项工作，需要教育部门、学校部门以及高校青年教师本人的共同努力。具体应该从机制构建、教育引导、环境塑造和自身建设等四个角度出发，采取积极有效的措施，提高高校青年教师师德建设。

(一) 构建利于青年教师师德建设的运行机制

1. 建立良好的培训机制

高校青年教师的师德建设离不开科学有效的培训机制。高校应对青年教师的师德进行全程培训，并不断改进师德培训形式，逐渐拓宽师德培训渠道，使师德培训常态化、规范化。同时高校应增加青年教师师德培训的人力物力投入，建立专门的人力资本投资机制；稳定经费投入，以利于确保高校能持续、稳定地对青年教师进行师德培训。

2. 建立有力的激励机制

激励机制的建立是提高教师师德水平的重要保障，强而有力的激励手段对高校青年教师的影响是巨大的。高校要建立有力的激励机制，从显性激励和隐性激励入手，为促进青年教师师德水平的提高提供保障。显性激励主要是奖励优秀，对于师德表现突出者，给予物质激励；隐形激励主要在于其职位晋升与声誉，同时对于师德表现失范者给予批评或严肃处理。

3. 完善考核评估机制

《关于加强高校青年教师思想政治工作的意见》明确要求："把师德建设作为学校工作考核和办学质量评估的重要指标，将师德表现作为教师年度考核、岗位聘任（聘用）、职称评审、评优奖励的首要标准，建立健全青年教师师德考核档案。"建立一套科学完善的师德考核评估机制，是使师德建设制度化、规范化并形成良好运行状态的重要环节，也是引导青年教师遵守师德规范，提高道德素质的重要措施。高校要从师德评价内容、方法、程序等方面来完善教师考核评估机制，调动青年教师提高师德修养的主动性和积极性。

4. 健全组织领导机制

建立和健全师德建设的组织领导机制，是加强和改进高校青年教师师德建设的关键环节。领导部门应该着力关注高校青年教师的师德建设，提供足够的经费支持，定期开展青年教师师德建设研究工作，根据研究成果更好地推进下一步师德建设工作。把青年教师师德建设纳入管理工作的全过程，不仅能让学校基层党组织发挥好政治核心和模范带头作用，而且提高青年教师师德建设工作的实效性。

(二) 加强对青年教师的师德教育引导

在高校青年教师师德建设过程中，加强对青年教师的理论教育和价值引导是非常重要的。加强对青年教师师德养成的教育引导，有助于他们对所从事行业的特殊性有深入的了解，培养其职业情感，并将其内化为自身的职业理想，以良好的状态投入教书育人的工作当中。

1. 用社会主义核心价值体系武装青年教师

作为肩负着历史重任的高校青年教师，具备坚定的理想信念是首要要求。社会主义核心价值体系在我国思想道德建设中发挥着重要的作用，加强社会主义核心价值体系教育是坚定高校青年教师理想信念的题中之义。首先，加强对中国特色社会主义理论体系的学习，提高青年教师的政治理论素养。其次，加强中国特色社会主义共同理想教育，树立正确的职业理想。再次，要加强以爱国主义为核心的民族精神和以改革创新为核心的时代精神教育。最后，加强社会主义荣辱观教育，引导青年教师形成正确的价值取向和道德行为标准。

2. 明确青年教师的师德规范

教育青年教师明确高校教师职业道德规范，是激励青年教师树立崇高的职业理想，严守教育教学纪律和学术规范的基本要求。首先明确高校青年教师的根本职责，增强育人意识。其次，明确教师的社会责任，增强服务意识。最后，明确教师的示范作用，增强师表意识。

3. 培养青年教师健康心理

高校青年教师拥有健康心理是师德修养的内在基础。事实证明，心理素质良好的青年教师不仅对自己的工作充满了热情和兴趣，而且会将乐观积极的生活态度和情绪潜移默化地传导给学生，促使学生也积极投入学习和实践中。

4. 弘扬我国优秀师德传统

师德是社会道德的重要组成部分，而"道德发展是一个连绵不断的相继过程，道德的连绵不断使它的影响力及于古往今来"。在几千年的历史发展过程中，我国积累了丰富的教师工作经验和优秀的师德传统，这些宝贵财富对当代高校青年教师师德水平的提高仍然具有重要的教育意义，继承和弘扬优秀的师德传统也是现代师德发展的内在要求。我国古代师德传统的内核是"正身修己"，传统师德认为，为师之道，就是修己安人之道。古代的教师非常注重慎独和内省，具有很高的教师责任感和使命感，这恰好是当代青年教师亟须改善和提高的职业素养。

（三）构建利于青年教师师德建设的人文环境

青年教师的师德建设是在特定的环境下进行的，包括社会环境、校园环境以及工作生活环境，这些环境时刻都与青年教师的师德养成发生联系。构建良好的师德建设人文环境，有利于提高高校青年教师师德修养的积极性和自觉性，建设一支高素质的高校教师队伍。

1. 营造尊师重教的社会环境

营造良好的社会氛围是加强高校青年教师师德建设的基本要求。生活在一个尊师重教风气很浓的社会里的教师，他们的职业自豪感和满足感会得到很大的提升，对青年教师职业热情和工作效率的提高具有重要的推动作用。

2. 建设和谐的校园环境

校园环境包括以校风、教风、学风为主的精神文化和学校建筑设计、校园景观等物质文化，高校和谐的校园文化能对青年教师师德的培养产生潜移默化的影响。和谐的工作环境是提高高校教师效率的基本条件，高校应努力为青年教师营造一个良好的工作环境：包括舒适的工作空间，良好的人文环境，团结协作的群体环境。这样的校园工作环境才能有效激发青年教师的创新力和工作热情。

3. 改善青年教师的生活环境

教书育人，一方面是高校青年教师的崇高使命，另一方面也是青年教师谋生的手段，他们必须依靠这个职业生存下去并获得社会的认可和保障，包括他们赖以生存和发展的工资待遇、福利保障等。因此，学校从教师工作和生活实际出发关注教师的利益，要求把教师的需要和冷暖放在心上，理解、关心教师的生活，多做实事，不断改善青年教师的生活环境。后方稳定了，教师才能更好地在前方工作。

（四）提高青年教师的自我修养

教师对学生的教育要以德服人，通过言传身教影响学生。因此要加强青年教师的师德建设，还必须在科学有效的运行机制基础上及适合的环境下，注重青年教师自身修养的提高。

1. 不断加强理论学习，拓展知识面

知识面仅仅是注重青年教师掌握知识的宽度和厚度，更重要的是需要教师坚持学习，日日更新。高校青年教师，要与时俱进，不断补充自己知识的不足，逐渐提升自己的技能水平和道德水平。除了要提高自身理论水平，要学习有字之书外，还要多关注生活中的学问，提高自身运用网络进行教书育人的水平。

2. 勤于思考，不断反思

作为一名高校青年教师，应该时刻反思自己的言行，而且要自觉避免社会上急功近利的浮躁心态和不良风气的影响。一方面，青年教师要善于思考学识与工作生活、个人知识修养与道德修养的关系，将所学知识与生活经验相结合，在实际工作中注重自身的道德养成，做到学有所用。要善于时刻进行教学反思，不断改进和提高教学技能与方法，同时要注重培养自身价值观、性格、情感、意志等素质，审慎思考自己在教育实践中的角色定位，在教育实践中完善自身的品德。另一方面，青年教师要善于思考自身与学生、与同事之间的关系，建立良好的人际关系，为提高自身师德修养创设良好的情感氛围。因此，高校青年教师要审慎思考与同事的相处模式，正确处理好竞争与合作的关系，具备自觉的团体意识，并且保持谦虚谨慎的作风，尊重同事，相互学习、相互帮助，共同促进教师集体的良好发展。

3. 实践出真知

把掌握的知识和所具备的素养运用到实践中去，做到知行合一。高校青年教师在对师德规范必然性要求的师德认识、师德情感、师德意志、师德信念的理性认同和信仰的基础上坚定自己的师德行为。青年教师应以学生为本，经常与学生对话交流。同时青年教师要忠于职守，积极参加教育教学实践。青年教师要不断改进自己的教学技能，提高教学水平，全身心地投入教育教学工作中。

4. 持之以恒，完善自我修养

师德修养是一项需要青年教师长期坚持、不断进行自我修复和完善的过程。这要求青年教师要有正确的职业价值取向和职业发展目标，制订科学的职业生涯规划，以充沛的精力和坚韧的毅力不断提升自身的师德修养。青年教师在日常工作和生活中应时刻注意自己的言行，在政治理论学习和业务锻炼中，主动向专家和同行寻求帮助与指导并自觉地接受其监督和批评。

 参考文献

[1] 何祥林，程功群，任友洲，袁本芳. 高校师德建设的现状、问题及对策 [J]. 高等教育研究，2014，35 (11)：53-59.

[2] 黄建. 新时期高校师德建设研究 [J]. 农业经济问题，2009，5 (2)：15-21.

[3] 廖良. 高校青年教师师德现状及建设研究 [D]. 华中师范大学，2014.

关于高校工会在加强师德建设中的思考

◉任小梅

摘要： 高校教师队伍的道德素质直接影响高等教育的水平和质量。本文分析了加强高校师德建设的意义，指出了当下高校师德建设存在的问题，围绕高校工会作为联系群众的桥梁和纽带，在新形势下如何发挥自身优势、推进高校师德建设提出了几点建议。

关键词： 高校工会　师德建设　建议

《国家中长期教育改革和发展规划纲要（2010－2020年）》指出："教育大计，教师为本。有好的教师，才有好的教育。""严格教师资质，提升教师素质，努力造就一支师德高尚、业务精湛、结构合理、充满活力的高素质专业化教师队伍。"将加强教师队伍建设作为推动教育教学改革、提升教育教学质量的关键。其中，师德建设处于队伍建设的首位。

高校教师作为高校的主导力量，师德建设直接影响高等教育的水平和质量。因此，加强高校师德建设意义重大。

一、加强高校师德建设的意义

（一）加强高校师德建设，是中国时代发展的必然

我国有几千年的教育史，也是一个有着优秀师德传统的国家。由于教师职业是一个以人格培育人格、以灵魂孕育灵魂的特殊行业，尤其高校教师面临的对象正是世界观、人生观、价值观处于不断修正完善，进而逐步确立的青年学生。教师的道德品质、人格修养不但会影响其他行业的职业道德建设，而且关乎整个社会的道德水平。随着经济的发展和时代的进步，整个国家、社会对师德建设提出了越来越高的要求。当下，我们应当将社会主义核心价值观的培育和践行有机地融入师德建设中，让师德更彰显时代特色。

（二）加强高校师德建设，是高校角色定位的必然

高校承担着人才培养、科学研究、服务社会、文化传承与创新的功能。

高校教师是实现这些功能的主体力量。他们不仅是广大青年学生知识的引导者，更是他们灵魂的塑造者和人生的指路人。教师在传递文化学识、进行科学研究、开展科技创新、服务经济社会的过程中，他们的思想品德、为人风格、治学品格等道德素养无疑都会对学生产生潜移默化的影响。

（三）加强高校师德建设，是教师提高自身素质的必然

孔子说过，"其身正，不令而行；其身不正，虽令不从。"（《论语·子路》）由此可见，教师良好的职业道德修养是保证培养高质量、高素质人才的关键。只有良好的师德修养，才能保证教师对教育事业的持续热爱、不懈追求和勇于创新，也只有这样，才能有效推进素质教育的改革，提升教育教学的质量，进而推动整个社会的进步。

二、高校教师职业道德建设存在的主要问题

现在，我国高校教师的职业道德建设主流是好的，绝大部分高校教师能做到热爱教育事业、热爱教学、热爱学生，潜心钻研业务，严谨传道授业，以自己的言行举止展现高尚良好的师德修养。然而，市场经济的不断发展，改革开放的持续深入，以及西方文化思想的传入渗透，导致高校教师的师德建设也出现了一些问题。

（一）政治立场有动摇

当今，中国社会正处于改革的攻坚期，社会各种矛盾也随之日益凸显。鉴于此，极少数的高校教师出现了对中国特色社会主义道路的怀疑，对党和国家基本方针政策的不坚信，对社会出现的各种问题不能正确运用科学的方法来全面、客观、理性地看待，这种不健康的政治思想在课堂教学、实践活动等过程中不经意地传递给青年学生，这为帮助学生树立科学的世界观、人生观、价值观带来了负面影响。

（二）道德思想有滑坡

受社会上功利化思想影响，高校教师群体中也出现了少数的思想滑坡现象。个别教师一味注重个人发展和自我价值，片面追求短期利益，对待课堂教学消极懈怠，理念滞后、知识守旧、方法单一；有的教师科研能力欠缺，就践行"拿来主义"，窃取他人成果为我所用；有的教师只扮演授业角色，不注重传道，与学生在思想层面的交流缺失，对待学生在成长过程出现的做事困惑、社交疑虑、心理疾病等不闻不问，只教书、不育人；个别教师集体意识淡薄等。这些无疑会对青年学生的成长成才注入负能量。

（三）教师身心健康水平有下降

随着社会的发展，快节奏日益成为人们生活的主旋律。各种残酷的竞争

给高校教师在学习、工作、生活诸多方面都带来了巨大的压力。无形的、有形的压力一定程度上也加剧了教师群体身体、心理疾病的产生，如职业病、慢性病在高校教师群体中的发病率日趋上升，同时，高校教师群体中也出现了精神抑郁甚至自杀等现象，心理健康状况堪忧。

三、高校工会推进师德建设的途径

高校工会作为学校的群众团体，是党群工作的重要部门，是党政联系群众的桥梁和纽带，应充分发挥自身的组织优势、资源优势，主动服从服务于学校的发展大局、中心工作，不断丰富工作载体，努力创新工作方式，在推进高校教师职业道德建设中发挥应有的作用。

（一）组织开展理论学习，把握师德建设的方向性

一是在党组织的正确领导下，高校工会组织教师开展思想政治理论学习。通过采取专家讲座、专题研讨、沙龙交流等方式，让教师深入领会马克思列宁主义、毛泽东思想、中国特色社会主义理论体系的真正内涵，让教师坚定社会主义政治信仰，树立科学的世界观、人生观、价值观，进而引导青年学生客观、理性地面对和分析遇到的问题。

二是组织学习有关教师职业的心理学、教育学、教育法、高等教育法等，引导教师端正教育教学思想，树立良好的职业道德规范，增强教师的责任感和使命感，养成自觉遵循教师职业道德的良好习惯。

（二）努力建设和谐文化，增强师德建设的实效性

高校工会的主要成员就是全体教师，教师的工作覆盖了高校教学、科研、管理和服务整个过程。如此广泛的群众基础，大大有利于工会从多角度、多层面开展各类主题活动。

一是针对不同人群，有的放矢。针对女教师这一特殊群体，可以开展女性健身塑形、职场礼仪、心理健康、生理保健等不同主题的教育交流活动。针对青年教师，从他们面临的生活、学习、工作压力出发，组织与老教师的沟通交流、青年教师彼此间的互通启发，帮助青年教师合理调适，为身心减压，健康愉悦。

二是营造师德氛围，比学赶帮。围绕在学校改革和发展中涌现的爱岗敬业的教学、管理等方面的先进典型开展教书育人、管理育人、服务育人评选、表彰和宣传活动，以身边的优秀人物和先进事迹为榜样，增强教师的进取精神。开展教学基本功、教学案例、课件、微课、说课等职业技能大比拼，让教师在业务上切磋共进。通过开展师德演讲、师德论坛、征文评选等，促进教师间的交流。

三是积极行动起来，团结共赢。丰富多彩的文体活动是和谐人际关系、促进沟通交流、增强团队精神的平台。适时组织开展形式多样的文化体育活动，在活动中放松教师身心，陶冶教师情操，凝聚教师智慧，激发教师爱岗敬业的精神。

（三）建设长效机制，推进师德建设的稳固性

高校工会要积极履行职能，在广泛征求教师群体意见、倾听教师群体心声的基础上，从学校实际出发，配合有关部门建立师德考核标准、评价体系，使其成为广大教师自觉遵循的道德规范，不断提升教师自我师德修养。

高校师德建设是一项持久庞大的系统工程，是一项常抓不懈的育人工程。高校工会要充分发挥联系群众、服务群众的组织优势，积极参与师德建设活动，不断探索加强师德建设的好办法、好点子，推进建设一支业务精湛、社会满意的教师队伍，促进学校各项事业健康和谐有序发展。

 参考文献

[1] 陈晓晖，武一凡．高校工会在师德师风建设中的作用探析 [J]．大学教育，2014（11）：75-77．

[2] 袁毓玲．高校工会培养师德内涵探究 [J]．医学教育探索，2010（3）：311-313．

[3] 陈雪松．关于高校工会促进师德建设的思考 [J]．广西广播电视大学学报，2012（12）：74-76．

[4] 于丽明，赵宇明，王昕．发挥高校工会职能　促进青年教职工成长发展 [J]．边疆经济与文化，2015（1）：63-65．

师德评价存在的问题与思考

◉ 陈　浩

摘要：面对新形势下师德评价中存在的问题，解决的重点在于要厘清评价中的几个基本关系：评价方式中自评与他评的关系、评价阈限中先进性与广泛性的关系以及评价目的中奖惩性与发展性的关系。

关键词：师德评价　高等学校　高校教师

随着经济社会的飞速发展和人类文明方式的变化，教师的职业道德面临着更加严峻的挑战，师德建设的重要性进一步凸显。师德评价是对教师职业行为是否遵循了职业道德规范的评议和估价，是师德建设中的重点问题和难点问题。师德是一个永恒的教育话题，只要有教育活动存在，就有对教师德性的要求；师德也是一个具有时代特色的新话题，不同时代背景的师德讨论都必然带有鲜明的时代烙印。

近年来，各高校为加强师德建设进行了不同程度和深度的师德评价，出台了许多相关的评价基准或评价体系，为高校的发展提供了有力的思想保障，但此举仍未达到从根本上解决提升高校教师职业道德水平的评价目的。

一、高校师德评价中表现的误区

（一）评价制度体系不完善

如教师绩效考核制度的设计重视教学工作量和科研成果这些硬指标，轻视教师的敬业精神、行为表现和教书育人这些软指标，表现为评价重业务、轻育人。

（二）评价工作责任不明

各主体的评价各自为政，责任界限模糊，不能形成一个整体的师德评价工作机制，大大降低了师德评价的效度和公正性。

（三）评价工作运行机制不流畅

师德建设所涉及的各职能部门和教学单位缺乏分工合作的制度，有时各部门的制度还出现相互重复、相互矛盾、相互抵触，缺乏内在统一性。同时，师德评价机制的程序建设相对滞后，对师德评价的方式、步骤、时限等程序性规范不够，评价机制的运行不灵活。

二、高校师德评价中的存在的问题

综观各高校关于加强师德建设而出台的相关评价基准或评价体系，以及其具体操作的实际情况，目前高校的师德评价具体表现如下。

（一）重"组织"轻"过程"

各高校为加强师德建设，虽然都成立了以分管校领导甚至是党委或行政一把手为组长的领导工作小组和若干办公室，但在整个实施的具体过程中，许多高校的领导工作小组无人问津，下设的办公室也只是下发一些相关的会议文件。

（二）重"精神"轻"物质"

目前，许多高校的分配制度和教师考核制度大大弱化了师德评价。在对教师"德、能、勤、绩"的全面考核中，重点集中到了"绩"上，对业绩突出者可谓予以重奖，对"德"优者给予的精神鼓励多、物质奖励少，形成精神奖励和物质奖励不对等的现象，从而造成教师全面发展的重心偏移。

（三）重"定性"轻"定量"

部分高校认为师德建设是一项难于考核的软任务，因而在制订其评价基准时，仅提出诸如政治思想、品德素质、教育方向、教育思想等方面的定性要求，没有对这些指标进一步地细化和量化；有时也仅仅是做了一些粗线条的量化；另外，对权重的界定也很粗，没有参照或基准。

（四）重"形式"轻"结果"

许多高校对教师职业道德的建设与评价组织了许多相关的教育活动，制定了详细的步骤和时间安排，建立了相应的实施和监督部门，可谓"措施得力、有板有眼"。而在一轮评价结束后，其评价结果只是形式上的收集与汇总，很少甚至没有组织专门的机构和人员对其进行分析、研究，对结果的公布和反馈就更显得敷衍了事。

（五）重"罚"轻"教"

部分高校在制订师德评价基准或体系时，认为通过严惩就能做到令行禁止，因此，对违背职业道德的教师进行严重的惩罚，没有充分考虑或根本没有考虑从思想入手，以教育为主，动之以情、晓之以理，并辅以适当的批评和惩罚来解决问题。

三、师德评价中应厘清的几个基本关系

（一）评价方式中自评与他评的关系

现阶段，在师德评价中存在这样一种认识差异：认为师德评价就是教育行政部门和学校领导对教师的评价，只有这种他评才客观、才准确。把"自评"和"他评"的应用范畴、功能相混淆，而由此产生错误认识——"自评容易产生主观片面性"，"自评会导致评价不实事求的现象"，或者即使采用自评也只是摆摆门面、流于形式。

实际上，进行师德评价时，教师自评具有以下三个优点：一是现实性。教师自评的材料都是来自实践。工作是自己做的，围绕工作目标付出了多少努力，与目标有无差距，差距多大，这些情况只有教师本人最清楚。二是本质性教师自我评价不仅能真实反映师德的现象，往往还能触及本质。教师工作的个体差异性，使每位教师都有其自身的特点和风格。只有通过教师自评才能明晰内心最深处的动机和信念，通过自我反思才能触及事件的本质。三是教育性教师进行自评时，往往会总结反思自己在师德方面的行为和观念，分析存在问题的原因和探寻解决问题的途径，及时强化自己正确的行为，这个过程无形中就对教师产生了教育意义。

同时，他评与自评是反映师德他律与自律的两个基本特征。二者的区别在于前者凭借外部力量，后者依靠主体自身的力量。任何事物的外因都要通过内因才能起作用，师德也是一个由外部他律逐渐转化为内在自律的过程。教师只有坚持严格的自律，才能使道德信念、道德思想内化为本色与角色相统一的主体性精神财富，才能从根本上起作用。因此师德评价不仅要充分发挥社会舆论、传统习俗、师德规范制度的作用，同时也要注重挖掘教师个人的信念。

自觉的、发自内心的参与评价无疑将提高师德评价的效度。任何忽视自我评价的做法，都会使评价对象陷于被动的状态，会产生"你评你的、我干我的"的不合作心理。这样原来可以通过自愿自觉发现问题、解决问题的评价活动，就变成没有生气、相互抵触的局面，使评价失去了改进、提高的功能。因此，在具体实施师德评价时，既要采取专家评价、同行评价、学生评价、领导评价，也要充分发挥教师的主观能动性，进行自评，构建"多元化"的评价主体，才能全面客观地反映师德主体的真实面貌。

（二）评价阈限中先进性与广泛性的关系

道德规范的发展，一方面具有基础性，另一方面具有无限性。在师德教育与管理中应坚持三个层次：道德理想——"乐业"层次，即运用道德倡议的形式激励教师树立崇高的理想，引导其高尚的职业行为，对教师道德起导向和激励作用；道德原则——"敬业"层次，即运用道德指令或道德倡议形式指导教师的职业行为，对教师道德起方针原则和指导作用；道德规则——"责业"层次，即运用道德禁令或道德指令约束教师不良的职业行为，对教师道德起规范和约束作用。

师德规范发展的实然状态是，广大教师群体的师德境界呈现金字塔形分布，即更多的普通教师处于"责业"层次，达到"乐业"层次的教师则相对较少。鉴于教师的德性修养存在正当与崇高的层次性区分，在师德评价的标准上，就要求评价主体应确定合理的师德阈限，即注重先进性与广泛性的结合，这种立体的评价有利于调动处于不同境界的教师的积极性，使他们在合理定位的基础上，形成特色，积极参与，从而引导和激励更多教师向更高层次的道德境界迈进。只甄别先进、选拔优秀，或只针对广大普通教师是否遵守最基本的职业道德规范等方面进行考核，都是片面的，都不能实现师德评价的功能。

（三）评价目的中奖惩性与发展性的关系

师德评价，从目的上分可分两种类型：一是奖惩性评价。它以奖励和惩处为最终目的，对师德高尚、为人师表、教书育人的教师给予肯定和奖励，对师德表现不佳的教师给予警示，甚至一票否决。这种教师评价势必影响教师的坦诚态度，很难指望全体教师积极参与。二是发展性评价。发展性教师评价是一种建设性的互动过程，一种开放性的评价过程，它以促进教师的发展为最终目的。发展性的评价体系有助于提高教师的职业素养和教师的主动性、创造性，促进教师自我价值的实现和提升。传统的以奖惩为目的的师德评价往往强调了其甄别、选拔的工具性功能，忽视了促进教师发展的个体性功能，这是对教师评价、师德评价主旨的异化。

开展师德评价时，不应过分关注评价结果，而要更多关注评价过程；不应过分强调将师德评价结果与教师奖惩挂钩，而要体现以人为本的师德评价取向；不仅要关注教师当前的行为和工作表现，更要注重教师长远的发展。必须具有一种高瞻远瞩的视界，既要使评价建立在现实的基础之上，同时又要使之具有未来的价值取向。发展性评价，强调把评价与教师的职业生涯结合起来、与教师的在职培训学习结合起来、与教师日常教育教学工作结合起来，通过全面了解教师的德性表现，分析道德失范的现象和原因，有针对性地对教师进行指导和帮助，规范教师的言行，提高教师的师德修养，完善教师的个人发展，最终促进学生的发展和学校的发展。

 **参考文献**

［1］郭立场．高校师德建设：彰显"道德"的光芒［J］．教育与职业，2015（1）．

［2］陈潮光．当前我国高校师德建设存在问题及对策研究［J］．辽宁工业大学学报：社会科学版，2015（2）．

［3］曾令格．师德建设要注重提升教师职业情感［J］．中国教育学刊，2007（9）．

［4］王刚．定量分析与评价方法［M］．上海：华东师范大学出版社，2003．

［5］陈玉琨．教育评价学［M］．北京：人民教育出版社，2003．

加强公文管理，提高办公室工作效率和水平

◉张　莉

　　摘要：高校办公室在高校起着承上启下、联系内外的作用，公文管理水平的好坏影响着办公室工作水平的高低。加强公文管理，促进公文管理规范化、科学化、制度化建设，有利于办公室整体工作效率和水平提高，从而更好地发挥管理和服务职能。

　　关键词：公文管理　规范化　工作效率

　　高等学校办公室作为学校党政工作运转的中枢，承担着参与政务和管理事务的职能，办公室工作水平的高低将直接影响到整个学校的管理效率和管理效益。而公文管理则是高校办公室参与政务和管理事务的重要载体之一，高效、高质量的公文管理水平是直接反映高校办公室有效发挥参谋助手、综合协调作用的重要方面，是检验办公室工作质量和服务水平的重要标准。通过规范化的公文管理，有利于领导掌握情况，正确决断；有利于高校树立良好的对内权威；有利于各业务部门提高工作效率，推进整体工作进程；有利于高校树立良好的对外形象；更有利于推动学校向国内一流水平的教学研究型地方大学迈进。

一、公文的概念和种类

（一）公文的概念和作用

　　国家《党政机关公文处理工作条例》（中办发〔2012〕14号）中阐明，"党政机关公文是党政机关实施领导、履行职能、处理公务的，具有特定效率和规范体式的公文，是传达贯彻党和国家方针政策，公布法规和规章，指导布置和商洽工作，请示和答复问题，报告通报和交流情况等重要工具"。《国

家行政机关公文处理办法》也对公文进行了解释，"行政机关的公文（包括电报），是行政机关在行政管理过程中形成的具有法定效力和规范体式的文书，是依法行政和进行公务活动的重要工具。它具有特定的行文规则和处理办法"。从这些概念中可以看出，公文具有公务性、效力性和规范的体式这三个特征。

高校作为国家公共事业的重要部门，离不开公文的辅助作用。高校公文指的是高校机关在行政管理过程中形成的，具有法定效力和规范格式的文书，是传达贯彻党和国家方针、政策，发布相关教育法规及规章，施行教学科研计划，指导、布置和商洽工作，报告情况及交流工作经验的重要工具。高校公文作为高校内部管理的重要载体，在信息交流、增进了解、相互联系，协调各方关系等方面发挥着重要的作用，是高校办公室主要的工作内容和办公方式。通过公文的流转，能实现下情上报、上情下达、横向沟通的功能，能促使学校各院系各部门相互协调、相互配合，促进全校上下信息沟通，推动学校工作的顺畅开展。高校公文管理的质量和效率直接影响着高校行政工作的水平，甚至会影响到学校的决策。同时，公文管理也有其特定的工作程序，要提高公文管理的效率，必须实现公文管理的规范化，加快公文管理的运转速度，确保公文管理的质量，为学校教育管理提供有力的支撑。

（二）公文种类

《党政机关公文处理工作条例》中最新规定我国现行公文种类主要有 15 种。高校经常使用的公文文种有"决议""决定""通知""通报""报告""请示""批复""意见""公告""通告""函""纪要"12 种。

1. 决议

决议是会议讨论通过的重大决策事项。决议突出一个主题，一个重点，做出一个重大的政策决策。

2. 决定

决定主要用于：对重要的事项做出决策和部署；奖惩有关单位和人员；变更或者是撤销下级机关不适当的规定事项。

3. 通知

通知是发布传达要求下级机关和有关单位周知或者执行事项，另外还具有批转和转发功能，有特定对象和受文机关。通知是比较基础性的一种公文，用的也是最多。

4. 通报

通报主要用于：表彰先进和批评错误；传达重要精神和告知重要情况。

5. 报告

报告主要用于：向上级机关汇报工作；反映情况；回复上级机关的询问。

6. 请示

请示是向上级机关具体事项的请求指示批准，一事一请示。

7. 批复

批复就是答复下级机关的请示事项。

8. 意见

意见是对重要问题提出见解和处理办法。

9. 公告

公告适用于向国内外宣布重要事项或者是法定事项，基层单位很少用到。

10. 通告

通告是在一定范围内公布和应当遵守或者周知事项。

11. 函

函有三个作用：不相隶属机关之间商洽工作；询问和答复问题；请求批准和答复审批事项。

12. 纪要

纪要是用于记载会议的主要情况和议定事项，起到一个约束管理，有法定效力。

二、高校公文管理内容

高校办公室作为学校综合协调管理部门，公文管理是一项重要职能，也是办公室开展管理和服务的重要手段。公文管理包括公文写作、发布、传阅、督办、存档等程序，按照公文传递方向主要分为收文管理和发文管理。

（一）收文管理

指高校办公室接到上级单位印发的指示、文件、通知等，进行传阅、布置等相关管理工作。收文管理要经过签收、登记、签审、承办、传阅、催办、答复等一系列规范的公文收文办理程序和流程，重点要做好登记和催办，明确公文来源、去向，及时督促公文办结，提高公文运转效率，确保文件精神贯彻落实，从而提高整体工作效率。

（二）发文管理

公文用以解决具体问题，作为公文发布者，高校办公室必须建立规范的、科学合理的发文办理程序，规范公文的文种、内容与体式，达到准确、迅速、安全地撰制、运转和传递公文的目的，提高发文工作的质量和效率，充分发挥和实现公文的作用，并切实提升高校办公室的管理水平。

三、高校公文管理中存在的问题

（一）各级领导干部和部门对公文认识和重视程度不一致

公文管理的质量，在一定程度上取决于高校各级领导和部门对文字工作的重视程度。有些领导干部和部门对高校公文在学校管理和发展中的地位认识不到位，认为公文管理工作只是办公室或是办公室秘书的事情，是琐碎的行政管理事务，是一项很普通的工作，在学校管理中起不了重要作用。有些领导干部和部门对公文管理工作不够重视，对公文的法定效力意识不强，收发文比较随意，不遵循公文管理的基本流程，审核制度不健全，造成公文的权威性下降，在指导开展工作方面形同虚设。

（二）公文管理程序不规范

公文从制发到流转，再到存档执行，能否发挥应有的作用，管理流程是否规范非常重要。在高校特别是二级单位，在公文管理程序上存在不规范的现象。有的在起草公文时混淆公文文种，例如将"请示"和"报告"混用，或是将"计划""总结""办法"等当作公文文种，等等。有的公文文号管理混乱，重号、错号现象时有发生。有的公文流转程序随意性大，轻重缓急分不清楚，扰乱工作。有的部门缺乏督办机制，办文与办事脱节，效果打折扣，出现执行不力或不及时现象。

（三）人员整体水平不高

目前，高校从事公文管理工作人员的整体水平并不高。从学校到各院系各部门，办公室人员结构参差不齐，没有接受过系统培训，对公文管理一知半解，专业化水平有待提高。随着高等教育的快速发展，办公室行政管理任务日益繁重，办公室文职人员极易陷入日常琐碎管理工作中，没有时间和精力进行交流学习，知识更新速度慢，对教育规律的认识不足，思维受限，观念不新，影响了公文管理的质量。

（四）现代信息化技术运用不足

随着办公自动化的应用及渗透，从根本上改变了传统的办公模式，公文的起草、审核、签发及这些环节的传递过程，都可以通过计算机及网络实现。然而，在部分高校，由于网络技术不成熟，未能充分应用现代化技术，还仅仅局限于改变传统公文的书写方式，即由手工书写公文过渡到计算机书写及打印公文，并没有改变传统的公文程序，不仅浪费了人力、物力，也大大影响了公文处理的质量和速度。

四、规范公文管理对策研究

公文的质量是公文的生命线。面对高校公文管理存在的问题，可从增进认识、制度规范、加强培训、办公技术更新等方面思考，规范管理，切实提高公文管理质量。

（一）提高认识，加强领导

高校各级领导干部和部门要充分认识公文管理工作在高校管理中的作用，对公文管理工作中每一个环节都要加强管理。公文管理人员要增进公文规范化认识，自觉养成公文规范化的良好职业习惯。各级领导和职能部门要充分重视规范公文程序的重要性，以身作则，注重公文方面知识的学习，强化规范意识，自觉遵守公文管理规范。

（二）建立制度，规范公文管理

要保证高校公文管理的规范化，就必须遵循规章制度。要把公文规范管理与健全制度有机结合起来，保证公文管理规范化、制度化、科学化，切实提高公文质量和工作效率。

一是要严格规范公文管理程序。针对高校存在的公文发文内容质量不高、收文泛滥等问题，要制定相关的制度，严格收发文程序制度。要明确公文处理的时限，以此开展督办查办工作。要分清公文的轻重缓急，做到不积压、不拖延、不误事，保证上级文件和下发文件精神得到有效的贯彻落实。

二是要建立公文管理责任制，确保公文安全性。公文的安全性主要体现在公文的物质安全和政治安全。要保持办公室整洁，避免公文受到磨损；要注意保管好公文，避免文件丢失。同时，要做好公文保密工作。

（三）加强培训，提高整体素质

高校公文管理人员的思想修养、政策水平、业务知识、写作能力等，直接影响着公文处理的质量和效率，影响公文实效的发挥，因此要加强对公文管理人员的学习培训。

一是要重视理论学习。从事公文管理的人员要认真学习《党政机关公文处理工作条例》《中国共产党机关公文处理条例》《国家行政机关公文处理办法》等文件，掌握公文的种类、用途等。同时，要结合单位实际，积极熟悉相关处理准则，努力建立科学的公文管理程序。

二是要开展培训活动。要努力提高公文管理人员的政治理论素质，业务能力、写作能力和公文处理计算机应用技术等，对公文管理人员加强公文处理与写作、秘书学、行政管理等专业培训，为提高公文处理水平打下坚实的基础。

（四）与时俱进，加快实现公文管理现代化

随着信息化技术的不断发展，公文管理从手工管理转为网上流转成为一种趋势。高校充分利用计算机和信息化方面的高新技术，拓展办公自动化平台功能，建立内部的通信平台和信息发布平台，构建基于校园网面向全校的公文管理系统，提供良好的协同办公环境，覆盖公文管理各个环节，跟踪公文管理各环节的流程，及时掌握公文管理各个环节的经办情况，实现公文管理自动化。公文管理自动化系统将为学校教职工，特别是为学校各级办公人员提供协同、集成的办公系统，使各类文档（包括各种文件、知识、信息）能够按权限进行保存、共享和使用，将有利于促进管理体制、管理观念的更新，有利于提高工作效率和工作水平，使公文管理程序更加规范。

参考文献

[1] 谢凌香. 高校公文处理存在的问题及对策探析 [J]. 辽宁行政学院学报，2012（5）：140-141，143.

[2] 刘作权，席继宗. 以规范公文处理为载体提高高校办公室管理水平 [J]. 大连大学学报，2013（2）：99-101.

[3] 沈苗芳，虞毅. 规范高校办公室公文处理程序的若干思考 [J]. 企业研究，2011（5）：139-140.

[4] 李克实. 公文写作方法. 北京高校教师党员在线. http://dy.bjedu.cn/cms/.

增强信息实效性，彰显学院软实力

——以北京联合大学管理学院为例

● 谭　兵

摘要： 在互联网飞速发展的时代，学院网站信息作为传播学院影响力的重要载体，其内容已成为彰显学院形象的重要元素，信息点击量大小直接反映了公众对学院的关注程度。本文通过对 2015 年管理学院 196 条信息中点击量统计，选取点击量排列前四位的信息，进行分析认为：教师教学卓越、师生成长发展、科研创新合作、人文氛围传承、学院未来发展是当下公众关注的热点。针对这一现象，旨在探寻增强信息实效性对策，彰显学院软实力。

关键词： 信息　实效性　点击量　软实力

在互联网飞速发展的时代，信息作为传播学院重要载体，其内容已成为彰显学院形象的重要元素，信息点击量大小直接反映了公众对学院的关注程度。有针对性地做好信息宣传工作，对提升学院整体形象发挥着至关重要的作用。近几年，管理学院在信息采编数量上有明显增长，但信息点击量普遍偏低，如何突破这一瓶颈，提高关注度，是目前面临的主要问题。

一、学院信息宣传的现状及存在的问题

（一）信息总量增速显著

随着联大整体发展，管理学院进入快速发展期，2015 年是学院精心凝练学院愿景、使命、定位与特色的一年，学院宣传工作紧紧围绕学院"教学卓越、科研创新、教师发展、学生成长、开放合作"5 个计划全面展开，学院信息量增速显著，信息内容覆盖学院工作各方面，管理学院近 4 年信息总量对比如图 1 所示。

图1 管理学院近4年信息量对比图

信息量是学院开展各项工作的实时呈现，数量迅速增加从一个侧面反映了学院的快速发展和深入推进。

(二) 信息点击量增速乏力

学院信息受到关注的人越多，学院的影响力越大，宣传效果将会越显著。学院的信息到底有多少人进行了关注？通过对2012—2015年学院网学院新闻点击量进行了分析，如图2所示。

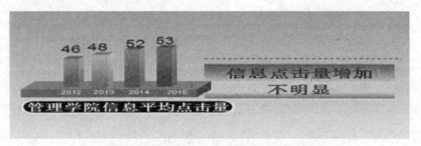

图2 管理学院近4年信息点击量对比图

近4年学院新闻信息平均点击量维持在50上下，按照目前学院教师总人数计算，只有不到一半的教师对学院信息进行了关注。是不是因为学院信息不受关注呢？结论是否定的。通过对其他信息点击量的分析，例如学院网师资队伍点击量达到1900多次（点击量的数据截至2016年2月22日）。

那怎样做才能提高点击量，提升学院信息宣传实效性，充分发挥学院网站的宣传力度？首先我们对2015年管理学院196条信息点击量进行统计，选取点击量排列前四位的信息作为案例进行分析（点击量的数据截至2016年2月22日）。

二、高点击量信息特点分析

（一）2015年点击量最高的信息是"管理学院举办2015届毕业典礼暨学位授予仪式"

"管理学院举办2015届毕业典礼暨学位授予仪式"是每年开学伊始迎新、毕业季、新春联欢等特殊时间节点开展的庆典活动之一。此类活动通过积极谋划，精心准备，经过多年的沉淀积累和打磨，已成经典，活动受众面广，师生参与度和关注度高。与之相类似的还有："管理学院举行2015新春联欢会""管理学院组织党团学生干部开展户外拓展活动""管理学院举办2015年春季学生趣味运动会""联合扬帆学生社团扬帆十年庆典隆重举行""管理学院开展'弘扬爱国情，共筑中国梦'主题团日活动"也成为大家喜欢的信息。信息中大量精美的图片烘托活动气氛和主题，反映学院师生凝心聚力，蓬勃向上的精神面貌。

这类信息在文字描述上，有突出强烈的现场感。生动的细节描写和鲜活的人物让人身临其境；信息中的照片让人们通过典型的镜头，移动的画面，获得了参加全活动过程的体验，容易让人在思想上、情感上形成强烈共鸣的传播效果。

（二）关注教师成长成热点

2015年点击量位于第二位的信息是"管理学院2014年新增硕士生导师、副导师及专业硕士导师多名"，新增导师多是输入师资队伍的中坚力量，他们的成长和发展牵动着大家关注的视线。学院教师信息点击量达到1900多次，反映大众对学院教师教学的普遍关注。"师者，传道授业解惑也。"教师始终是学院的中流砥柱。

类似的信息还有"管理学院师生在第五届全国大学生电子商务'创新、创意及创业'挑战赛全国总决赛中喜获全国特等奖""管理学院2014年出访教师成果汇报交流会圆满召开""管理学院教师协助北京瑞斯福公司开展招聘测评工作""管理学院教师参加'第十七届海峡两岸应用性（技术与职业）高等教育学术研讨会'""管理学院特邀中央财经大学助理教授顾弦博士进行学术讲座"等，分别从不同侧面反映教师所取得的成绩、专业提升、个人成长等活动，这些也普遍受到关注。

"北京联合大学—对外经济贸易大学双培计划"是我校与对外经贸大学合作取得的重要成果，学生通过两校共同培养，将有机会获得更加优质的学习资源。"首批10名会计学专业'双培计划'学生将进入对外经贸大学交流学习三年"这篇信息洋溢着浓浓的师生情谊，表达了教师对即将在新起点出发学习的学子殷切的希望（点击量排列第7）。

类似的还有（点击量排列第8）"北京联合大学与爱尔兰阿斯隆理工学院会计学专业2+2项目首批学生以优异成绩完成学业"。这是一篇对管理学院2011级3名会计学本科专业的学生冯婉欣、周雨薇和蒋松清远赴爱尔兰阿斯隆理工学院攻读会计学专业本科的后两年课程的深度跟踪报道，反映了学院在培养具有国际视野、通晓国际规则的人才方面为在校生提供了国（境）外交流项目及本科双学位、硕士双学位积极搭建平台所取得的成绩。

（三）关注学院未来发展成热点

2015年点击量第3的信息是"管理学院召开干部宣布会"。这是一条学院人事变动的信息，引发了大家的关注。2015年管理学院迎来了新的党委书记。学院的可持续发展，始终离不开好的领路人。

（四）关注前沿校企科研合作成热点

2015年管理学院新闻点击量第4的信息是"北京联合大学与中国标准化研究院、北京蓝天嘉城科技发展有限公司共建'低碳经济与管理研究所'"这是一条校企合作的信息，而每年与学院合作签约的企业众多，但这条信息突出的特点就是新，该研究所也是北京高校与企业合作的第一家低碳研究所。目前北京人均GDP已经突破5000美元，如果按购买力平价计算，已达到或接近发达国家水平。但我们的环境质量、生活质量与发达国家相差甚远，在全球气候变化的背景下，"低碳经济""低碳技术"日益受到关注。

三、围绕学院中心任务开展信息宣传的思考

（一）信息宣传整体思路

在当今复杂的时代背景下，信息宣传将面对新形势、新机遇、新挑战，信息宣传整体思路紧紧围绕校院中心任务，在精心凝练学院的愿景、使命、定位与特色，在继续推进"教学卓越计划""学生成长计划""科研创新计划""教师发展计划"和"开放合作计划"，构建政产学研合作网络，创新发展，提升教学科研水平及学院影响力等方面做好文章，增强信息实效性，彰显学院软实力。重点宣传学院优势学科与品牌专业以及大学生创新创业教育等特色亮点，提升学院学术知名度与社会影响力，同时做好队伍建设、制度建设、信息建设等保障工作，整体推进学院思想政治教育、信息宣传、文化建设工作。

（二）围绕学院中心任务整体策划，凝练学院特色

信息宣传要紧紧围绕"基于学生个性化发展的实践创新型人才培养模式"

改革，创新创业教育系列课程教学改革，深入挖掘报道素材，以人才培养、学科建设、学术研究、教师发展、科研创新、校企合作、国际交流为着力点，深入调研，凝聚智慧，制订并实施学院"十三五"事业发展规划；关注教师发展，提升管理学院知名度；关注学生成长，提升人才培养质量；聚焦特色方向，提升学术研究能力；深化开放合作，针对提高社会服务能力等方面进行报道。

（三）以特色活动为抓手，深入挖掘鲜活素材，凸显学院亮点

经过多年的摸索和积累，学院开展了一系列特色活动：创意创新创业系列活动；蜂巢创意空间；国家级特色金融实验班、与慈文传媒合作影视实验班；企业创新育成实验教学中心建设及北京联合大学现代服务业人才培养创新实践基地（市级示范）建设；真实账目引入课堂的会计学与财务管理专业最后一里路课程；北京联合大学东软创业学院；低碳经济与管理研究所等校企深度合作；台北科技大学全面对接，西苏格兰大学合作；大型庆典等活动。以特色活动为抓手，通过深入挖掘这些鲜活素材，紧贴师生，展现学院开拓创新，追求卓越，实现人生梦想开拓进取的精神。报道内容要尽力做到有亮度、有高度、有深度，不断提升新闻传播的吸引力、亲和力、引导力、传播力和影响力。

（四）完善信息管理保障机制，形成合力

建立稳定的信息员队伍，明确职责，定期培训，发挥信息员作用，做好学院网站更新和维护；充分调动全院师生的主观能动性，鼓励师生关注学院网站，关心学院发展，上下形成合力。

四、结论

要准确把握师生关注热点要求，围绕学院中心任务，做到因势而谋、应势而动、顺势而为，遵守科学规律，讲究方法策略，采取更具个性化、对象化的措施，把学院宣传做得更灵活有效，才能增强信息实效性。

要不断探索和创新多种报道形式，突出学院特色亮点，生动展现学院在人才培养中的与时俱进、协同创新、科学发展、提高办学质量，强化办学特色和因材施教培养人才，脚踏实地地进行科学研究，知行结合服务社会，传承文化建设创新精神，全面展现学院良好形象，才能彰显学院软实力。